职业教育课程改革与创新系列教材

数字电子技术基础与实训

主　编　陈　瑛　谢健庆
副主编　封定国
参　编　黄伟华　刘正顶　罗传钦　徐　胜

机械工业出版社

本书采用理论实践一体化的编写方法，以理论知识够用、技能操作实用为编写原则，主要内容包括：数字电路入门知识、抢答器的制作与调试、逻辑代数基础、四人表决电路的设计、六十进制计数电路的设计、报警器的制作与调试、D/A 转换与 A/D 转换、半导体存储器等。

本书在编写过程中将基础知识与技能和职业应用与发展结合起来，让读者感到学有所用。此外，每个课题的后面设有思考与练习，以帮助检查学习效果。

本书适合作为技工院校、职业学校电工电子类专业高级技能型人才培养用书，也可供电子技术爱好者自学参考。为了方便教学，本书还配有免费的电子教案，选用本书作为教材的单位，可以直接登录 www.cmpedu.com 免费注册、下载。

图书在版编目（CIP）数据

数字电子技术基础与实训/陈瑛，谢健庆主编. —北京：机械工业出版社，2011.6（2025.7 重印）

职业教育课程改革与创新系列教材

ISBN 978-7-111-34223-6

Ⅰ.①数…　Ⅱ.①陈…②谢…　Ⅲ.①数字电路-电子技术-职业教育-教材　Ⅳ.①TN79

中国版本图书馆 CIP 数据核字（2011）第 072726 号

机械工业出版社（北京市百万庄大街 22 号　邮政编码 100037）
策划编辑：王　娟　责任编辑：赵红梅　张利萍　版式设计：张世琴
责任校对：闫玥红　封面设计：王伟光　责任印制：张　博
固安县铭成印刷有限公司印刷
2025 年 7 月第 1 版第 6 次印刷
184mm×260mm · 9.75 印张 · 237 千字
标准书号：ISBN 978-7-111-34223-6
定价：27.00 元

前 言

本书是根据技工院校电工电子类专业理论实践一体化的教学改革成果编写的，为全国技工院校、职业学校电子技术专业高级技能型人才培养的通用教材，也适合作为电子技术爱好者学习数字电路的自学教材。

在编写本书之前，编者认真调研了目前技工院校的生源状况与就业岗位，针对技工院校学生的认知规律和就业岗位对“数字电子技术”这门课程的要求，选定了本书的基本内容。在编写过程中，考虑到学校实训条件的不均衡，按照小成本、可回收来选定训练项目，增加了教材的普适性。本书主要特点如下：

1. 降低了理论深度，加强了技能实践环节。课题以小制作为导入，以低成本、可循环使用的元器件为物质依托，保证学生能够完成所有的技能训练，提高学习的积极性和自信心。

2. 所选知识与技能贴近岗位需求，并兼顾专业基础课的基本要求。通过广泛的就业岗位调查，编者确定了电工电子类专业学生就业所必需的数字电子技术知识，同时也考虑到数字电子技术为专业平台课的特点，在基础知识“必需、够用”的条件下，紧密结合岗位需求。

3. 配套齐全，方便老师教学。为了满足多媒体教学要求，本书配有免费的电子教案、电子课件等。

本书由陈瑛、谢健庆主编，封定国任副主编，由陈瑛统稿，参与编写的还有黄伟华、刘正顶、罗传钦和徐胜。其中，课题 1 由陈瑛与谢健庆共同编写；课题 5、课题 6 由陈瑛编写；课题 2 由陈瑛、刘正顶共同编写；课题 3、课题 4 由黄伟华编写；课题 7、课题 8 由封定国编写；罗传钦、徐胜负责整本书的绘图。

由于编者水平有限，书中难免存在不妥和错误之处，敬请读者批评指正。

编 者

目　　录

课题 1 数字电路入门知识

一、概述

步入 21 世纪后，数字电子技术得到了空前的发展，各种各样的数字电子产品进入了人们的生活，如数字电视机、数码照相机、数字手机、掌上电脑 PDA、DVD 视盘机、MP3 随身听等。另外，工业生产过程中的自动化控制系统、无线电遥感测量、智能化仪器、航空航天等方面都广泛用到了数字电子技术。

21 世纪是信息化时代，信息化时代又被称为数字时代，数字地球、数字化生存等概念人们已经耳熟能详，今天的人们已经越来越多地与数字联系在一起，从个人的身份证号、手机号到 IP 地址、QQ 号、信用卡密码等无不打上数字的烙印，数字已经不完全是 1、2、3 了。当今社会是一个用数字标记和管理的社会。今后，人们的生活可能用数字代码来管理，复杂的信息资料将用类似 1110011001 这样的简单数字代替，所有这一切的基础就是各类生产、生活、学习资料都必须转化为一系列的数字，承担这一任务的是以数字电路为基础的数据采集、分析和处理系统，这里就从数字信号的基本概念入手来认识与人们的生活密切相关的数字电路。

二、模拟电路与数字电路的比较

电子电路主要分为两类：一类是模拟电路；另一类是数字电路。这两类电路有很多的不同，下面就从几方面来进行比较。

1. 模拟信号与数字信号

（1）模拟信号　模拟信号是时间和数值上都连续变化的信号，它可以是大小随时间连续变化的电压或电流，如图 1-1a 所示。处理模拟信号的电路称为模拟电路。

（2）数字信号　数字信号是时间和数值上都不连续变化的电信号，它可以是突变的电压或电流，如图 1-1b 所示。处理数字信号的电路称为数字电路。

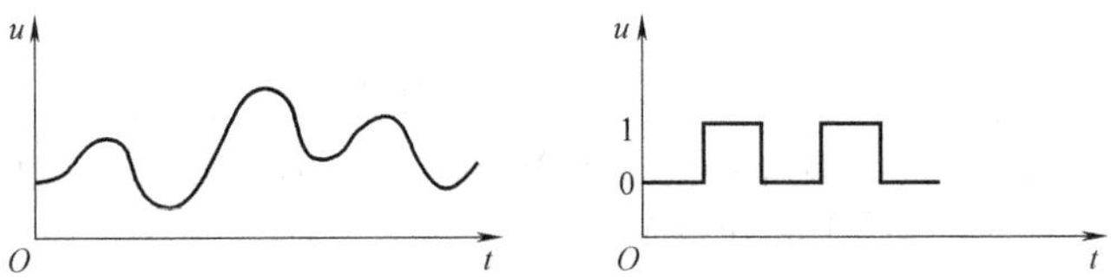

a）模拟信号　　b）数字信号

图 1-1　模拟信号和数字信号

通过以上分析可知，数字信号是一种离散的信号，在电路中可以用高电平与低电平两种状态的信号来表示，数字电路与模拟电路相比有很多优点。

2. 数字电路的优点

1）结构简单，便于集成化系统地生产，成本低廉，使用方便。

2）抗干扰性强，可靠性高，精度高。

3）处理功能强，不仅能实现数值运算，还可以实现逻辑功能运算和判断。

4）能容易地实现各种所需的算法，灵活性大。

5）易于存储、加密、压缩、传输和再现。

6）利用 A/D、D/A 转换，即模/数、数/模互相转换，可将模拟电路与数字电路紧密结合，使模拟信号的处理最终实现数字化。

三、数字电路中的“数”

在数字电路中，参与电路逻辑运算的是二进制数“0”和“1”，这里的“0”和“1”与普通代数的 0 和 1 不同。在普通代数中，0 和 1 表示数值的大小；而在逻辑代数中，“0”和“1”表示事物的两个方面，不表示数值的大小。如电位的高和低、开关的开和关、晶体管的饱和与截止、灯的亮和灭等。正逻辑规定：高电平为逻辑“1”，低电平为逻辑“0”；负逻辑规定：低电平为逻辑“1”，高电平为逻辑“0”。一般采用正逻辑体制。

为了分析方便，在数字电路中常将 0～1V 范围的电压称为低电平，用“0”表示；而将 3～5V 范围的电压称为高电平，用“1”表示。

四、数字电路的功能划分

数字电路按其功能来划分，可分为以下两大类：组合逻辑电路和时序逻辑电路。

1. 组合逻辑电路

组合逻辑电路的定义为：任何时刻的输出状态，仅取决于该电路当前输入各变量的状态组合，而与电路过去的状态无关的电路。组合逻辑电路的基本单元是门电路，可用于实现加法器、译码器、数据选择器等逻辑功能部件。

2. 时序逻辑电路

时序逻辑电路的定义为：任何时刻的输出状态，不仅取决于该电路当前各输入变量的状态组合，还与电路过去的状态有关，即它具有“记忆”功能。时序逻辑电路的基本单元是触发器，可由它组成计数器、寄存器等。

思考与练习

1. 电子电路主要分为两类：一类是____________；另一类是____________。

2. 模拟信号是一种____________的电压或电流；数字信号是一种____________的电压或电流。

3. 在数字电路中常将 0～1V 范围的电压称为____________，用____________表示；而将 3～5V 范围的电压称为____________，用____________表示。

4. 数字电路按其功能来划分，可分为____________和____________两大类。

课题 2

抢答器的制作与调试

学习目标

1）掌握各种门电路的逻辑功能及正确使用，能用门电路实现简单逻辑电路。

2）理解各种门电路的基本逻辑关系。

3）了解数字逻辑的概念；了解各种门电路的结构与原理。

工作任务

1）小组制订工作计划。

2）识别抢答器原理图，明确元器件连接和电路连线。

3）根据布线图制作抢答器电路。

4）完成抢答器电路的功能检测和故障排除。

5）通过小组讨论完成电路的详细分析，并编写实训报告。

课题导入

现代社会是数字化的社会，数字集成电路（IC）芯片中集成的电路越来越复杂，功能越来越强大，数字电路的分析也越来越困难。但是，数字电路再复杂、功能再强大，究其内部原理，都离不开基本的门电路，门电路是构成数字电路的基本单元。在实际应用中，像表决器、抢答器、判奇、判偶、编码器、译码器等电路中无不包含大量的门电路。因此，学习门电路对每一个从事电子技术的工程技术人员来说都是十分必要的。

图 2-1 所示为知识竞赛抢答现场用的抢答器，图 2-2 所示为简易抢答器电路原理图。本课题将通过制作简易抢答器来学习门电路的相关知识。

图 2-1　知识竞赛抢答现场用的抢答器

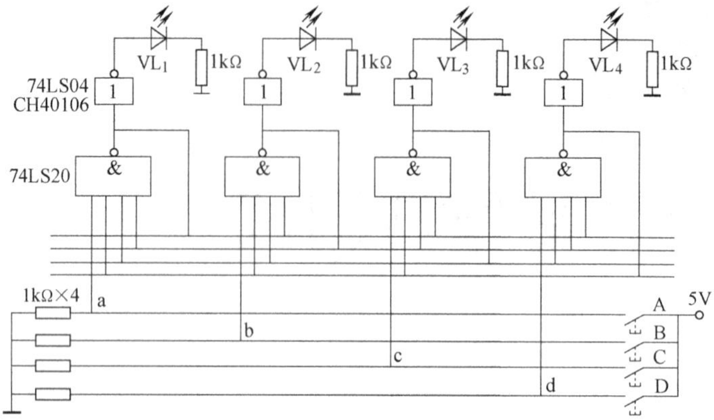

图 2-2　简易抢答器电路原理图

知识链接一　门电路的基本知识

一、基本门电路

基本门电路有三种：与门、或门、非门。

1. 与门

(1) 电路结构与原理　在逻辑问题的描述中，当决定某一事件发生的多个条件必须同时具备时，该事件才能发生，这种因果关系为与逻辑。例如，在图 2-3 所示电路中，开关 A 和 B 串联控制灯 Y。显然，仅当两个开关均闭合时（条件），灯才能亮（结果）。否则，灯灭。

实现与逻辑关系的电路称为与门电路，简称与门，图 2-4 所示电路是最简单的二极管与门电路。A、B 是它的两个输入端，Y 是输出端。也可以认为 A、B 是它的两个输入变量，Y 是输出变量。假设输入信号低电平为 0V，高电平为 3V，按输入信号的不同可有下述几种情况（忽略二极管正向压降）。

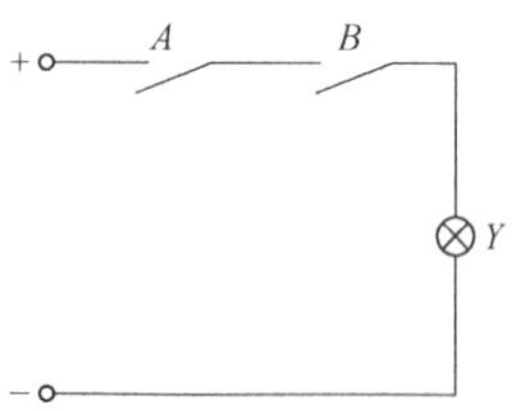

图 2-3　与逻辑电路

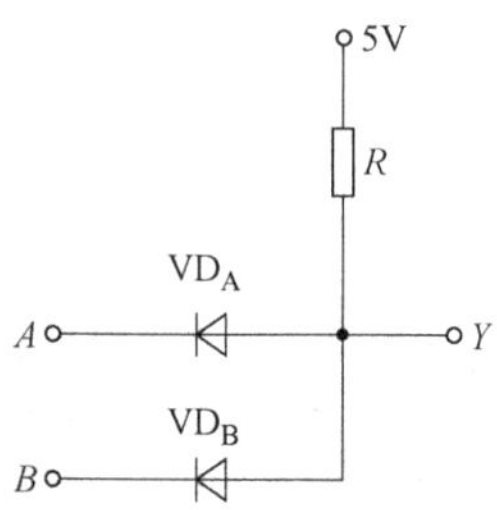

图 2-4　二极管与门电路

1) 当输入全为低电平时，VD_A、VD_B 均导通，则输出 $V_Y=0V$。

2) 当输入有一个为低电平时，例如 $V_A=0V$，$V_B=3V$ 时，VD_A 先导通，这时 VD_B 承受反向电压而截止，输出 $V_Y=0V$。

3) 当输入全为高电平时，VD_A、VD_B 均导通，则输出 $V_Y=3V$。

可见，只有当输入 A、B 全为高电平1时，输出才为高电平1，否则输出均为低电平0，这合乎与门的要求。

（2）真值表　将逻辑变量所有可能取值的组合及其对应函数值列成表格，称为真值表，见表2-1。A、B 是它的两个输入变量，Y 是输出变量。

表2-1　与门真值表

输　入		输　出
A	B	Y
0	0	0
0	1	0
1	0	0
1	1	1

从表中可知，与逻辑的特点是：输入变量只要有一个为0，输出就为0；只有输入全为1，输出才为1。

（3）逻辑表达式　逻辑表达式是用来表示电路的输入与输出之间关系的表达式。与门电路的逻辑表达式为

$$Y=A\cdot B \tag{2-1}$$

A、B 之间的“·”表示“与”，也表示逻辑乘。在不引起混淆的前提下，“·”常被省略。读作“A 与 B”或“A 乘 B”。多输入变量的与运算表达式见式（2-2）。

$$F=ABC\cdots \tag{2-2}$$

（4）逻辑符号　图2-5所示为两输入端的与门逻辑符号。

（5）波形图　与门的逻辑关系也可以用波形图来描述，如图2-6所示。

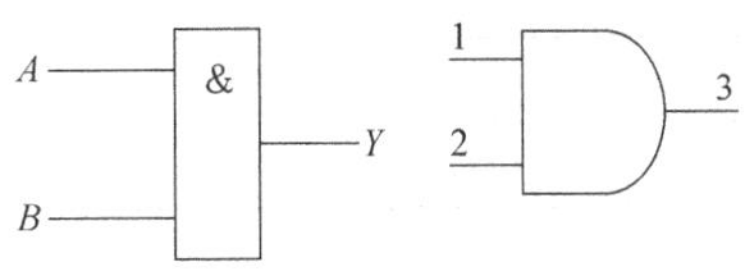

a）新标准符号　b）国外常用符号

图2-5　与门逻辑符号

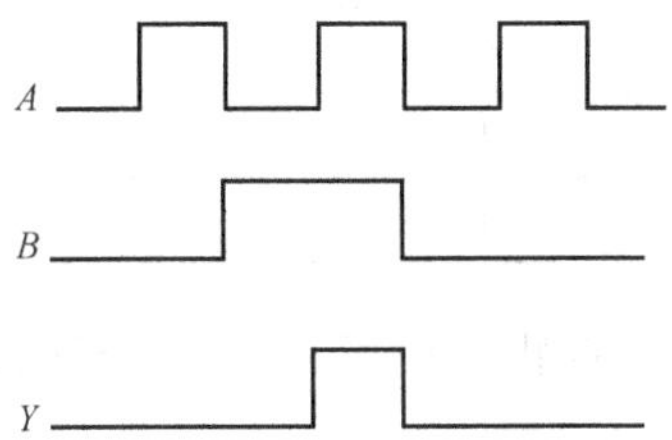

图2-6　与门的波形图

（6）实际芯片　74LS08是一种较常见的与门芯片，从图2-7可知，74LS08内部有4个二输入与门。

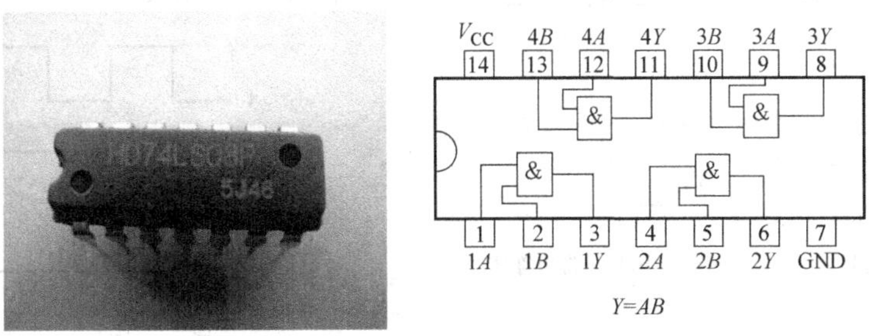

图2-7　74LS08实物图与引脚图

2. 或门

（1）电路结构与原理　在逻辑问题的描述中，决定某一事件发生的多个条件，只要有一个或一个以上条件成立，该事件便可发生，则称这种因果关系为或逻辑。例如，在图 2-8 所示电路中，开关 A 和 B 并联控制灯 Y。可以看出，当开关 A、B 中有一个闭合或者两个均闭合时，灯 Y 即亮。因此，灯 Y 与开关 A、B 之间的关系是或逻辑关系。

实现或逻辑关系的电路称为或门电路，简称或门。图 2-9 所示是最简单的二极管或门电路。

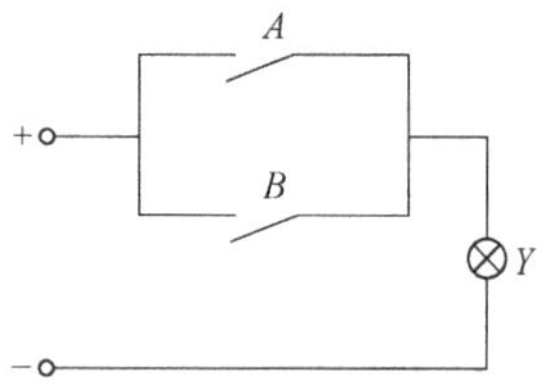

图 2-8　或逻辑电路

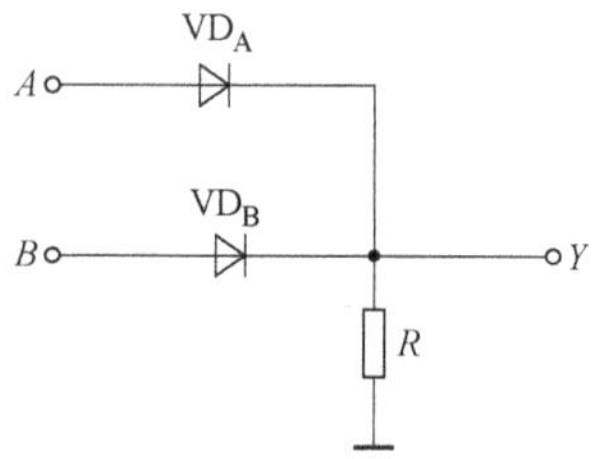

图 2-9　二极管或门电路

（2）真值表　A、B 是它的两个输入，Y 是输出。采用与与门电路相同的分析方法，可得出或门真值表见表 2-2。从表中可知，输入变量只要有一个为 1，输出就为 1；只有输入全为 0，输出才为 0。

表 2-2　或门真值表

输　入		输　出
A	B	Y
0	0	0
0	1	1
1	0	1
1	1	1

（3）逻辑表达式　或门电路的逻辑表达式见式（2-3）。

$$Y = A + B \tag{2-3}$$

式（2-3）中，“+”表示逻辑或而不是算术运算中的加。或门也可有两个以上的输入端。

（4）逻辑符号　图 2-10 所示为具有两输入端的或门逻辑符号。

（5）波形图　或门电路的逻辑关系也可用波形图来描述，如图 2-11 所示。

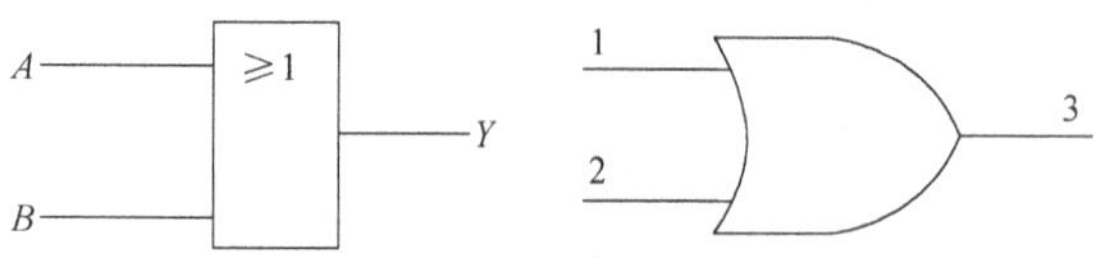

a) 新标准符号　b) 国外常用符号

图 2-10　或门逻辑符号

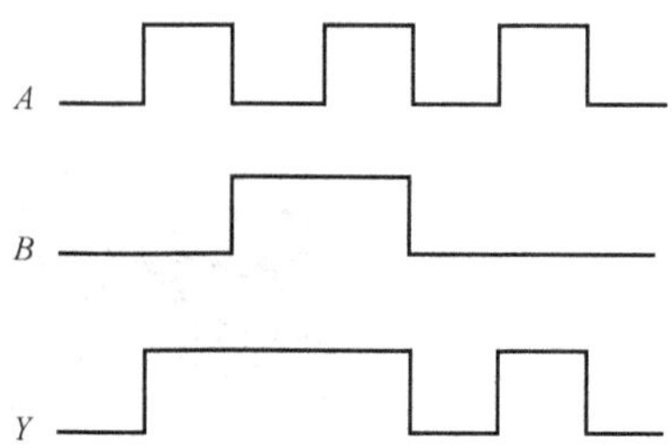

图 2-11　或门电路的波形图

（6）实际芯片　74LS32 是一种较常见的或门芯片，从图 2-12 可知，74LS32 内部有四个二输入或门。

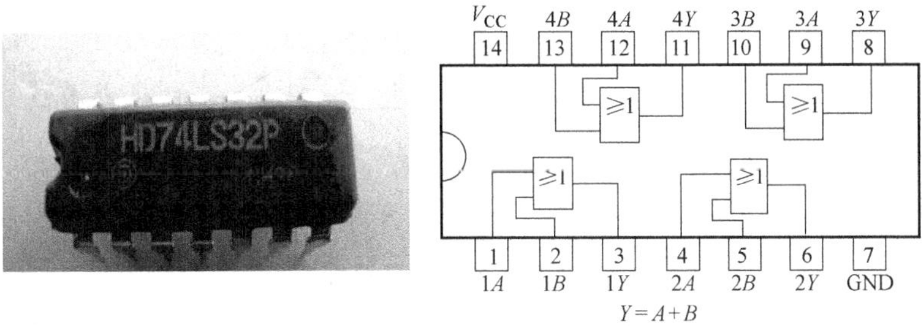

图 2-12　74LS32 实物图与引脚图

3. 非门

（1）电路结构与原理　在逻辑问题中，如果某一事件的发生取决于条件的否定，即事件与事件发生的条件之间构成矛盾，则称这种因果关系为非逻辑。例如，在图 2-13 所示电路中，当开关 A 断开时，灯亮；A 闭合时，灯不亮。这个例子表示了一种条件与结果相反的非逻辑关系。图 2-14 所示为晶体管非门电路。非门又称反相器，它只有一个输入端和一个输出端，其输出与输入恒为相反状态。

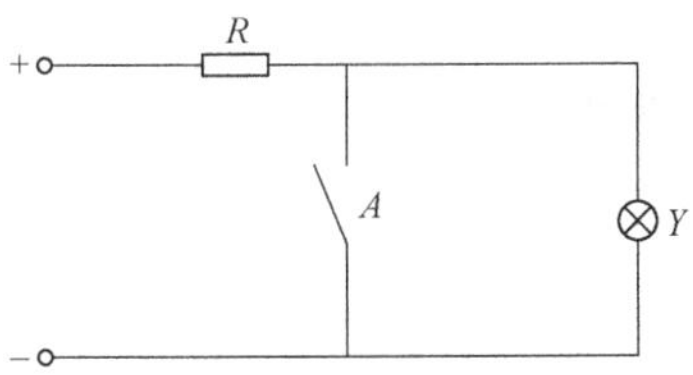

图 2-13　非逻辑电路

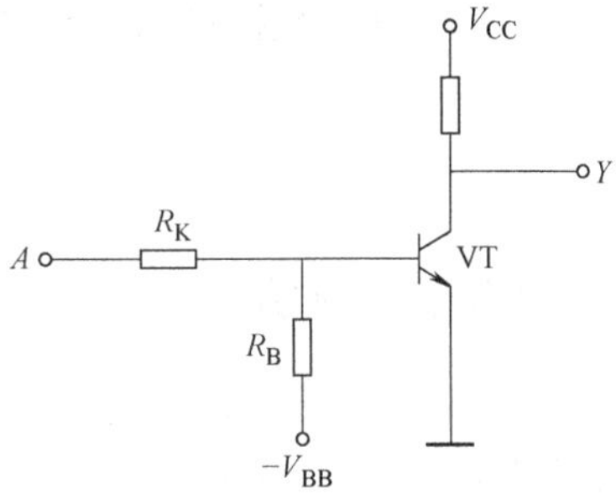

图 2-14　晶体管非门电路

下面分析该晶体管（工作在饱和或截止状态）非门电路的逻辑功能。

1）当输入端 A 为高电平（$V_A=3V$）时，适当选取 R_K、R_B 之值可使晶体管饱和导通，其集电极输出低电平（$V_Y=0V$）。

2）当输入端 A 为低电平（$V_A=0V$）时，负电源 V_{BB} 经 R_K、R_B 分压使晶体管基极电位为负，晶体管截止，从而输出高电平（其电位近似等于 V_{CC}）。

（2）真值表　表 2-3 所示为非门真值表。

从表中可知，非门的逻辑功能为取反。

表 2-3　非门真值表

输　入	输　出
A	Y
0	1
1	0

(3) 逻辑表达式　非门的逻辑表达式见式(2-4)。

$$Y=\overline{A} \tag{2-4}$$

(4) 逻辑符号　非门逻辑符号如图2-15所示。

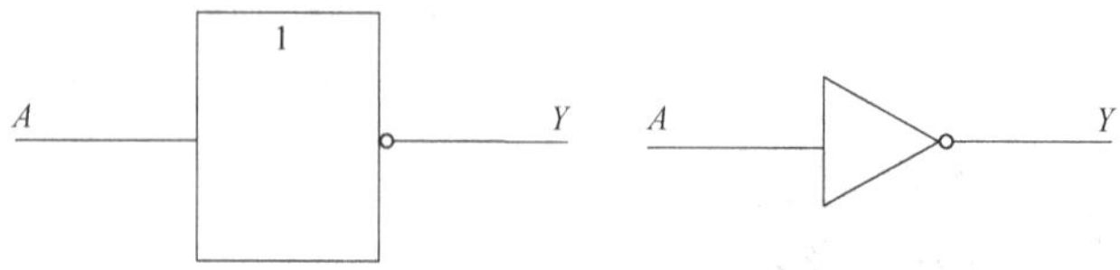

a) 新标准符号　b) 国外常用符号

图2-15　非门逻辑符号

(5) 波形图　非门电路的逻辑关系也可用波形图来描述，如图2-16所示。

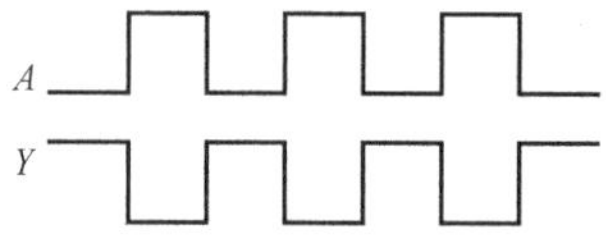

图2-16　非门电路的波形图

(6) 实际芯片　74HC04是常用的74系列非门芯片，其实物图与引脚图如图2-17所示。它又称六反相器。

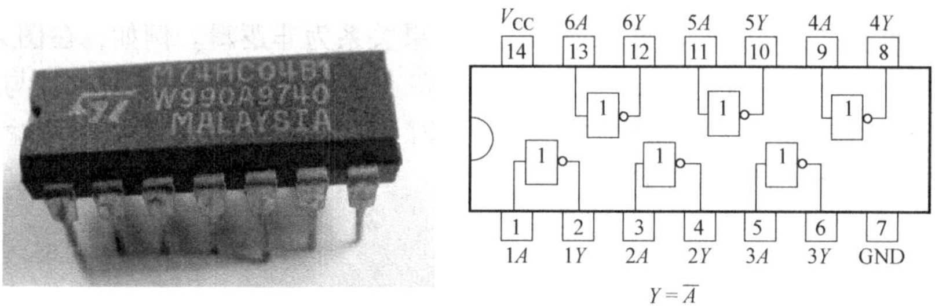

图2-17　74HC04实物图与引脚图

二、复合逻辑运算

在实际电路中，需要处理一些复杂的逻辑关系，因此要将基本的与、或、非电路组合起来构成复合门电路，常用的复合门电路主要有与非门、或非门、与或非门、异或门、同或门等。

1. 与非门

(1) 结构与原理　与非门是由一个与门和一个非门组成的，其逻辑结构如图2-18所示。

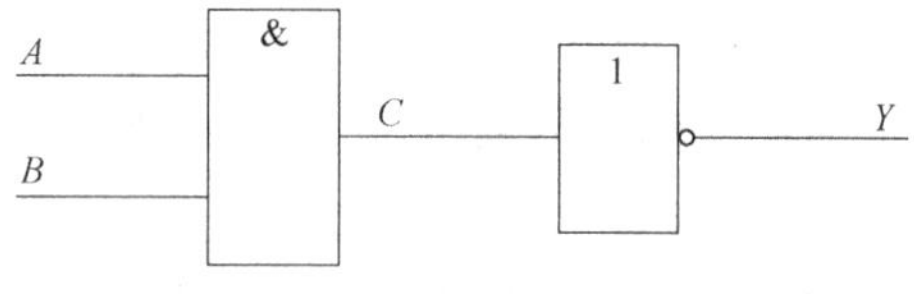

图2-18　与非门的逻辑结构

与非门的工作原理说明如下：

在这个电路中，进行的是“先与后非”的逻辑运算，即先进行输入变量的与运算，再将运算结果取非。

(2) 真值表　表2-4为与非门真值表。

从表中可知，输入变量只要有一个为0，输出就为1；只有输入全为1，输出才为0。

(3) 逻辑表达式　与非门的逻辑表达式见式(2-5)。

$$Y=\overline{AB} \tag{2-5}$$

表 2-4　与非门真值表

输入 A	输入 B	输出 Y
0	0	1
0	1	1
1	0	1
1	1	0

（4）逻辑符号　与非门电路是数字电路中运用最广泛的一种逻辑门电路，其逻辑符号如图 2-19 所示。

（5）波形图　与非门电路的逻辑关系也可用波形图来描述，如图 2-20 所示。

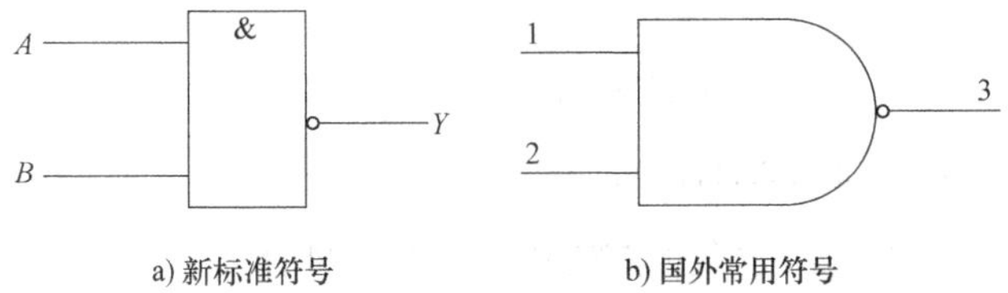

图 2-19　与非门的逻辑符号

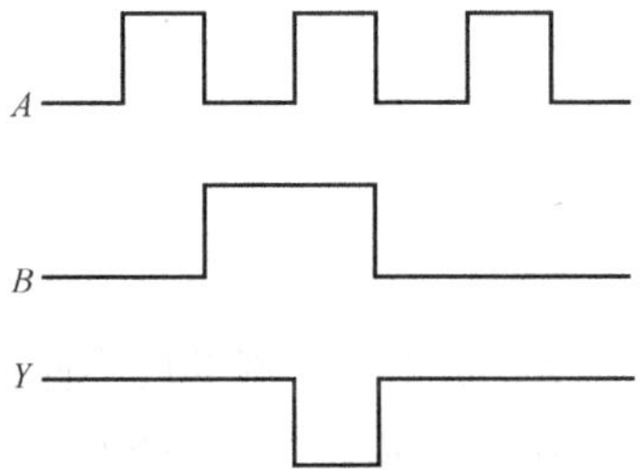

图 2-20　与非门电路的波形图

（6）实际芯片　74LS00 是常用的与非门芯片，其实物图与引脚图如图 2-21 所示。

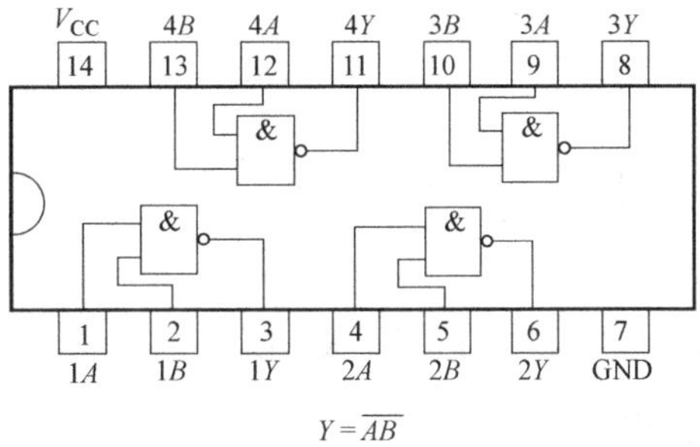

图 2-21　74LS00 实物图与引脚图

2. 或非门

（1）结构与原理　或非门是由一个或门和一个非门组成的，其逻辑结构如图 2-22 所示。

或非门工作原理说明如下：

这个电路进行的是“先或后非”的逻辑运算，即先进行输入变量的或运算，再对运算结果取非。

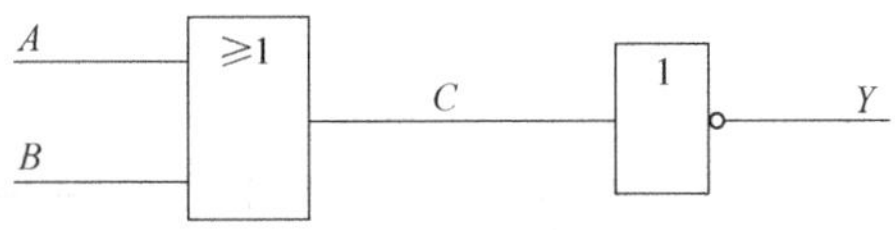

图 2-22　或非门的逻辑结构

（2）真值表　表 2-5 所示为或非门真值表。

从表中可知，输入变量只要有一个为 1，输出就为 0；只有输入全为 0，输出才为 1。

（3）逻辑表达式　如果用逻辑表达式描述，见式（2-6）。

$$Y = \overline{A + B} \tag{2-6}$$

表 2-5 或非门真值表

输入 A	输入 B	输出 Y
0	0	1
0	1	0
1	0	0
1	1	0

（4）逻辑符号 或非门的逻辑符号如图 2-23 所示。

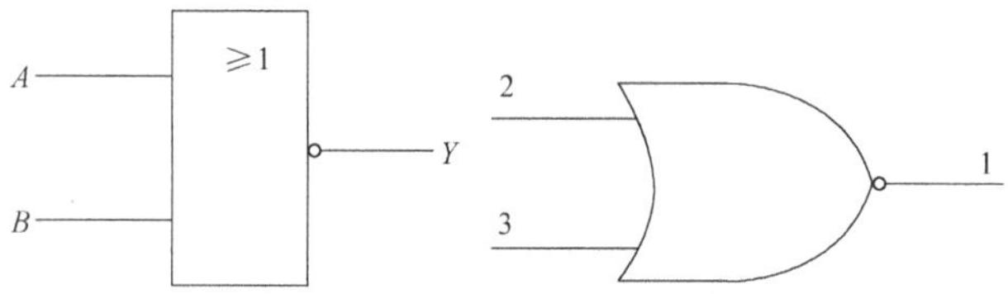

a) 新标准符号　　b) 国外常用符号

图 2-23 或非门逻辑符号

（5）波形图 或非门电路的逻辑关系也可用波形图来描述，如图 2-24 所示。

（6）实际芯片 74LS02 是常用的或非门芯片，其引脚图如图 2-25 所示。

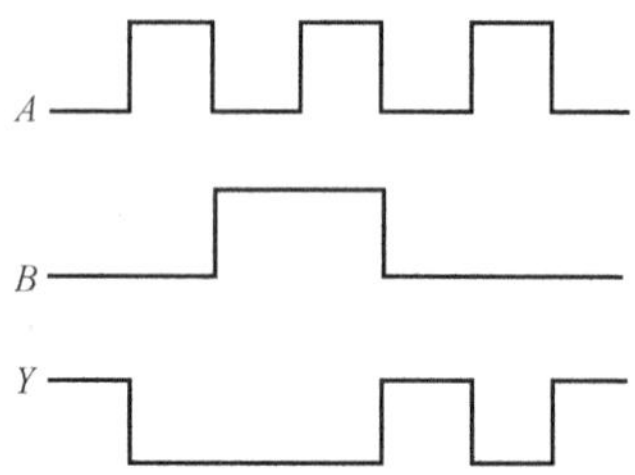

图 2-24 或非门电路的波形图

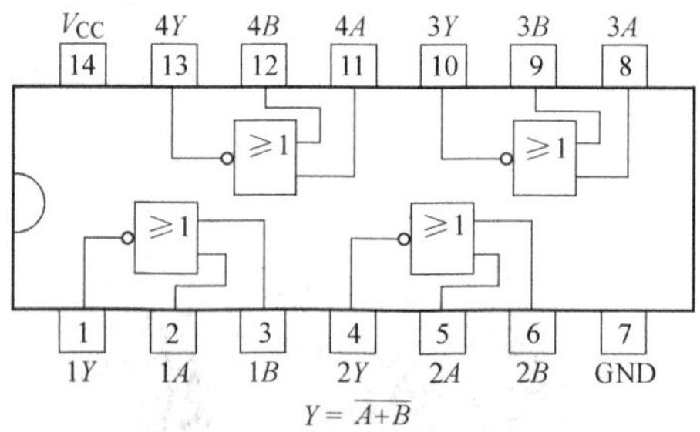

图 2-25 74LS02 引脚图

3. 异或门

（1）结构与原理 异或门的逻辑结构如图 2-26 所示，工作原理说明如下：

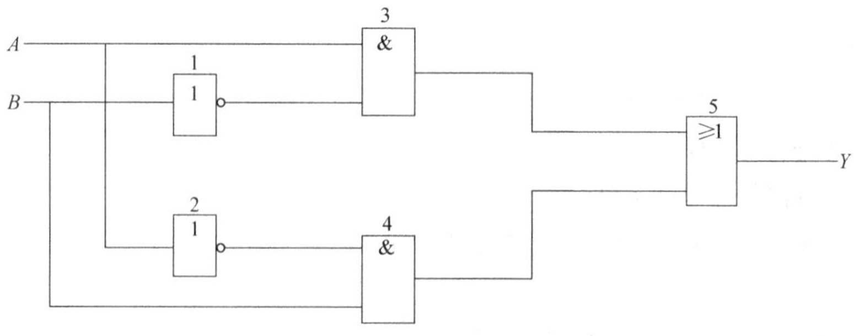

图 2-26 异或门的逻辑结构

当 $A=0$，$B=0$ 时，非门 1 输出为 1，非门 2 的输出为 1，与门 3 的输出为 0，与门 4 的输出为 0，或门 5 的输出为 0；

当 $A=0$，$B=1$ 时，非门1输出为0，非门2的输出为1，与门3的输出为0，与门4的输出为1，或门5的输出为1；

当 $A=1$，$B=0$ 时，非门1输出为1，非门2的输出为0，与门3的输出为1，与门4的输出为0，或门5的输出为1；

当 $A=1$，$B=1$ 时，非门1的输出为0，非门2的输出为0，与门3的输出为0，与门4的输出为0，或门5的输出为0。

（2）真值表　表2-6所示为异或门真值表。

表2-6　异或门真值表

输入 A	输入 B	输出 Y
0	0	0
0	1	1
1	0	1
1	1	0

从表中可知，输入变量相同时，输出为0；输入变量相异时，输出为1。

（3）逻辑表达式　如果用逻辑表达式描述，见式（2-7）。

$$Y=A\oplus B \tag{2-7}$$

（4）逻辑符号　异或门的逻辑符号如图2-27所示。

（5）波形图　异或门电路的逻辑关系也可用波形图来描述，如图2-28所示。

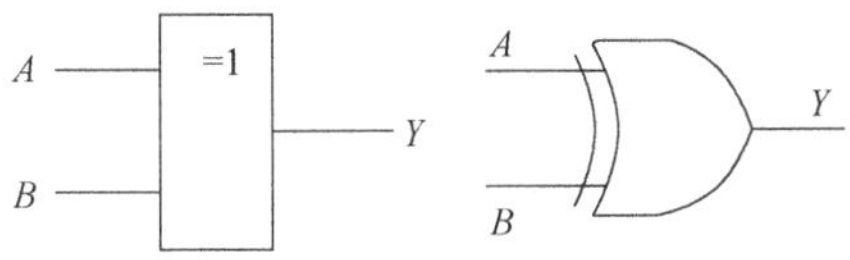

a) 新标准符号　　b) 国外常用符号

图2-27　异或门逻辑符号

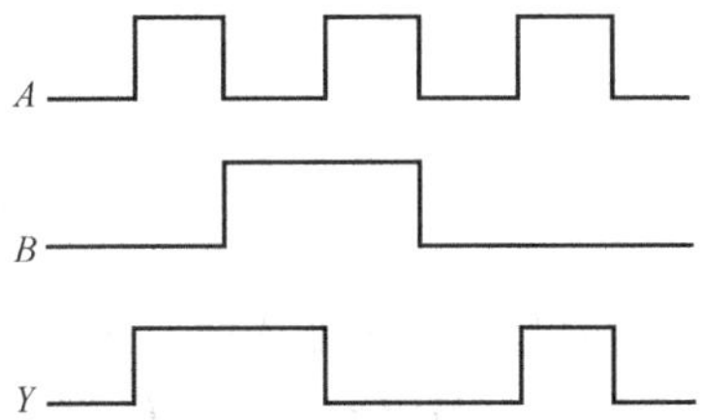

图2-28　异或门电路波形图

（6）实际芯片　74LS86是常用的异或门芯片，其实物图与引脚图如图2-29所示。

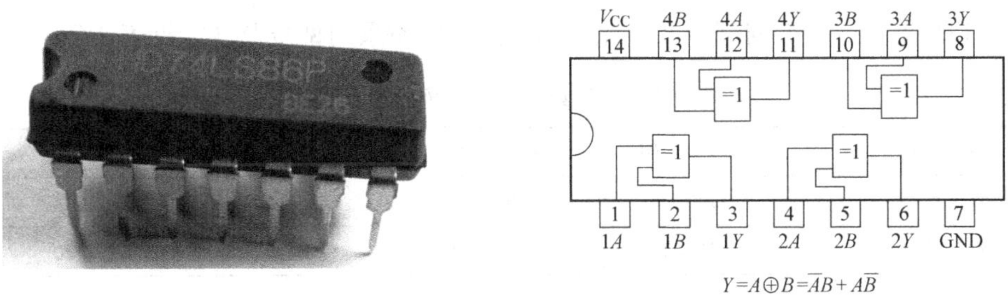

图2-29　74LS86实物图与引脚图

知识链接二　集成门电路的基本知识

前面讲的是由分立元器件构成的门电路，现在的门电路大多已集成化。集成门电路内部的电路结构与分立元器件门电路不同，但它们输入输出的逻辑关系是相同的。集成门电路按构成元器件的不同，主要分为 TTL 和 CMOS 两类。TTL 集成门电路主要由晶体管构成，是电流控制型器件，其功耗较大，但工作速度快，传输延迟时间短（5～10ns）。74LS 系列和 74 系列芯片属于 TTL 门电路。CMOS 集成门电路主要由 MOS 场效应晶体管构成，是电压控制型器件，其工作速度较 TTL 电路慢，但功耗较小、抗干扰性强、驱动负载能力强。74HC 系列、74HCT 系列和 4000 系列芯片属于 CMOS 门电路。

一、TTL 与非门

（1）电路结构　常用三输入 TTL 与非门电路结构和逻辑符号如图 2-30 所示。

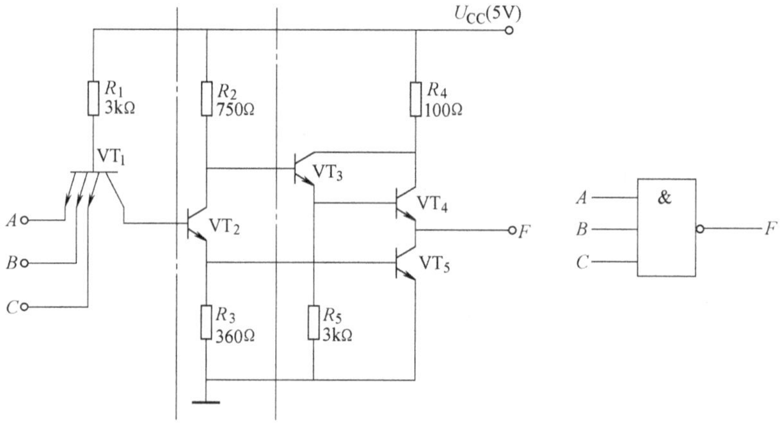

图 2-30　TTL 与非门电路结构和逻辑符号

TTL 与非门由输入级、中间级、输出级三部分组成。输入级由多发射极晶体管 VT_1 和电阻 R_1 组成，输入信号 A、B、C 通过 VT_1 实现“与”的功能；中间级由 VT_2、R_2、R_3 组成，它的作用是从集电极和发射极同时输出两个相位相反的信号，作为 VT_3 和 VT_5 的驱动信号；输出级由 VT_3、VT_4、VT_5、R_4、R_5 组成，它的作用是完成“非”的功能和提高电路的带负载能力。

（2）TTL 集成电路系列型号及性能　TTL 集成电路系列型号及性能见表 2-7。

表 2-7　TTL 集成电路系列型号及性能

系　　列	型 号 举 例	功耗 P/mW	传输时间 t_{pd}/ns	时延功耗积 Pt_{pd}/(mW · s)
标准系列	7400	10	10	100
低功耗肖特基系列	74LS00	2	10	20
肖特基系列	74S00	19	3	57
先进低功耗肖特基系列	74ALS00	1	4	4
高速系列	74F00	4	3	12
先进肖特基系列	74AS00	10	1.5	15
快速系列	74H00	22	6	132
低功耗系列	74I00	1	35	35

二、集电极开路门（OC门）（以与非门为例说明）

1. 电路结构与原理

在实际应用中，为了扩大逻辑功能，有时需要把多个TTL与非门电路的输出端并联在一起，但普通的门电路是不允许直接并联在一起使用的。为了克服TTL门电路不能直接并联的缺点，可以采用集电极开路与非门来解决，其图形符号和逻辑结构如图2-31所示，从电路可以看出，OC门内部输出端的晶体管集电极是悬空的，没有接负载，所以把这种电路称为集电极开路的与非门电路，简称OC门电路。

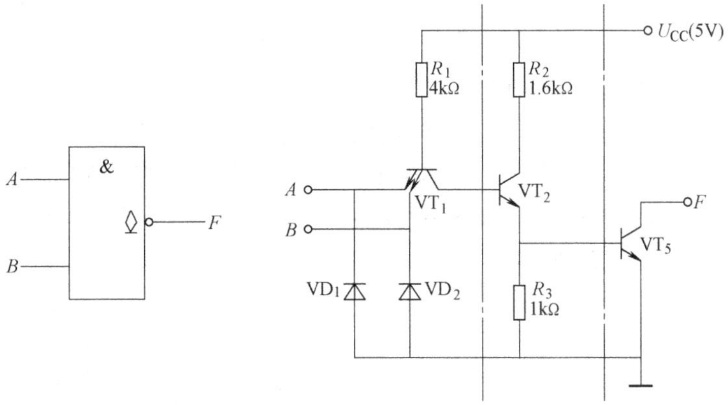

图2-31　OC门的图形符号和逻辑结构

2. OC门的功能

（1）实现“线与”　当将几个OC门的输出端连接起来，再接一个公共负载时，输出端有“与”的关系，这个“与”关系不是靠与门来实现的，而是由导线连接来实现的，故称为“线与”，如图2-32所示。

（2）实现电平转换　改变和上拉电阻相连的电源值，可改变输出电平的值。OC门的电平转换电路如图2-33所示。

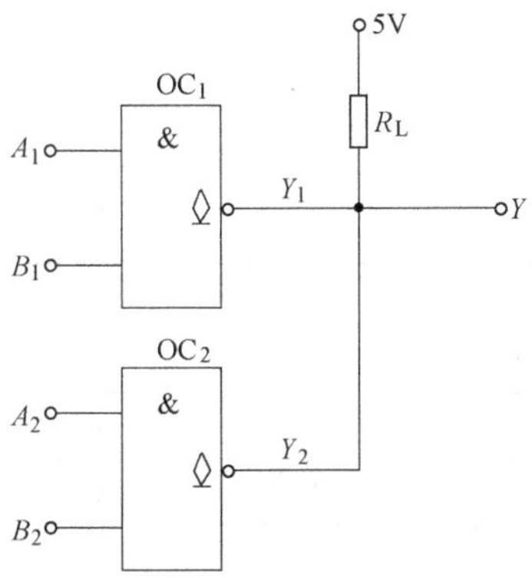

图2-32　OC门的“线与”电路

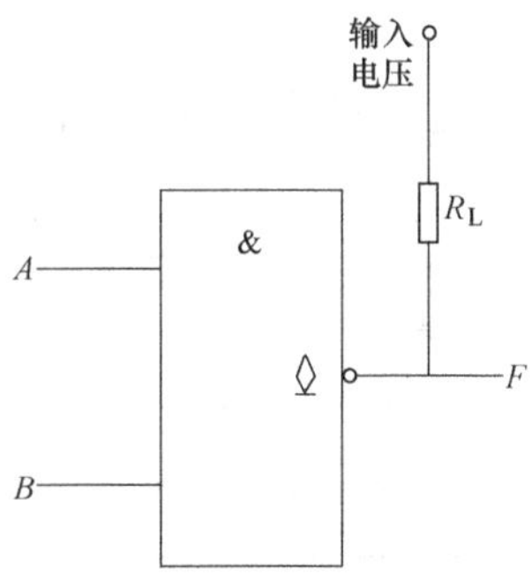

图2-33　OC门的电平转换电路

（3）作驱动　OC门能输出较大的电压和电流，可直接作为驱动器驱动发光二极管、脉冲变压器等，图2-34所示为OC门的三种常见外接负载方式。

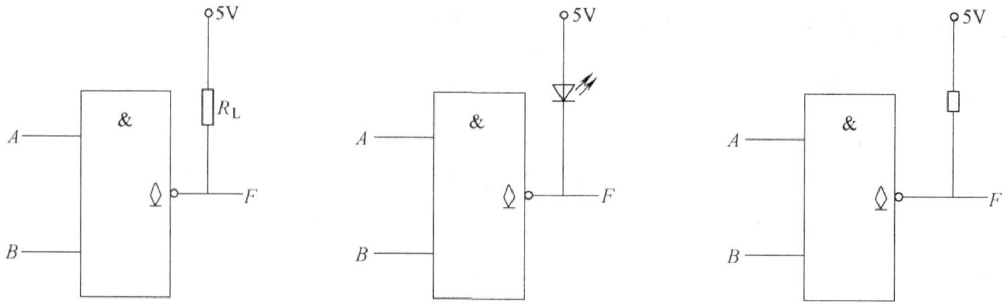

a) 外接负载　　b) 外接发光二极管　　c) 外接继电器线圈

图 2-34　OC 门的三种常见外接负载方式

3. 三态输出与非门电路（TS 门）

1）三态输出与非门的图形符号和逻辑结构。三态输出与非门电路简称三态门，又称 TS 门。它是在 TTL 与非门的基础上加一个控制端而构成的，这种门电路的输出不仅会出现高电平和低电平，还可以出现第三种状态——高阻状态（又称禁止态或悬浮态）。三态门的图形符号和逻辑结构如图 2-35 所示。

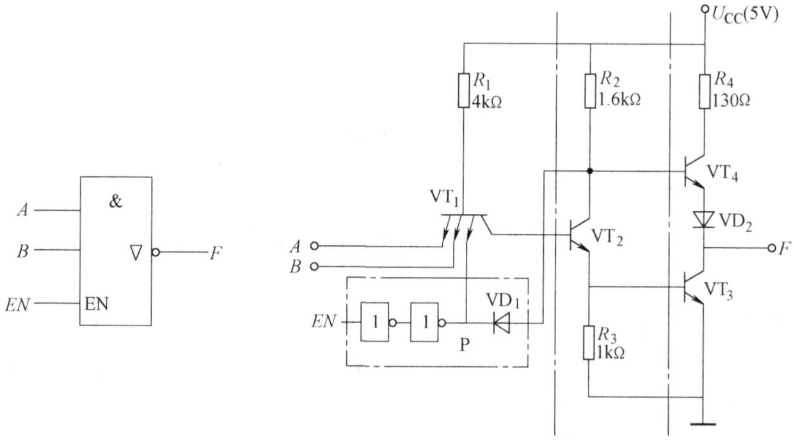

图 2-35　三态门的图形符号和逻辑结构

2）三态门的真值表。三态门的真值表如表 2-8。

表 2-8　三态门的真值表

使能端 *EN*	数据输入端		输出端 *F*
	A	*B*	
1	0	0	1
1	0	1	1
1	1	0	1
1	1	1	0
0	不定	不定	高阻

说明：当 $EN=1$ 时，电路等效为普通与非门；当 $EN=0$ 时，电路呈高阻状态。

3）三态门的应用。三态门广泛用在数字电子产品中，特别是在计算机中，它主要用于总线（多种信号传送的公共线）传递，可以进行单向数据传递，也可以进行双向数据传递。

三态门构成的单向总线传递电路如图2-36所示。

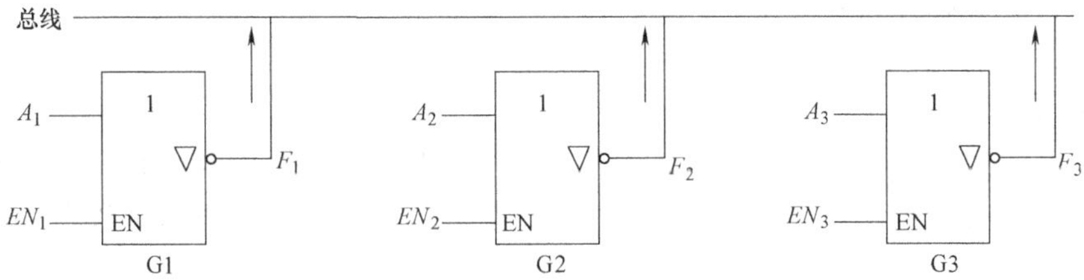

图2-36 三态门构成的单向总线传递电路

说明：在任何时刻，几个三态门中只允许其中一个三态门的控制端为“1”，让该三态门处于工作状态；而其他三态门的控制端均为“0”，让它们处于高阻状态。这样每次只有一个三态门工作，不允许有两个或两个以上的三态门同时工作，否则总线传递数据会出错。

数据单向传递过程：哪个三态门的控制端为“1”，则它的输出端数据送向总线。例如，假设三个三态门的输入端数据为：$EN_1=1$、$EN_2=0$、$EN_3=0$，则只有G1工作，F_1送向总线。由此可见，当几个三态门的控制端依次为“1”时，这几个三态门输出的数据就会依次送往总线。

三态门构成的双向总线传递电路如图2-37所示。

数据双向传递过程：假设三态门G1输入端$A=1$，当控制端EN为“1”时，三态门G1处于工作状态，三态门G2处于高阻状态，于是三态门G1输出数据“0”并送到总线；当控制端EN为“0”时，三态门G2处于工作状态，三态门G1处于高阻状态，于是三态门G2输出数据“1”并送到总线。由此可见，通过改变三态门的控制端电平，就能改变数据传递方向，实现数据的双向传递。

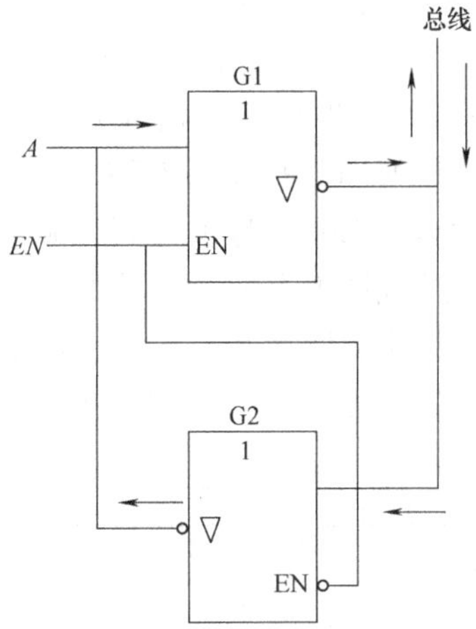

图2-37 三态门构成的双向总线传递电路

技能训练 常用集成门电路的逻辑功能测试

1. 训练目的

1）了解集成门电路的引脚功能。

2）掌握常用门电路功能的测试方法。

3）掌握多余引脚的处理方法。

4）掌握TTL与非门主要参数的测试方法。

5）理解电路的连接方法，熟悉非门的应用。

2. 训练设备

1）数字逻辑电路实验箱一台。

2）万用表一块。

3）四二输入与非门 74LS00 一块。

4）四二输入与门 74LS08 一块。

5）四二输入或非门 MC14001 一块。

6）发光二极管一个。

3. 训练原理

数字电路中的基本门电路有与、或、非三种基本逻辑门电路以及由它们互相组合而成的与非、或非、异或等复合门电路，其中，与门、与非门和或非门的逻辑函数表达式和逻辑功能如下：

1）与门的逻辑函数表达式为 $Y=AB$，逻辑功能为：有 0 出 0，全 1 出 1。

2）与非门的逻辑函数表达式为 $Y=\overline{AB}$，逻辑功能为：全 1 出 0，有 0 出 1。

3）或非门的逻辑函数表达式为 $Y=\overline{A+B}$，逻辑功能为：全 0 出 1，有 1 出 0。

4. 训练内容

（1）验证 TTL 与门电路和 CMOS 门电路的逻辑关系　为验证以上逻辑门电路的逻辑关系，特采用 TTL 四二输入与门 74LS08 和四二输入与非门 74LS00，CMOS 四二输入或非门 MC14001，其中它们的引脚图分别如图 2-38、图 2-39 和图 2-40 所示，这里以四二输入与非门 74LS00 为例说明，“四”指的是集成块内有四个相同的部分，引脚上分别以不同的数字加以区分，如 1*A* 表示第一部分的 *A* 输入端。“二输入”指每一部分有两个输入端 *A*、*B*。

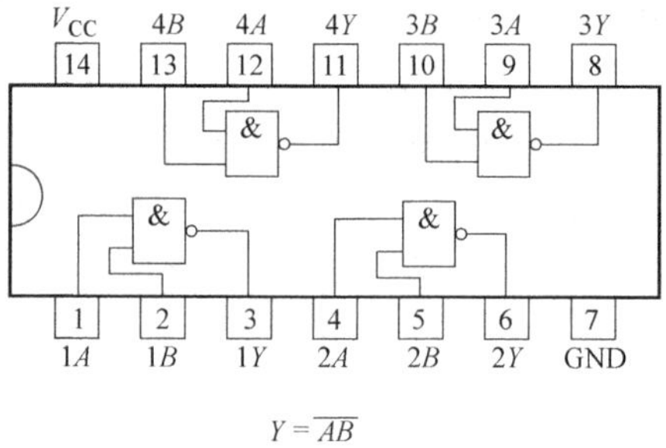

图 2-38　74LS00 的引脚图

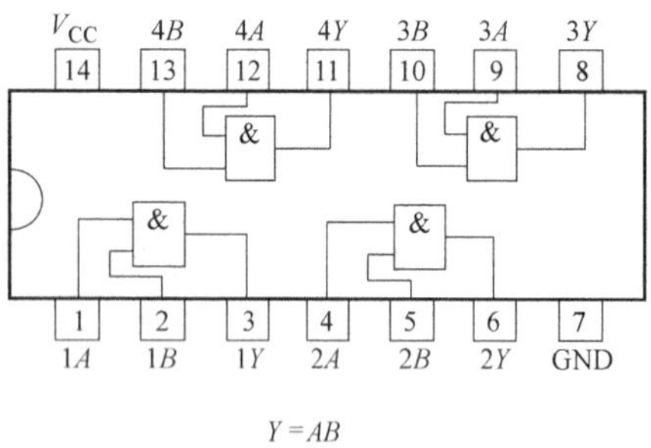

图 2-39　74LS08 的引脚图

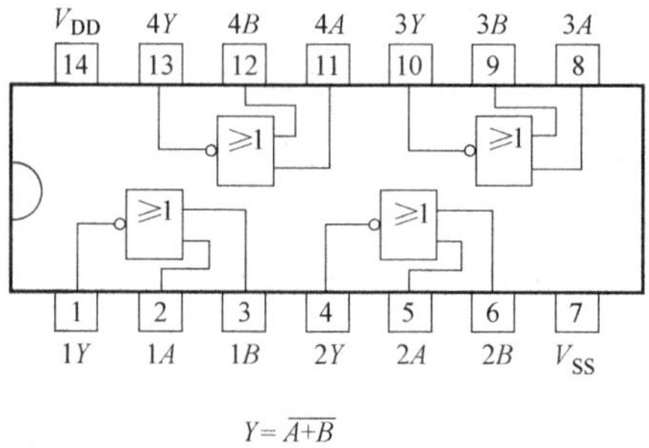

图 2-40　MC14001 的引脚图

将待测试的集成电路输入端分别接数字实验箱的逻辑开关，输出端接数字实验箱的电平显示（发光二极管），按表 2-9 改变输入端的高、低电平，观察发光二极管的亮灭（亮表示输出为高电平，灭表示输出为低电平），并将输出状态填入表 2-9 中。

注意： TTL 集成电路的工作电压为 5V ±0.5V：若电源电压超过 5.5V，将损坏器件；若电源电压低于 4.5V，器件的逻辑功能将不正常。本训练中集成电路电源接数字箱的 5V 电源，集成电路的右下角引脚默认为集成电路的接地引脚（或负电源引脚）。74LS00 有 14 个引脚，其中接地脚为第 7 脚；集成电路的左上角引脚为数字集成电路的正电源引脚，74LS00 接电源脚为第 14 脚。切记接电源和接地引脚不要接错，否则，会烧坏集成电路。

表2-9　74LS08、74LS00、MC14001功能测试表

输　入		输　出		
A	*B*	74LS08	74LS00	MC14001
0	0			
0	1			
1	0			
1	1			
逻辑表达式				
逻辑功能				

（2）门电路多余引脚的处理　将四二输入与非门74LS00和CMOS四二输入或非门MC14001按要求接线：输入端分别接地、电源端、与*B*端并联，当*B*端输入信号分别为高、低电平时，将相应输出端的状态填入表2-10。

表2-10　74LS00、MC14001多余引脚处理测试表

输　入		输　出	
A	*B*	74LS00与非门	MC14001或非门
接地	0		
	1		
接电源	0		
	1		
与*B*并联	0		
	1		

（3）典型高低电平的测量　在实训板上将74LS00和MC14001分别按图2-41所示接线，改变逻辑开关使输入变化，输出不同的电平。发光二极管亮时即输出高电平，在输出端按图2-41所示接上万用表，测量高电平值；当发光二极管不亮时，测量低电平值。将测量结果填在下面的空格中。

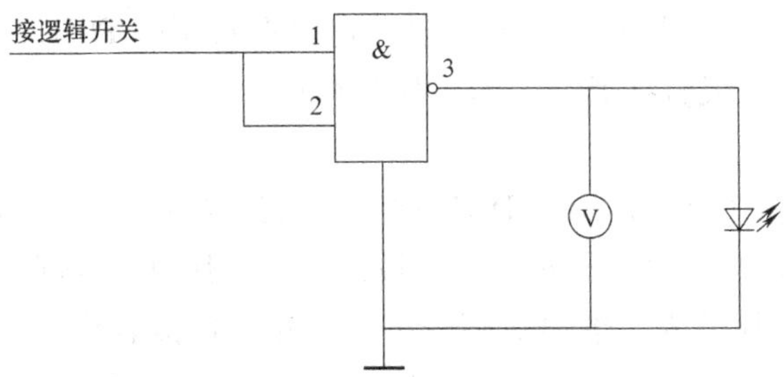

图2-41　主要参数的测量

74LS00（TTL门）：高电平输出 U_{OH} =________V；低电平输出 U_{OL} =________V。

MC14001（CMOS门）：高电平输出 U_{OH} =________V；低电平输出 U_{OL} =________V。

5. 训练报告

1）画出实验电路连接图，标明使用的集成电路型号和引脚。

2）完成训练内容中的表格，并分析结果。

综合训练 简易抢答器的制作

1. 训练目的

1）了解集成逻辑门芯片的结构特点。

2）体验由集成逻辑门实现复杂逻辑关系的一般方法。

3）掌握集成逻辑门的正确使用。

2. 训练设备与器件

1）设备：数字逻辑电路实验箱一台

2）器件：二四输入与非门 74LS20 两片，六非门 74LS04 一片，发光二极管四只，1kΩ电阻八个，按钮四个，导线若干。

3. 制作电路说明

（1）逻辑要求 用集成门电路构成简易型四人抢答器。A、B、C、D 为抢答操作按钮。任何一个人先将某一按钮按下且保持闭合状态，则与其对应的发光二极管（指示灯）被点亮，表示此人抢答成功；而紧随其后的其他按钮再被按下，与其对应的发光二极管则不亮。

（2）电路组成 实训电路如图 2-2 所示，电路中采用了两种不同的集成门电路，其中，74LS20 为二四输入与非门，可以实现四个输入信号与非的逻辑关系。74LS04 为六非门，也称为六反相器，可以实现非逻辑关系。

（3）电路的工作过程 初始状态（无按钮按下）时，a、b、c、d 端均为低电平，各与非门的输出端为高电平，反相器的输出则都为低电平（电压小于 0.7V），因此全部发光二极管都不亮。当某一按钮被按下后（如按钮 A 被按下），则与其连接的与非门输入端变为高电平，该与非门的输出与其他三个与非门的输入端相连，它输出的低电平维持其他三个与非门输出高电平，因此其他发光二极管都不亮。

4. 制作电路的安装与调试

（1）安装 按正确方法插好 IC 芯片。电路可以在自制的 PCB（印刷电路板）上连接，也可以焊接在万能板上，或直接通过“面包板”插接。

（2）调试

1）通电后，分别按下 A、B、C、D 各按钮，观察对应指示灯是否点亮。

2）当其中某一指示灯点亮时，再按其他按钮，观察其他指示灯的变化。

3）分别测试 IC 芯片输入、输出引脚的电平变化，自拟表格记录测试结果。用 A、B、C、D 表示按钮，“×”表示按钮动作无效；VL_1、VL_2、VL_3、VL_4 表示四个指示灯的状态。按钮闭合或指示灯亮用“1”表示，按钮断开或指示灯灭用“0”表示。

5. 电路分析及实训报告

完成电路的详细分析并编写实训报告，见附录 D。

思考：逻辑门电路有多少种？在实际应用中应该如何选择逻辑门？例如，在上述实训电路中能否用其他门电路来实现？不同类型的门电路具有哪些特点？

知识拓展

一、TTL 和 CMOS 电路

TTL 电路是晶体管—晶体管逻辑（Transister Transister Logic）电路的英文缩写，它主要由双极型晶体管构成，是电流控制型器件，其功耗较大，但工作速度快、抗静电能力强。

CMOS 是金属—氧化物—半导体（Metal Oxide Semiconductor）结构的晶体管，简称 MOS 晶体管，有 P 型 MOS 管和 N 型 MOS 管之分。由 MOS 管构成的集成电路称为 MOS 集成电路，而由 PMOS 管和 NMOS 管共同构成的互补型 MOS 集成电路即为 CMOS IC（Complementary MOS Integrated Circuit）。

1. TTL 电平

TTL 电平输出高电平大于 2.4V，输出低电平小于 0.4V。在室温下，一般输出高电平是 3.5V，输出低电平是 0.2V。TTL 电平输入高电平不小于 2.0V，输入低电平不大于 0.8V。噪声容限是 0.4V。

2. CMOS 电平

“1”逻辑电平接近于电源电压，“0”逻辑电平接近于 0V。CMOS 电平具有很宽的噪声容限。

二、TTL 和 CMOS 电路的比较

1）TTL 电路是电流控制型器件，而 CMOS 电路是电压控制型器件。

2）TTL 电路的速度快，传输延迟时间短（5 ~ 10ns），但是功耗大。CMOS 电路的速度慢，传输延迟时间长（25 ~ 50ns），但功耗低。CMOS 电路本身的功耗与输入信号的脉冲频率有关，频率越高，芯片越热，这是正常现象。

3）输入太大的电流时，CMOS 电路内部的电流急剧增大，除非切断电源，否则电流一直在增大。这种效应就是 CMOS 电路的锁定效应。当产生锁定效应时，CMOS 的内部电流能达到 40mA 以上，很容易烧毁芯片。

防御措施：

① 在输入端和输出端加钳位电路，使输入和输出不超过规定电压。

② 芯片的电源输入端加去耦电路，防止电源端出现瞬间高压。

③ 在电源输入端和外电源之间加限流电阻，避免大电流输入 CMOS 电路。

④ 当系统由几个电源分别供电时，开关电源要按下列顺序：开启时，先开启 CMOS 电路的电源，再开启输入信号和负载的电源；关闭时，先关闭输入信号和负载的电源，再关闭 CMOS 电路的电源。

三、使用注意事项

1. TTL 电路的使用注意事项

1）电源电压应严格保持在（$5 \pm 5 \times 10\%$）V 的范围内，过高易损坏元器件，过低则不能正常工作，实际中一般采用稳定性好、内阻小的直流稳压电源。使用时，应特别注意电源

与地线不能错接，否则会因电流过大造成元器件损坏。

2）多余输入端最好不要悬空，虽然悬空相当于高电平，并不能影响与门（与非门）的逻辑功能，但悬空时易受干扰。因此，多余输入端可直接或通过一个公用电阻（几千欧）连到电源上。若前级驱动能力强，则可将多余输入端与使用端并联，不用的或门、或非门输入端直接接地，与或非门不用的与门输入端至少有一个要直接接地，带有扩展端的门电路，其扩展端不允许直接接电源。

3）输出端不允许直接接电源或接地，否则会造成元器件损坏，但可以通过电阻与电源相连；输出端不允许直接并联使用（集电极开路门和三态门除外）。

4）应考虑电路的负载能力（扇出系数）。要留有余地，以免影响电路的正常工作，扇出系数可通过查阅手册或计算获得。

5）在高频工作时，应通过缩短引线、屏蔽干扰源等措施，抑制电流的尖峰干扰。

2. CMOS 电路的使用注意事项

1）CMOS 电路是电压控制型器件，它的输入电阻高，对干扰信号的捕捉能力很强。所以，在运输和存储的过程中，要注意屏蔽，以防静电。同时，在使用的过程中，多余的引脚不能悬空。多余输入端应根据逻辑要求，分情况处理：接电源（与非门、与门）、接地（或非门、或门）或与其他输入端连接。

2）输入端接低内阻的信号源时，要在输入端和信号源之间串联限流电阻，使输入的电流限制在 1mA 之内，CMOS 电路的输入电流超过 1mA，就有可能烧坏 CMOS 电路。

3）当接长信号传输线时，应在 CMOS 电路端接匹配电阻。

4）当输入端接大电容时，应该在输入端和电容间接保护电阻。电阻值为 $R=U_o/(1mA)$，U_o 是外加电容上的电压。

四、74 系列简介

74 系列可以说是平时接触最多的芯片，分为很多种，而平时用得最多的是以下三个系列：74LS 系列、74HC 系列、74HCT 系列，这三种系列在电平方面的区别见表 2-11。

表 2-11 74LS、74HC、74HCT 系列输入、输出电平对比表

系列名称	输入电平	输出电平
74LS	TTL 电平	TTL 电平
74HC	CMOS 电平	CMOS 电平
74HCT	TTL 电平	CMOS 电平

五、电平转换电路

因为 TTL 和 COMS 电路之间电压和电流参数各不相同，所以互相连接时需要进行电平的转换或电流的变换。

1. TTL 门驱动 CMOS 门

TTL 门作为驱动门，它的 $U_{OH}\geqslant 2.4V$，$U_{OL}\leqslant 0.5V$；CMOS 门作为负载门，它的 $U_{IH}\geqslant 3.5V$，$U_{IL}\leqslant 1V$。可见，TTL 门的 U_{OH} 不符合要求，需要进行电平转换。

2. CMOS 门驱动 TTL 门

CMOS 门电路 4000 系列最大允许输出电流为 0.4mA，TTL 门电路的 $I_{IS}\approx 1.4mA$，CMOS

门电路 4000 系列的驱动电流不足。解决办法如下：

1）将同一芯片 CMOS 电路并联使用。在 CMOS 电路输出端增加驱动器或具有驱动作用的接口电路。例如：选用 CMOS 缓冲器，CC4009 的驱动电流可达 4mA。

2）选用高速 CMOS 产品。

课题小结

通过本课题的制作训练，读者应了解各种门电路的结构与原理，掌握各种门电路的功能，熟悉常用集成逻辑门的特点和使用场合。此外，通过本课题的学习，读者应对各种门电路的使用具有深刻的了解，为后续学习奠定基础。

思考与练习

1. 基本门电路有____________、____________和____________三种。

2. 与门的特点是____________。或门的特点是____________。非门的特点是____________。与非门的特点是____________。异或门的特点是____________。

3. 集成门电路主要分为 TTL 和 CMOS 两种。TTL 集成门电路是指由__________构成的集成门电路，它是__________控制型器件；CMOS 集成门电路主要由__________组成，它是__________控制型器件。

4. 集电极开路与非门又称____________，其内部输出端的晶体管____________是悬空的，没有接负载，实际使用时，可根据需要在____________外接各种负载元器件。

5. 当几个 OC 门的输出端连接起来，再接一个公共负载时，输出端有____________的关系，这种关系不是靠与门来实现的，而是由导线连接来实现的，故称为____________。

6. 三态输出与非门电路简称为____________，又称____________，它是在与非门的基础上加一个____________而构成的，这种门电路输出不仅会出现高电平和低电平，还可以出现第三种状态____________（又称禁止态或悬浮态）。

7. 写出图 2-42 所示各电路的逻辑表达式并画出输出波形。

8. 写出图 2-43 所示各电路的逻辑表达式并画出输出波形。

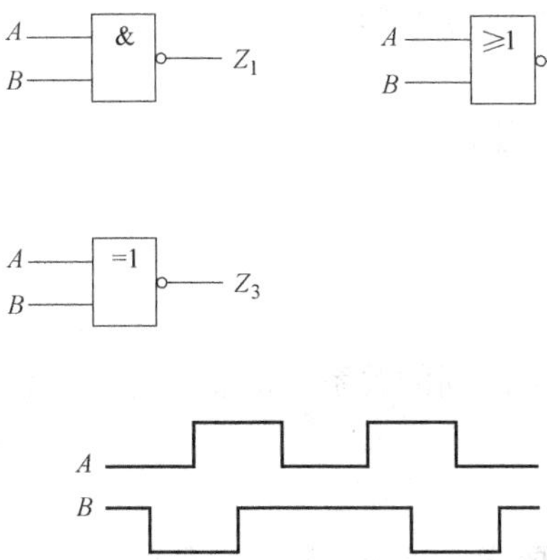

图 2-42　题 7 图

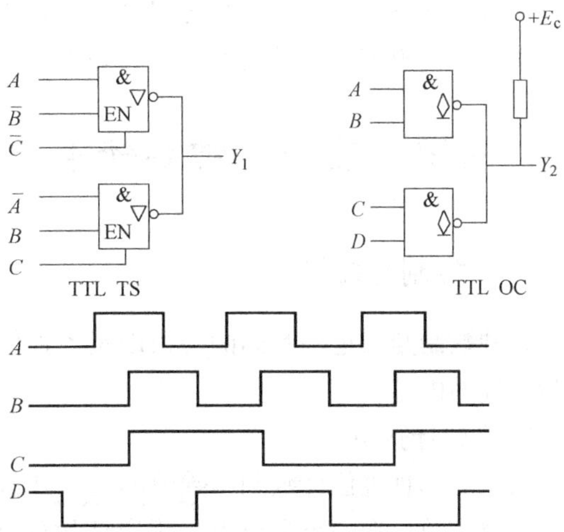

图 2-43　题 8 图

课题 3 逻辑代数基础

学习目标

1）掌握数制及其转换理论，掌握逻辑代数的基本运算、基本定理、常用公式及其应用。

2）掌握逻辑函数的表示方法，能熟练运用卡诺图、常用公式化简逻辑函数并能对简单逻辑问题进行分析。

工作任务

1）小组制订工作计划。

2）分小组讨论，了解逻辑代数的基本概念，熟记其公式与验证其定理。

3）通过小组讨论学习后，每个组员要掌握逻辑代数的基本运算、逻辑函数的表示、公式法化简和卡诺图化简等。

课题导入

数字信号只有“1”和“0”两种，对数字电路的工作要求就是能够可靠地区别信号为“0”和信号为“1”两种状态，因此对数字电路的精度要求不高，适合进行集成化，加上数字信号的处理和运算都是相当复杂的过程，所以数字电路中采用的都是集成电路，且许多是大规模集成电路。这种电路实现各种逻辑功能和数字的运算，而处理的数字信号在电路表现上只有信号的高、低电平两种状态。数字电路中用二进制数“0”和“1”来代表低电平和高电平两种状态，数字信号便可用“0”和“1”组成的代码序列来表示。因此，学习数字电路首先要了解有关二进制数知识，否则对数字电路的分析将寸步难行。

知识链接一　数制转换及其常用代码

一、数制与转换

各种数制与二进制数间的转换以及各种代码与二进制数之间的关系，是数字电子技术中最为基础的内容。

1. 进位计数制

无论用哪种进位计数制，数值的表示都包含两个基本要素：进位基数和数位的权值。

进位基数：在一个数位上，规定使用的数码符号的个数称为该进位计数制的进位基数（J）或进位模数（M），例如十进制数，每个数位规定使用的数码符号为0、1、2、3、4、

5、6、7、8、9共10个数码符号，因而其进位基数 $J=10$ 或进位模数 $M=10$，该数位计满 J 就向其高位进1，即“逢 J 进一”，例如，十进制为逢十进一、八进制为逢八进一、十六进制为逢十六进一等。

数位的权值：某个数位上数码为1时所表征的数值称为该数位的权值，简称为“权”。例如，十进制中的符号“1”，在个位上表示 10^0，即1；在十位上则表示 10^1，即10；在百位上则表示 10^2，即100；在小数点后第一位上表示 10^{-1}，即0.1；等等。因此，要表示一个 J 进制数的大小，可用各数位的数码 a_i 与该数位的权值 J^i 相乘之后累加来表示，这种方法称为按权展开法。

下面介绍四种常用的进位计数制及其按权展开情况。

（1）十进制 十进制数用下标“10”或“D”来表示，它的每个数位有10个数码符号，即0～9，进位基数 $J=10$，其计数规则为逢十进一，例如

$$(368.258)_{10}=3\times10^2+6\times10^1+8\times10^0+2\times10^{-1}+5\times10^{-2}+8\times10^{-3}$$

（2）二进制 二进制数用下标“2”或“B”来表示，它的每个数位只有2个数码符号，即0、1，进位基数 $J=2$，其计数规则为逢二进一，例如

$$(1011.01)_2=1\times2^3+0\times2^2+1\times2^1+1\times2^0+0\times2^{-1}+1\times2^{-2}$$

（3）八进制 八进制数用下标“8”或“O”来表示，它的每个数位可有8个数码符号，即0、1、2、3、4、5、6、7，进位基数 $J=8$，其计数规则为逢八进一，例如

$$(752.34)_8=7\times8^2+5\times8^1+2\times8^0+3\times8^{-1}+4\times8^{-2}$$

因为 $2^3=8$，所以3位二进制数可用1位八进制数来表示。

（4）十六进制 十六进制数用下标“16”或“H”来表示，它的每个数位可有16个数码符号，即0、1、2、3、4、5、6、7、8、9、A、B、C、D、E、F，进位基数 $J=16$，其计数规则为逢十六进一，例如

$$(BD2.3C)_{16}=11\times16^2+13\times16^1+2\times16^0+3\times16^{-1}+12\times16^{-2}$$

因为 $2^4=16$，所以4位二进制数可用1位十六进制数来表示。

在计算机应用系统中，二进制主要用于机器内部的数据处理，八进制和十六进制主要用于书写程序，十进制主要用于运算最终结果的输出。另外，十六进制数还经常用来表示内存的地址，例如 $(8FD9)_{16}$ 表示要寻找的存储单元地址。

2. 数制转换

（1）非十进制数转换为十进制数 方法为：按权展开相加法。具体步骤是先按权展开成多项式，然后按十进制计算规则求其和。

【例3-1】 （1）$(2A.8)_{16}=(?)_{10}$ （2）$(165.2)_8=(?)_{10}$ （3）$(10101.11)_2=(?)_{10}$

解：（1）$(2A.8)_{16}=2\times16^1+10\times16^0+8\times16^{-1}=(42.5)_{10}$

（2）$(165.2)_8=1\times8^2+6\times8^1+5\times8^0+2\times8^{-1}=(117.25)_{10}$

（3）$(10101.11)_2=1\times2^4+0\times2^3+1\times2^2+0\times2^1+1\times2^0+1\times2^{-1}+1\times2^{-2}$

$=(21.75)_{10}$

（2）十进制数转换为其他进制数 十进制转换成其他进制数，对于整数部分，采取除 J 取余法；对于小数部分，采取乘 J 取整法。具体方法可由以下各例表明。

【例3-2】 $(43.6875)_{10}=(?)_2$

解：整数部分，用除 2 取余法得

除数	被除数		余数	
2	43			最低位(LSB)
2	21	…………	1	↑
2	10	…………	1	
2	5	…………	0	
2	2	…………	1	
2	1	…………	0	
	0	…………	1	最高位(MSB)

所以 $$(43)_{10}=(101011)_2$$

小数部分，用乘 2 取整法得

运算		整数	
0.6875 × 2			最高位(MSB)
1.3750 × 2	…………	1	↓
0.750 × 2	…………	0	
1.50 × 2	…………	1	
1.0	…………	1	最低位(LSB)

所以 $$(0.6875)_{10}=(0.1011)_2$$

综合以上两部分得

$$(43.6875)_{10}=(101011.1011)_2$$

【例 3-3】 $(427.85)_{10}=(?)_{16}$

解：整数部分，用除 16 取余法得

除数	被除数		余数	
16	427			最低位(LSB)
16	26	…………	11=B	↑
16	1	…………	10=A	
	0	…………	1=1	最高位(MSB)

即 $$(427)_{10}=(1AB)_{16}$$

小数部分，用乘 16 取整法得

运算		整数	
0.85 × 16			最高位(MSB)
13.6 × 16	…………	13=D	↓
9.6 × 16	…………	9=9	
9.6	…………	9=9	
⋮		⋮	最低位(LSB)

即 $$(0.85)_{10}=(0.D99\cdots)_{16}$$

综合以上两部分得

$$(427.85)_{10}=(1AB.D99\cdots)_{16}$$

【例 3-4】 $(427.35)_{10}=(?)_8$

解： 整数部分，用除 8 取余法得

$$\begin{array}{r|l l l}
8 & \underline{427} & \text{余数} & \text{最低位 (LSB)} \\
8 & \underline{53} \quad \cdots\cdots & 3 & \uparrow \\
8 & \underline{6} \quad \cdots\cdots & 5 & \\
 & 0 \quad \cdots\cdots & 6 & \text{最高位 (MSB)}
\end{array}$$

即 $$(427)_{10}=(653)_8$$

小数部分，用乘 8 取整法得

$$\begin{array}{r l l}
0.35 & \text{整数} & \text{最高位 (MSB)} \\
\times\ \ 8 & & \\
\hline
2.8 \quad \cdots\cdots & 2 & \downarrow \\
\times\ \ 8 & & \\
\hline
6.4 \quad \cdots\cdots & 6 & \\
\times\ \ 8 & & \\
\hline
3.2 \quad \cdots\cdots & 3 & \\
\times\ \ 8 & & \\
\hline
1.6 \quad \cdots\cdots & 1 & \text{最低位 (LSB)} \\
\vdots & \vdots &
\end{array}$$

即 $$(0.35)_{10}=(0.2631\cdots)_8$$

综合以上两部分得 $$(427.35)_{10}=(653.2631\cdots)_8$$

注意： 小数部分，凡无穷尽者，可采用类似十进制数四舍五入的办法保留最后一位有效数字，例如本例中若仅保留小数点后一位有效数字，则因 6 比 $\frac{1}{2}\times 8$ 大，故进位可为 $(0.3)_8$，即

$$(427.35)_{10}\approx(653.3)_8$$

（3）二进制数—八进制数—十六进制数互相转换　每一位八进制数正好对应 3 位二进制数，每一位十六进制数正好对应 4 位二进制数，所以二进制数转换成八进制数时，只要以小数点为界，整数部分向左、小数部分向右分成 3 位一组，各组分别用对应的一位八进制数表示，即可得到所求的八进制数，两头不足 3 位时，可分别用 0 补足，同理，二进制数到十六进制数的转换方法与此相同，只是小数点向左和向右分别按 4 位一组进行分组即可。

【例 3-5】 $(1011010.10111)_2=(?)_8=(?)_{16}$

解： 二进制数化成八进制数，按 3 位一组得

$$\begin{array}{l}
(1011010.10111)_2=(001\quad 011\quad 010.101\quad 110)_8=(132.56)_8 \\
\qquad\qquad\qquad\qquad\quad\ \ 1\qquad\ 3\qquad\ \ 2.\ \ 5\qquad\ 6
\end{array}$$

二进制数化成十六进制数，按 4 位一组得

$$(1011010.10111)_2=(0101\quad 1010.1011\quad 1000)_2=(5A.B8)_{16}$$

5　　A.　B　　8

八进制数与十六进制数相互转换，应先转换成二进制数。

【例 3-6】 $(5A.B8)_{16}=(?)_2$

解： 先把每一位十六进制数用 4 位二进制数表示出来，即

5　A　.　B　8

↓　↓　　↓　↓

0101　1010　.　1011　1000

即 $(5A.B8)_{16}=(1011010.10111)_2$

二、常用代码

常用代码为 BCD 码（Binary Coded Decimals），有 8421 码、2421 码、余 3 码、5421 码等，它们的编码见表 3-1。

表 3-1　常用 BCD 编码表

十进制数	8421 码	2421 码	5421 码	余 3 码
0	0000	0000	0000	0011
1	0001	0001	0001	0100
2	0010	0010	0010	0101
3	0011	0011	0011	0110
4	0100	0100	0100	0111
5	0101	1011	1000	1000
6	0110	1100	1001	1001
7	0111	1101	1010	1010
8	1000	1110	1011	1011
9	1001	1111	1100	1100

1. 8421 码

8421 码用 4 位二进制数表示 1 位十进制数，每位二进制数都有固定的位权，所以这种代码也称为有权码。8421 码中每位的位权从高到低分别为 2^3（8）、2^2（4）、2^1（2）、2^0（1），与常规的二进制数的位权完全一致，所以这是一种最自然、最简单的 BCD 码。

注意： 在 8421 码中不允许出现 1010 ~ 1111 这 6 个代码，因为十进制数 0 ~ 9 中没有与之对应的数字符号，这些代码称为伪码，也常称为“无关码”或“无关项”。

因为每位 8421 码是以 4 位二进制数为一组来表示的，所以 8421 码与十进制数之间的转换可以直接以组为单位来进行。

【例 3-7】 将 $(126)_{10}$ 转换为对应的 8421 码。

解：

1　2　6

↓　↓　↓

0001　0010　0110

即 $(126)_{10}=(000100100110)_{8421BCD}$

【例3-8】 将8421码 $(100100000011.10000101)_{8421BCD}$ 转换成对应的十进制数。

解：

$$\begin{array}{cccccc} 1001 & 0000 & 0011 & . & 1000 & 0101 \\ \downarrow & \downarrow & \downarrow & & \downarrow & \downarrow \\ 9 & 0 & 3 & & 8 & 5 \end{array}$$

$$即(100100000011.10000101)_{8421BCD}=(903.85)_{10}$$

2. 2421码和5421码

2421码的各位权值分别为2、4、2、1；5421码的各位权值分别为5、4、2、1。它们都是有权码。用BCD码表示十进制数时，只要把十进制数的每一位数码分别用BCD码取代即可；反之，需要知道BCD码代表的十进制数，只要把BCD码以小数点为起点向左、向右每四位分一组，然后写出每一组代码代表的十进制数，并保持原顺序即可。

【例3-9】 $(902.45)_{10}=(?)_{2421BCD}=(?)_{5421BCD}$

解： $(902.45)_{10}=(111100000010.01001011)_{2421BCD}$

$(902.45)_{10}=(110000000010.01001000)_{5421BCD}$

3. 余3码

余3码是8421码的每个码组加0011形成的，其中0和9、1和8、2和7、3和6、4和5各对码组相加均为1111，具有这种特性的代码称为"自补码"，同样，2421码也属于自补码。

余3码各位无固定权值，故属于无权码。

记住余3码的每一位编码都比8421码相应的编码大3这个规律，就不难完成二者之间的转换。

【例3-10】 $(01001000.1011)_{余3BCD}=(?)_{8421BCD}=(?)_{10}$

解： 注意到余3码每一位编码都比8421码相应的编码多3，即各组减3之后便得到8421码，故有

$$(01001000.1011)_{余3BCD}=(00010101.1000)_{8421BCD}=(15.8)_{10}$$

它所代表的十进制数为 $(15.8)_{10}$。

知识链接二 逻辑代数基础知识

逻辑代数又称为布尔代数，是英国数学家乔治·布尔于1847年首先提出的，它是用于描述客观事物逻辑关系的数学方法。逻辑代数是分析和设计逻辑电路的主要数学工具。在逻辑代数中的"0"和"1"不表示数量的大小，只表示事物的两种对立的状态，即两种逻辑关系。例如，开关的通与断，灯的亮与灭，电位的高与低等。

下面以逻辑事件实例来介绍逻辑变量和逻辑函数的基本概念。图3-1所示为常见的控制楼道照明的开关电路。两个单刀双掷开关 A 和 B 分别安装在楼上和楼下。上楼之前，在楼下开灯，上楼后关灯；反之下楼之前，在楼上开灯，下楼后关灯。开关与灯的逻辑关系见表3-2。

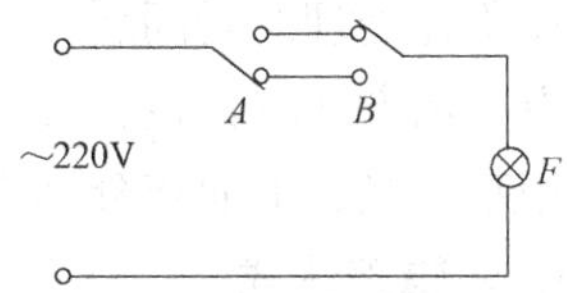

图3-1 控制楼道照明的开关电路

表 3-2 开关与灯的逻辑关系

开关 A	开关 B	灯 F
拨上	拨上	亮
拨上	拨下	灭
拨下	拨上	灭
拨下	拨下	亮

设 A、B 分别代表上、下楼的两个开关，当开关拨上为逻辑 0，开关拨下为逻辑 1；F 表示灯，灯亮时为逻辑 1，灯灭时为逻辑 0。则开关 A、B 与灯 F 之间的逻辑事件真值表见表 3-3。

表 3-3 逻辑事件真值表

A	B	F
0	0	1
0	1	0
1	0	0
1	1	1

1. 逻辑变量

真值表中的变量 A、B、F 均为只有两个取值的变量，称为逻辑变量。用来表示条件的逻辑变量称为输入逻辑变量（如 A、B、C、…）；用来表示结果的逻辑变量称为输出逻辑变量（如 Y、F、Z、…），字母上无反号的称为原变量（如 A），有反号的称为反变量（如 $\overline{A}$）。

2. 逻辑函数

现实生活中的一些实际关系，会使某些逻辑变量的取值互相依赖，或互为因果。例如，上述电路中开关的通、断决定了灯的亮、灭，反过来也可以从灯的状态推出开关的相应状态，这样的关系称为逻辑函数关系。它可用逻辑函数式（也称逻辑表达式）来描述，其一般形式见式（3-1）。

$$Y = f(A、B、C、\cdots) \tag{3-1}$$

一般地说，如果输入逻辑变量 A、B、C…的取值确定以后，逻辑函数 Y 的值也就唯一确定了。

知识链接三 逻辑代数表示方法与化简

一、逻辑函数的表示方法

在研究处理逻辑问题时，对于同一个问题可以根据需要采用不同的方法来描述它，常用的逻辑表示方法有：逻辑表达式、真值表、逻辑图、卡诺图、波形图五种，它们各有特点，可以相互转换，下面将分别介绍。

1. 逻辑表达式

根据一定的逻辑关系，将输入变量与输出变量写成与、或、非等运算的组合所得到的表

达式，称为逻辑函数表达式，简称为逻辑表达式。用它表示逻辑函数，形式简单、书写方便，便于运算和转换，但形式不唯一。例如

$$F = A\overline{B} + \overline{A}B = A \oplus B$$

2. 真值表

将逻辑变量所有可能取值的组合及其对应函数值所构成的表格，称为真值表，它可以全面直观地反映变量之间的逻辑关系，具有唯一性。例如表3-4为表达式 $F = A\overline{B} + \overline{A}B$ 的真值表。

表3-4　$F = A\overline{B} + \overline{A}B$ 的真值表

A	B	F
0	0	0
0	1	1
1	0	1
1	1	0

3. 逻辑图

将变量之间的逻辑运算关系，用逻辑门符号表示出来即为逻辑图，它比较接近于实际的电路，又常称为逻辑电路图，例如函数 $F = A\overline{B} + \overline{A}B$ 的逻辑图如图3-2所示。

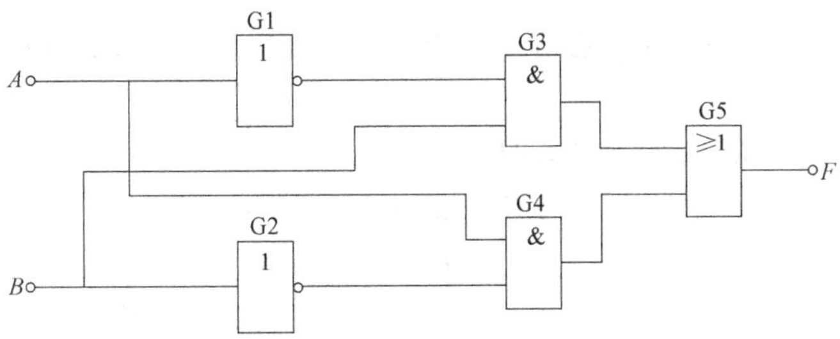

图3-2　函数 $F = A\overline{B} + \overline{A}B$ 的逻辑图

4. 波形图

将函数变量的取值和逻辑函数对应的值用高低电平表示出来，称为波形图，例如：函数 $F = AB + C$ 的波形图如图3-3所示。

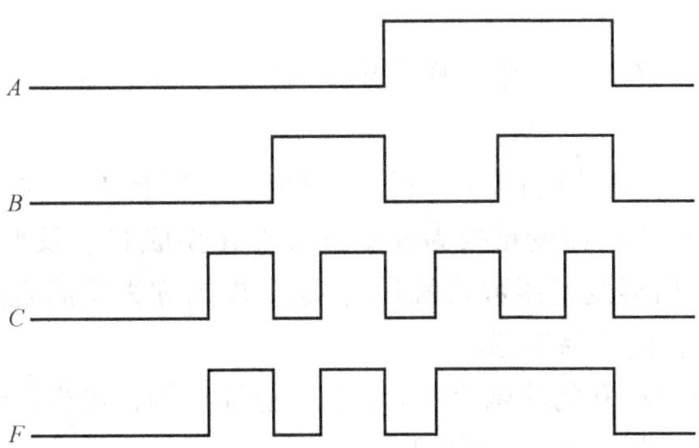

图3-3　函数 $F = AB + C$ 的波形图

二、逻辑代数的基本定律和恒等式

逻辑代数的基本定律及恒等式关系见表 3-5。

表 3-5 逻辑代数的基本定律及恒等式关系

	或	与	非
基本定律	$A+0=A$ $A+1=1$ $A+A=A$ $A+\overline{A}=1$	$A\cdot 0=0$ $A\cdot 1=A$ $A\cdot A=A$ $A\cdot\overline{A}=0$	$\overline{\overline{A}}=A$
结合律	$(A+B)+C=A+(B+C)$	$(AB)C=A(BC)$	
交换律	$A+B=B+A$	$AB=BA$	
分配律	$A(B+C)=AB+AC$	$A+BC=(A+B)(A+C)$	
反演律(摩根定律)	$\overline{ABC\cdots}=\overline{A}+\overline{B}+\overline{C}+\cdots$	$\overline{A+B+C+\cdots}=\overline{A}\ \overline{B}\ \overline{C}\cdots$	
吸收律	$A+AB=A$ $A(A+B)=A$ $A+\overline{A}B=A+B$ $(A+B)(A+C)=A+BC$		
其他常用恒等式	$AB+\overline{A}C+BC=AB+\overline{A}C$ $AB+\overline{A}C+BCD=AB+\overline{A}C$		

对于表中所列的定律的证明，最有效的方法就是检验等式左边的函数与右边函数的真值表是否吻合——真值表证明法。

【例 3-11】 证明：$AB+\overline{A}C+BC=AB+\overline{A}C$。

证明：

$$\begin{aligned}AB+\overline{A}C+BC&=AB+\overline{A}C+(A+\overline{A})BC\\&=AB+\overline{A}C+ABC+\overline{A}BC\\&=AB(1+C)+\overline{A}C(1+B)\\&=AB+\overline{A}C\end{aligned}$$

三、逻辑代数的基本规则

1. 代入规则

在任何一个逻辑等式中，如果将等式两边出现的某变量 A，都用一个函数代替，则等式依然成立，这个规则称为代入规则。

例如，在 $B(A+C)=BA+BC$ 中，代入规则可以扩展所有基本定律的应用范围。

2. 反演规则

根据摩根定律，求一个逻辑函数 L 的非函数$\overline{L}$时，可以将 L 中的与（·）换成或（+），或（+）换成与（·）；再将原变量换为反变量（如 A 换成$\overline{A}$），反变量换为原变量；并将 1 换成 0，0 换成 1；那么所得逻辑函数式就是$\overline{L}$，这个规则称为反演规则。注意，交换时要保持原式中的先后顺序，否则容易出错。

例如，求 $L=\overline{A}\ \overline{B}+CD+0$ 的非函数 $\overline{L}$ 时，按照上述法则，可得$\overline{L}=(A+B)(\overline{C}+\overline{D})\cdot 1=(A+B)(\overline{C}+\overline{D})$，不能写成$\overline{L}=A+B\overline{C}+\overline{D}$。

运用反演规则时必须注意两点：

1）保持原来的运算优先顺序，即如果在原函数表达式中，A、B之间先运算，再和其他变量进行运算，那么非函数的表达式中，仍然是A、B之间先运算。

2）对于反变量以外的非号应保留不变。

3. 对偶规则

L是一个逻辑表达式，如把L中的与（·）换成或（+），或（+）换成与（·）；并把1换成0，0换成1，那么就得到一个新的逻辑表达式，这就是L的对偶式，记作L'。例如，$L=(A+B)(A+C)$，则$L'=AB+AC$。变换时仍需注意保持原式中先与后或的顺序。

所谓对偶规则，是指当某个逻辑恒等式成立时，则其对偶式也成立。

利用对偶规则，可从已知公式中得到更多的运算公式。

例如，吸收律$A+\overline{A}B=A+B$成立，则它的对偶式$A(\overline{A}+B)=AB$也是成立的。

四、逻辑函数的代数变换

1. 由逻辑图求逻辑表达式和真值表

由逻辑图的输入端和输出端逐级写出每个逻辑门符号的输出逻辑表达式。最终得到的逻辑表达式应为最后的输出变量与最初的输入变量之间的逻辑运算表达式。根据逻辑表达式，列出变量所有的可能取值，并代入逻辑表达式求出所对应的函数值，即得出真值表。

【例3-12】 写出图3-4所示逻辑图的逻辑表达式，并列出真值表。

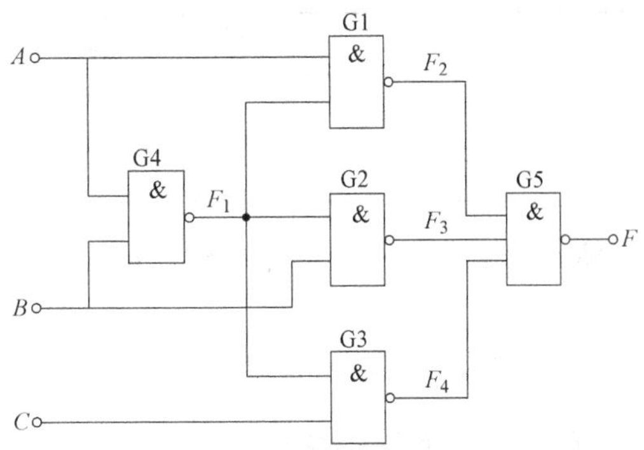

图3-4　例3-12逻辑图

解：由输入到输出为

$$F_1=\overline{AB}$$

$$F_2=\overline{AF_1}=\overline{A\,\overline{AB}}$$

$$F_3=\overline{BF_1}=\overline{B\,\overline{AB}}$$

$$F_4=\overline{CF_1}=\overline{C\,\overline{AB}}$$

$$F=\overline{F_2F_3F_4}=\overline{\overline{A\,\overline{AB}}\;\overline{B\,\overline{AB}}\;\overline{C\,\overline{AB}}}$$

F由摩根定律展开为

$$\begin{aligned}F&=A\,\overline{AB}+B\,\overline{AB}+C\,\overline{AB}\\&=A(\overline{A}+\overline{B})+B(\overline{A}+\overline{B})+C(\overline{A}+\overline{B})\\&=A\overline{B}+\overline{A}B+\overline{A}C+\overline{B}C\end{aligned}$$

列真值表见表3-6。

表3-6　例3-12的真值表

A	B	C	F
0	0	0	0
0	0	1	1
0	1	0	1
0	1	1	1
1	0	0	1
1	0	1	1
1	1	0	0
1	1	1	0

2. 由真值表求逻辑表达式和逻辑图

在真值表给定的情况下，先画出对应的卡诺图（关于卡诺图的知识会在后面的逻辑函数化简中讲到），用卡诺图化简法求出最简与或式，再用逻辑门电路画出逻辑图。

若变量较多画卡诺图较困难，可直接根据真值表写出标准与或式，用公式法求出最简与或表达式，再画逻辑图。

【例 3-13】 已知逻辑函数的真值表见表 3-7，试画出 F 的逻辑图。

表 3-7 例 3-13 真值表

A	B	C	F
0	0	0	0
0	0	1	1
0	1	0	0
0	1	1	1
1	0	0	0
1	0	1	0
1	1	0	1
1	1	1	1

表 3-8 例 3-13 的卡诺图

A \ BC	00	01	11	10
0		1	1	
1			1	1

解： 根据真值表，画函数 F 的卡诺图，如表 3-8，合并最小项的最简与或表达式为

$$F = \bar{A}C + AB$$

画出逻辑图，如图 3-5 所示。

五、逻辑函数的化简

任何一个逻辑函数都可以用数字逻辑门电路来实现。若逻辑表达式简单，则实现起来不仅节省器材，而且可靠性也会提高，所以要对逻辑函数进行化简。

1. 最简的概念和公式化简法

（1）逻辑表达式的类型 按照运算关系，将逻辑表达式分成五类：与或表达式、与或非表达式、或与表达式、与非与非表达式、或非或非表达式。这五种表达式彼此相通，可以利用逻辑代数的公式和公理进行互换。

【例 3-14】 将 $Y = AB + \bar{A}C$ 化为与或非表达式。

解：

$$Y = AB + \bar{A}C = (A + C)(\bar{A} + B)$$

$$= \overline{\overline{A + C} + \overline{\bar{A} + B}} = \overline{A\bar{B} + \bar{A}\bar{C}}$$

实际上，即便是一种类型的表达式，形式也不是唯一的，一般来说，表达式越简单，实现起来电路也越简单。

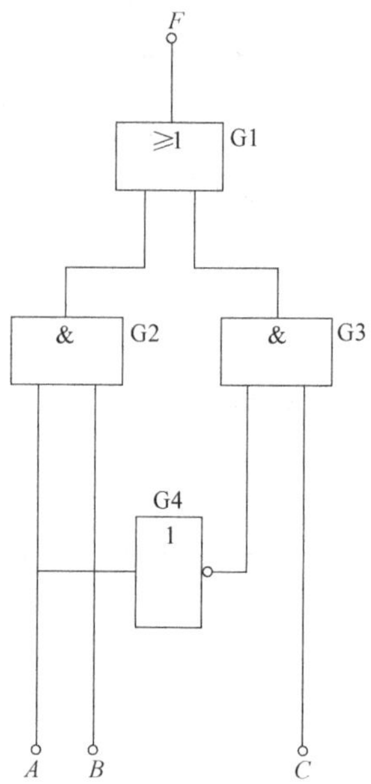

图 3-5 例 3-13 逻辑电路图

（2）最简与或表达式 乘积项的个数尽可能少，同时每个

乘积项中变量的个数尽可能少，这样的与或表达式叫做最简与或表达式。利用最简与或表达式，遵照逻辑代数的公理和公式，就可以得到其他类型的最简表达式。最简表达式是不唯一的。

（3）公式化简法　应用逻辑代数中的公理和公式将逻辑表达式简化成所要求的最简表达式，即为公式化简法。

【例 3-15】 求函数 $F=AB+ABC(D+EF)$ 的最简与或表达式。

解： $F=AB+ABC(D+EF)=AB[1+C(D+EF)]=AB$（根据$1+A=1$）

【例 3-16】 化简函数 $F=AB+\overline{A}\ \overline{B}+AB\overline{C}D+\overline{A}BCD$。

解：

$$
\begin{aligned}
F &= A(B+B\overline{C}D)+\overline{A}(\overline{B}+BCD)\\
&= A[B(1+CD)+\overline{B}CD]+\overline{A}[\overline{B}(1+CD)+BCD]\\
&= A(B+CD)+\overline{A}\ \overline{B}+\overline{A}CD\\
&= AB+\overline{A}\ \overline{B}+CD(A+\overline{A})\\
&= AB+\overline{A}\ \overline{B}+CD
\end{aligned}
$$

公式化简法的优点是：在多变量的情况下用起来很简单。

它的缺点是：要灵活运用逻辑代数的基本定律和准则。由于化简过程因人而异，没有明确的规律和步骤，不便于通过计算机自动实现，化简的结果也不容易判断是否最简。

2. 卡诺图化简法

（1）最小项　对于 n 个变量，如果 p 是一个含所有 n 个变量因子的乘积项，在 p 中每个变量因子都以原变量或者反变量的形式出现一次，且仅出现一次，则称 p 是这 n 个变量的一个最小项。

n 个变量一共可以有 2^n 个最小项，例如：变量 A、B 就有 2^2 个最小项，分别是 $\overline{A}\ \overline{B}$、$\overline{A}B$、$A\overline{B}$、$AB$。为了书写方便，一般对最小项进行编号，以表示次序。最小项确定后，令原变量为 1，反变量为 0，所得的十进制数值即为该最小项的编号。例如：对应的二进制编号是 10，十进制编号为 2，则此最小项编号为 m_2。

（2）最小项表达式　任何一个逻辑表达式都可以变为最小项和的形式，且是唯一的形式，称为最小项表达式。例如：函数 $F=AB+\overline{A}C$，利用了逻辑代数的基本公式，可化为

$$F=AB+\overline{A}C=AB(C+\overline{C})+\overline{A}C(B+\overline{B})=ABC+AB\overline{C}+\overline{A}BC+\overline{A}\ \overline{B}C$$

此式由四项组成，每一项都是变量 A、B、C 的最小项，它们的编号分别为 m_7，m_6，m_3，m_1，这个表达式也可以写成

$$F(A,B,C)=m_1+m_3+m_6+m_7=\sum(1,3,6,7)$$

（3）卡诺图　将最小项表达式中的各个最小项相应填入一个特定的方格内，这个方格图就是卡诺图。因为 n 个变量有 2^n 个最小项，首先画一个矩形，将这个矩形分成 2^n 个小方格，每个小方格按最小项 m_i 编号，相邻的两个小方格的二进制编号只能有一位不同，再根据逻辑函数的最小项表达式，将表达式中存在的最小项，填入相应的小方格，不存在的最小项略去不填。表 3-9、表 3-10、表 3-11 分别画出了二变量、三变量和四变量的卡诺图中最小项的分布情况。

表 3-9 二变量的卡诺图

A \ B	0	1
0	0	1
1	2	3

表 3-10 三变量的卡诺图

A \ BC	00	01	11	10
0	0	1	3	2
1	4	5	7	6

表 3-11 四变量的卡诺图

AB \ CD	00	01	11	10
00	0	1	3	2
01	4	5	7	6
11	12	13	15	14
10	8	9	11	10

(4) 逻辑函数的卡诺图化简法 利用卡诺图化简所得到的是逻辑函数的最简与或表达式。

1) 逻辑相邻关系。两个最小项中除了一个变量的形式不同外，其余变量的形式都相同，则这两个最小项是逻辑相邻的，它们合并可以消去形式不同的因子。四个逻辑相邻的最小项合并可以消去两个变量因子，八个逻辑相邻的最小项合并可以消去三个变量因子。一般地说，2^n 个最小项合并成一项可消去 n 个变量因子。

2) 利用卡诺图化简的方法。在已知逻辑函数的最小项表达式并画出对应的卡诺图后，按 2，4，8，…，2^n个为一组，将逻辑相邻项圈起来，保留相邻项中形式相同的因子，舍弃形式不同的因子，再将每个圈合并的结果相加，即得最简与或表达式。

使用卡诺图化简时，还需注意以下几个问题：

① 2^n 个相邻项圈在一起，圈的面积越大，消去的变量越多，乘积项越简。

② 圈的数目尽可能少，即化简得到的乘积项的数目尽可能少。

③ 一个最小项可以多次重复使用，但每一次至少要有一个没被圈过的最小项。

④ 所有最小项都被圈定时，化简结束。

【例 3-17】 利用卡诺图化简逻辑函数 $F=\overline{A}B+\overline{B}C+B\overline{C}+A\overline{C}$。

解： 由

$$
\begin{aligned}
F &= \overline{A}B+\overline{B}C+B\overline{C}+A\overline{C} \\
&= \overline{A}B(C+\overline{C})+\overline{B}C(A+\overline{A})+B\overline{C}(A+\overline{A})+A\overline{C}(B+\overline{B}) \\
&= \overline{A}BC+\overline{A}B\overline{C}+A\overline{B}C+\overline{A}\,\overline{B}C+AB\overline{C}+\overline{A}B\overline{C}+AB\overline{C}+A\overline{B}\,\overline{C} \\
&= \overline{A}BC+\overline{A}B\overline{C}+A\overline{B}C+\overline{A}\,\overline{B}C+AB\overline{C}+A\overline{B}\,\overline{C}
\end{aligned}
$$

对应的卡诺图如图 3-6 所示。

所以，最简与或表达式为

$$F=\overline{A}C+A\overline{B}+B\overline{C} \tag{3-2}$$

【例 3-18】 用卡诺图化简逻辑函数 $F(A,B,C,D)=\sum(0,1,2,5,8,10)$。

解： 画出该逻辑函数的卡诺图如图 3-7 所示。

则最简与或表达式为

$$F=\overline{B}\,\overline{D}+\overline{A}\,\overline{C}D \tag{3-3}$$

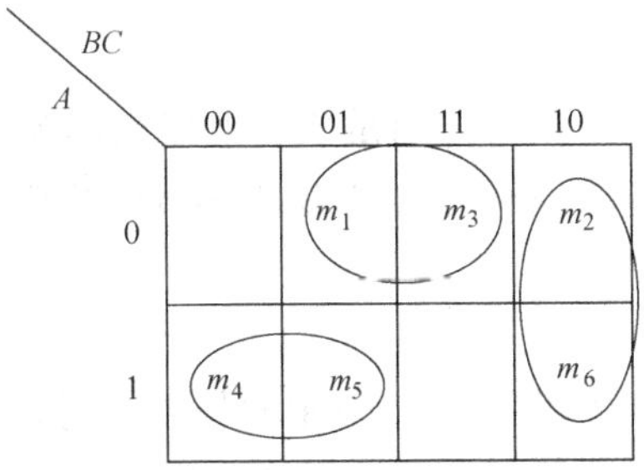

图 3-6　例 3-17 的卡诺图

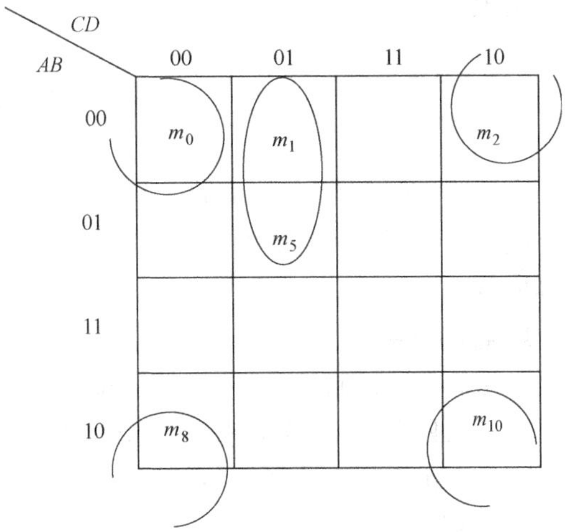

图 3-7　例 3-18 的卡诺图

【例 3-19】 用卡诺图化简逻辑函数 $F = A\overline{C}\,\overline{D} + A\overline{B}\,\overline{C}D + B\overline{C}D + \overline{A}BCD + A\overline{B}C$

解： 由

$$\begin{aligned}F &= A\overline{C}\,\overline{D} + A\overline{B}\,\overline{C}D + B\overline{C}D + \overline{A}BCD + A\overline{B}C\\ &= A\overline{C}\,\overline{D}(B+\overline{B}) + A\overline{B}\,\overline{C}D + B\overline{C}D(A+\overline{A}) + \overline{A}BCD + A\overline{B}C(D+\overline{D})\\ &= AB\overline{C}\,\overline{D} + A\overline{B}\,\overline{C}\,\overline{D} + A\overline{B}\,\overline{C}D + AB\overline{C}D + \overline{A}B\overline{C}D + \overline{A}BCD + A\overline{B}CD + A\overline{B}C\overline{D}\end{aligned}$$

画出其卡诺图如图 3-8 所示。

则最简与或表达式为

$$F = A\overline{C} + A\overline{B} + \overline{A}BD \qquad (3\text{-}4)$$

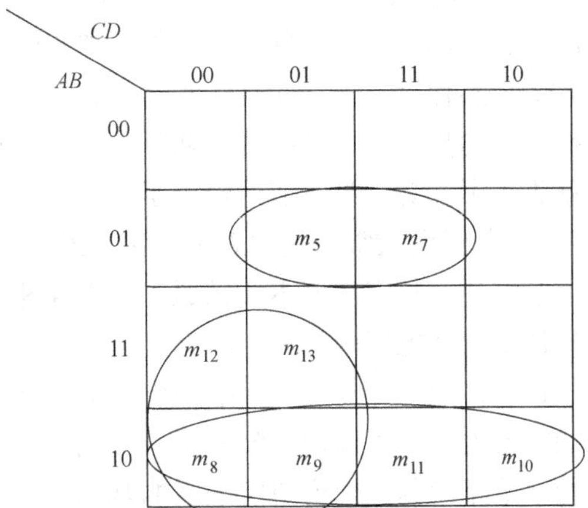

图 3-8　例 3-19 的卡诺图

（5）含有无关项的逻辑函数化简　在实际问题中，变量有时会受到实际逻辑问题的限制，使某些取值不允许出现，或者对结果没有影响，这些变量取值所对应的最小项称为无关项或约束项。

在化简逻辑函数时，根据逻辑相关关系的需要无关项可以存在，也可以不存在，在卡诺图中用“×”表示。

【例 3-20】 用卡诺图化简逻辑函数 $F = B\overline{C}D + A\overline{B}\,\overline{C}D$，其中 $C + D = 0$ 不可能出现。

解： $C + D = 0$ 不可能出现，所对应的无关项是 $\overline{A}\,\overline{B}\,\overline{C}\,\overline{D}$，$\overline{A}B\overline{C}\,\overline{D}$，$A\overline{B}\,\overline{C}\,\overline{D}$，$AB\overline{C}\,\overline{D}$

所以　由
$$\begin{aligned}F &= B\overline{C}D + A\overline{B}\,\overline{C}D\\ &= B\overline{C}D\,(A+\overline{A}) + A\overline{B}\,\overline{C}D\\ &= AB\overline{C}D + \overline{A}B\overline{C}D + A\overline{B}\,\overline{C}D\end{aligned}$$

画出卡诺图如图 3-9 所示。

AB \ CD	00	01	11	10
00	×			
01				
11				
10				

图 3-9　例 3-20 的卡诺图

可得最简与或表达式为 $F = B\overline{C} + A\overline{C}$，$C + D = 0$ 不

可能出现。

课题小结

本课题主要介绍了数的进制、编码和逻辑代数的基本知识，它们是数字电路的基础知识。同时介绍了逻辑代数的基本公式和定理、逻辑函数的常用表示方法及逻辑函数的化简方法等内容。

1. 数的进制

常用的是十进制、二进制、八进制和十六进制等，数字电路基本上使用的是二进制。

二进制只有 0、1 两个数码，基数为 2，每一位的权是 2 的幂，将二进制数按位展开相加，可得到相应的十进制数。

2. 编码

在数字电路中，需要将一些文字、符号、图形等转换成二进制代码。常用的二进制代码有：8421 码、2421 码、5421 码、ASCⅡ码等。

3. 逻辑代数的基本知识

1）逻辑代数的公式和定理是推演、变换和化简逻辑函数的依据，有些与普通代数相同，有些则完全不一样，例如摩根定理、同一律、还原律等，要特别注意记住这些特殊的公式、定理。

2）逻辑函数的公式化简法和图形化简法是应该熟练掌握的内容。公式化简法没有什么局限性，但也无固定步骤可以遵循，要想迅速得到函数的最简与或表达式，不仅和对公式、定理的熟悉程度有关，而且还和运算技巧有关。图形化简法则不同，它简单、直观，有可以遵循的明确步骤，不易出错，初学者也易于掌握。但是，当函数变量多于六个时，图形化简法就失去了优势，没有实用价值了。

3）逻辑函数常用到的表示方法有五种：真值表、卡诺图、逻辑表达式、逻辑图和波形图。它们各有特点，但本质相通，可以互相转换。尤其是真值表和逻辑图之间的互相转换，直接涉及数字电路的分析与综合问题，更加重要，一定要学会。

逻辑代数是分析和设计数字电路的基本数学工具，其基本和常用运算也是数字电路要实现的重要内容。可以说，学好了逻辑代数，也就很快学会了数字电路的基础知识，并能为掌握数字电路的其他内容奠定坚实的基础。

思考与练习

1. 分别说明二进制、八进制与十六进制数的特点及相互转换的方法。

2. 将下列二进制数转换成十进制、八进制和十六进制数。

10110100，01101001，11011010，11010111

3. 将下列十进制数转换成二进制、八进制和十六进制数。

10，27，39，121.375

4. 用真值表验证下列等式：

（1）$\overline{A+B+C}=\overline{A}\ \overline{B}\ \overline{C}$

(2) $AB+\bar{A}\,\bar{B}=\overline{A\oplus B}$

(3) $AB+A\bar{B}+\bar{A}B+\bar{A}\,\bar{B}=1$

5. 用公式和定理证明下列等式：

(1) $AB+BCD+\bar{A}C+\bar{B}C=AB+C$

(2) $A\bar{B}+BD+DCE+D\bar{A}=A\bar{B}+D$

(3) $AB(C+D)+D+\bar{D}(A+B)(\bar{B}+\bar{C})=A+B\bar{C}+D$

(4) $\overline{A\oplus B}\ \overline{B\oplus C}\ \overline{C\oplus D}=\overline{\bar{A}B+\bar{B}C+\bar{C}D+\bar{D}A}$

(5) $ABC+A\bar{B}\,\bar{C}+\bar{A}B\bar{C}+\bar{A}\,\bar{B}C=A\oplus B\oplus C$

(6) $A\bar{B}+\bar{A}B+BC=A\bar{B}+AC+\bar{A}B$

6. 用公式法将下列函数化简为最简的与或表达式。

(1) $F_1=A(\bar{A}C+BD)+B(C+DE)+B\bar{C}$

(2) $F_2=(\bar{A}+\bar{B}+\bar{C})(B+\bar{B}C+\bar{C})(\bar{D}+DC+C)$

(3) $F_3=(A\oplus B)C+ABC+\bar{A}\,\bar{B}C$

(4) $F_4=A+\overline{\bar{B}+\overline{CD}+\overline{AD}\,\bar{B}}$

(5) $F_5=\bar{A}\,\bar{B}\,\bar{C}+A+B+C$

(6) $F_6=\overline{(\bar{A}+\bar{B}+\bar{C})(\bar{D}+\bar{E})}(\bar{A}+\bar{B}+\bar{C}+DE)$

7. 用卡诺图化简下列逻辑函数：

(1) $F(A,B,C)=\sum(2,3,4,6)$

(2) $F(A,B,C,D)=\sum(0,1,4,5,6,8,9,10,12,13,14,15)$

(3) $F(A,B,C,D)=\sum(1,4,7,9,12,15)$

(4) $F(A,B,C,D)=\sum(0,2,3,5,6,7,8,9)$，其中，$AB+AC=0$ 不可能出现。

8. 下列函数是最简与或表达式吗？如果不是，请简化。

(1) $F=A\bar{B}+\bar{A}C+\bar{A}B+B\bar{C}$

(2) $F=ABD+\bar{A}B\bar{D}+A\bar{C}\,\bar{D}+\bar{A}\,\bar{C}D+B\bar{C}$

(3) $F=A\bar{B}+C\bar{D}+\bar{A}BC+ABD$

(4) $F=\bar{A}B+\bar{B}C+B\bar{C}+A\bar{C}$

课题 4

四人表决电路的设计

学习目标

1）掌握组合逻辑电路的分析和设计方法，提高集成门电路的综合应用能力。
2）理解常用编码器、译码器的工作原理。
3）了解数据分配器和数据选择器的功能。

工作任务

1）小组制订设计方案（可选用与非门或译码器两种方法来实现）。
2）查阅资料，选择典型组合逻辑电路，了解其逻辑符号、外引脚排列图及工作原理。
3）验证编码器、译码器、显示译码器的逻辑功能。
4）根据四人表决电路的控制要求，设计电路原理图，并设计合适的布线图。
5）根据布线图制作四人表决电路。
6）完成四人表决电路功能的调试与验证。
7）通过小组讨论完成电路的详细分析并编写实训报告。
8）总结典型组合逻辑电路的型号、图形和应用方法。

课题导入

数字系统中包含有许多数字逻辑电路。数字逻辑电路根据输入与输出之间的逻辑关系可分为两大类：一类是组合逻辑电路；一类是时序逻辑电路。本课题主要通过四人表决电路来学习组合逻辑电路的分析与设计的相关方法，时序逻辑电路将在后面的章节中介绍。

组合逻辑电路在逻辑功能上的特点是：这种电路任何时刻的输出仅仅取决于该时刻的输入信号，而与这一时刻输入信号作用前电路原来的状态无关。组合逻辑电路基本上由逻辑门组成，且只有从输入到输出的通路，没有从输出反馈到输入的回路，因此这种电路没有记忆功能。

图 4-1 所示逻辑电路的功能是，多数输入变量为 1，输出 F 为 1；多数输入变量为 0，输出 F 为 0。因此该电路为少数服从多数的四人表决电路。其中，D_0、D_1、D_2 和 D_3 为选举人开关控制量。

在数字系统中，常用的组合逻辑电路有全加器、译码器、编码器、数据选择器、数值比较器、奇偶检验电路等，这些组合逻辑电路均有中规模集成（MSI）器件。本课题主要介绍通过对小规模集成（SSI）器件及中规模集成（MSI）器件进行分析，来设计组合逻辑电路的方法，及常用 MSI 器件的功能及应用。

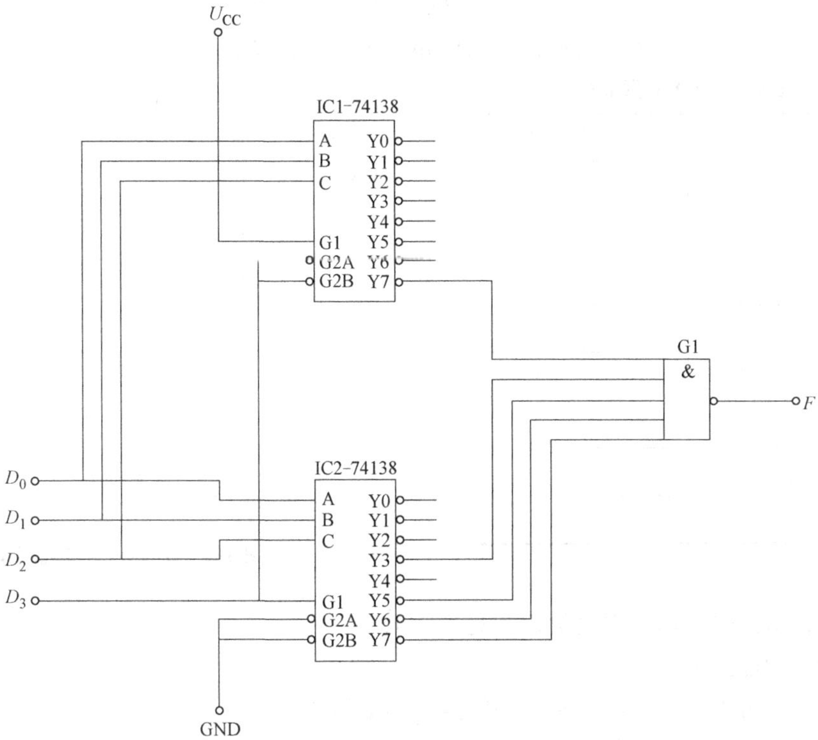

图 4-1　四人表决电路

知识链接一　组合逻辑电路的分析方法

组合逻辑电路的分析，就是找出给定逻辑电路图输出和输入之间的逻辑关系，从而确定已知电路的逻辑功能。

一、组合逻辑电路的组成形式

如图 4-1 所示，组合逻辑电路是由逻辑门与集成器件构成的。

二、组合逻辑电路的分析

组合逻辑电路的分析一般按下列步骤进行：

1）根据逻辑电路图，写出逻辑表达式。

具体方法：由输入端逐级向后递推，写出每个门输出对应于输入的逻辑表达式，最后就能求出输出对应输入的总逻辑表达式。

2）由已写出的输出逻辑表达式，列出真值表。

3）根据逻辑表达式或真值表，写出给定组合逻辑电路的逻辑功能。

下面通过实例来介绍组合逻辑电路的分析方法。

【例 4-1】　分析图 4-2 所示电路的逻辑功能。

解：第一步：写出逻辑表达式。

$$F_1=\overline{AB}\quad F_2=\overline{BC}\quad F_3=\overline{AC}$$

$$F=\overline{F_1F_2F_3}=\overline{\overline{AB}\ \overline{BC}\ \overline{AC}}=AB+BC+AC$$

表 4-1 例 4-1 真值表

A	B	C	F
0	0	0	0
0	0	1	0
0	1	0	0
0	1	1	1
1	0	0	0
1	0	1	1
1	1	0	1
1	1	1	1

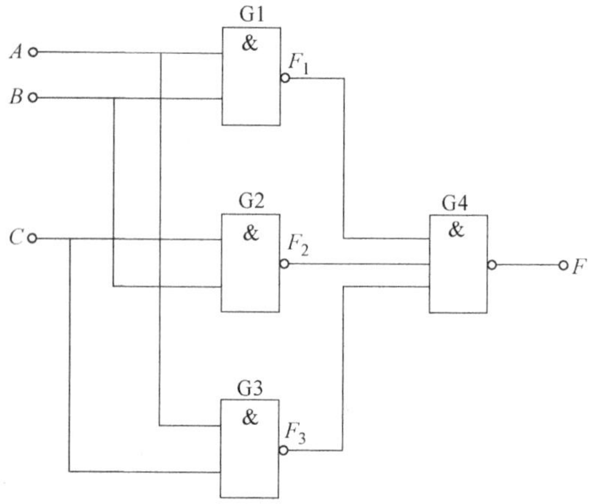

图 4-2 例 4-1 逻辑电路图

第二步，由逻辑表达式得真值表，见表 4-1。

第三步，功能描述。

观察真值表可得，该逻辑电路的功能是：多数输入变量为 1，输出 F 为 1；多数输入变量为 0，输出 F 为 0。因此该电路为少数服从多数的三人表决电路。

【例 4-2】 分析图 4-3 所示电路的逻辑功能。

解： 第一步，写出逻辑表达式。

$$P=A\oplus B$$

$$Q=C\oplus D$$

$$F=P\oplus Q=A\oplus B\oplus C\oplus D$$

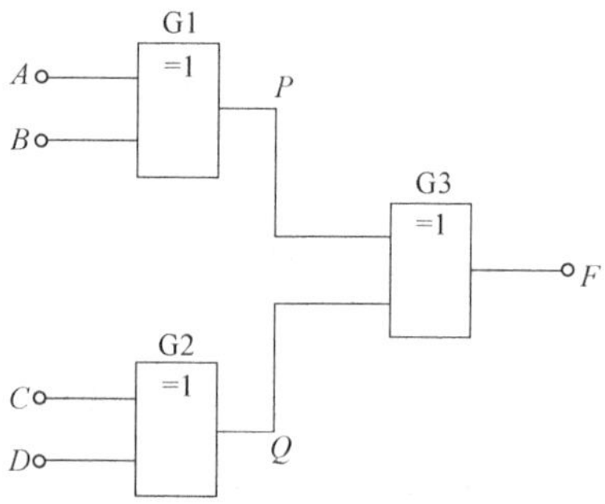

图 4-3 例 4-2 逻辑电路图

第二步，由逻辑表达式得真值表，见表 4-2。

表 4-2 例 4-2 真值表

A	B	C	D	F	A	B	C	D	F
0	0	0	0	0	1	0	0	0	1
0	0	0	1	1	1	0	0	1	0
0	0	1	0	1	1	0	1	0	0
0	0	1	1	0	1	0	1	1	1
0	1	0	0	1	1	1	0	0	0
0	1	0	1	0	1	1	0	1	1
0	1	1	0	0	1	1	1	0	1
0	1	1	1	1	1	1	1	1	0

第三步，功能描述。

从真值表可看出，当 A，B，C，D 四个输入中有偶数个 1（包括全 0）时，电路输出 F 为

0；而四个输入中有奇数个1时，电路输出 F 为1，因此这是一个四输入的奇偶校验电路。

【例4-3】 分析图4-4所示电路的逻辑功能。

解： 第一步，写出逻辑表达式。

$$G_3 = B_3$$

$$G_2 = B_3 \oplus B_2$$

$$G_1 = B_2 \oplus B_1$$

$$G_0 = B_1 \oplus B_0$$

第二步，由逻辑表达式得真值表，见表4-3。

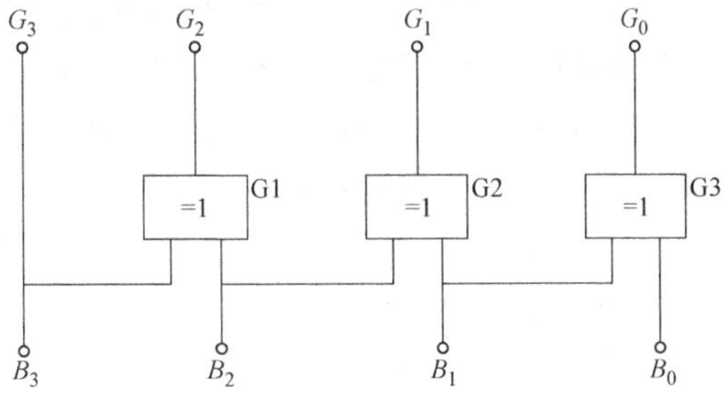

图4-4　例4-3逻辑电路图

表4-3　例4-3真值表

B_3	B_2	B_1	B_0	G_3	G_2	G_1	G_0	B_3	B_2	B_1	B_0	G_3	G_2	G_1	G_0
0	0	0	0	0	0	0	0	1	0	0	0	1	1	0	0
0	0	0	1	0	0	0	1	1	0	0	1	1	1	0	1
0	0	1	0	0	0	1	1	1	0	1	0	1	1	1	1
0	0	1	1	0	0	1	0	1	0	1	1	1	1	1	0
0	1	0	0	0	1	1	0	1	1	0	0	1	0	1	0
0	1	0	1	0	1	1	1	1	1	0	1	1	0	1	1
0	1	1	0	0	1	0	1	1	1	1	0	1	0	0	1
0	1	1	1	0	1	0	0	1	1	1	1	1	0	0	0

第三步，功能描述。

从真值表可看出，这是自然二进制码至格雷码的转换电路。

由电路图分析可知，将自然二进制码至格雷码的转换推广到一般，即将 n 位自然二进制码转换成 n 位格雷码时的逻辑表达式为

$$G_i = B_i \oplus B_{i+1} (i = 0, 1, 2, \cdots, n-1)$$

温馨提示：利用此式时对码位序号大于（$n-1$）的位应按0处理，如本例码位的最大序号 $i=3$，故 B_4 应为0，才能得到正确的结果。

知识链接二　组合逻辑电路的设计方法

组合逻辑电路的设计就是根据逻辑功能的要求，设计出实现该功能的最佳电路，一般按下列步骤进行：

1）分析实际问题对逻辑功能的要求，确定输入和输出变量，并进行逻辑赋值。

2）根据题意列出真值表。

需要指出：步骤1）和2）非常重要，要仔细分析设计要求，作出输入、输出变量的逻辑规定，根据给定的条件，列出满足逻辑要求的真值表。

3）根据真值表写出相应的逻辑表达式，并用公式法或卡诺图法进行化简，最后转换成命题所要求的逻辑表达形式。

4）根据最简逻辑表达式，画出相应的逻辑电路图。

下面通过实例来介绍组合逻辑电路的设计方法。

【例 4-4】 某图书馆上午 8～12 时、下午 2～6 时开馆，在开馆时间内图书馆门前的指示灯要亮，试设计一控制指示灯亮的逻辑电路。

解： 第一步，根据题目的条件，可将电子计时装置的输出 A、B、C、D 设为输入变量，再加上一个区分上午、下午的标志信号 T，其中 $T=0$ 表示 1～12 时，$T=1$ 表示 13～24 时。4 位二进制数 $ABCD$ 表示 1～12 时。

第二步，根据题意，列出真值表，见表 4-4。

表 4-4　例 4-4 真值表

T	A	B	C	D	F
0	1	0	0	0	1
0	1	0	0	1	1
0	1	0	1	0	1
0	1	0	1	1	1
1	0	0	1	0	1
1	0	0	1	1	1
1	0	1	0	0	1
1	0	1	0	1	1
其他					0

第三步，根据真值表，写出化简后的逻辑表达式为

$$F=\overline{T}A\overline{B}+T\overline{A}B\overline{C}+T\overline{A}\overline{B}C$$

第四步，画出逻辑电路图，如图 4-5 所示。

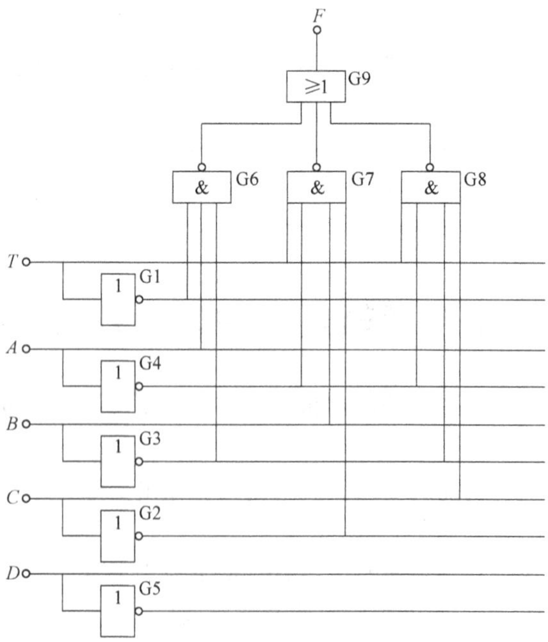

图 4-5　例 4-4 逻辑电路图

【例4-5】　设计一个半加器。

解： 第一步，确定输入、输出变量。

半加器是将两个一位二进制数相加求和及向高位进位的电路。因此，有两个输入（加数与被加数）及两个输出（和与进位）。设被加数与加数分别为 A、B，和与进位位分别为 S、C。

第二步，列出真值表，见表4-5。

第三步，根据真值表写逻辑表达式，即

$$S=\overline{A}B+A\overline{B}=A\oplus B$$

$$C=AB$$

第四步，画出逻辑电路图，如图4-6所示。由此例可知，若无特别要求，用一个异或门和一个与门即可实现半加器电路。

表4-5　例4-5真值表

输入		输出	
A	B	S	C
0	0	0	0
0	1	1	0
1	0	1	0
1	1	0	1

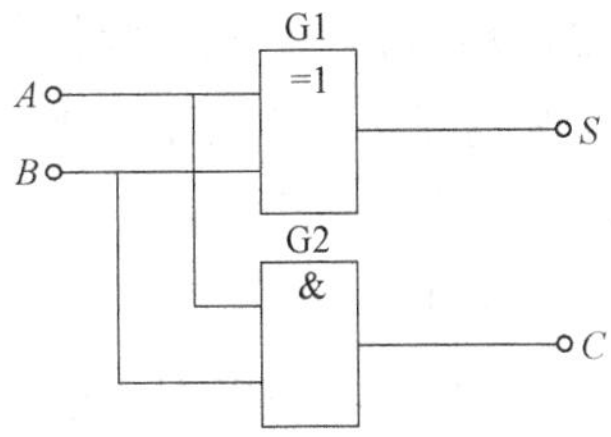

图4-6　例4-5逻辑电路图

【例4-6】　设计一个全加器。

解： 第一步，确定输入、输出变量。它有加数 A_i，被加数 B_i，低位向高位的进位 C_{i-1} 三个输入端；有全加和 S_i 和向高位的进位 C_i 两个输出端。

第二步，列出真值表，见表4-6。

第三步，根据真值表写逻辑表达式，即

$$S=(A_i\overline{B}_i+\overline{A}_iB_i)\overline{C}_{i-1}+(\overline{A}_i\overline{B}_i+A_iB_i)C_{i-1}=A_i\oplus B_i\oplus C_{i-1}$$

$$C_i=(\overline{A}_iB_i+A_i\overline{B}_i)C_{i-1}+A_iB_i=(A_i\oplus B_i)C_{i-1}+A_iB_i$$

第四步，画出逻辑电路图，如图4-7所示。

表4-6　例4-6真值表

A_i	B_i	C_{i-1}	S_i	C_i
0	0	0	0	0
0	0	1	1	0
0	1	0	1	0
0	1	1	0	1
1	0	0	1	0
1	0	1	0	1
1	1	0	0	1
1	1	1	1	1

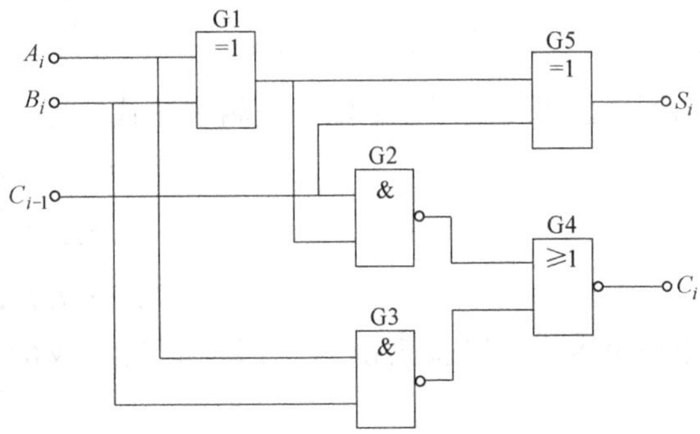

图4-7　例4-6逻辑电路图

知识链接三　常用的组合逻辑电路

常用的组合逻辑电路有加法器、编码器、译码器、数据选择器、数据分配器等，加法器上面已经讲解过，这里着重讲解后几种。

一、编码器

在数字系统中，经常需要把具有某种特定含义的信号变成二进制代码，这种用二进制代码表示具有某种特定含义信号的过程称为编码，能够实现编码功能的逻辑部件统称编码器。编码器按输出方式可分为二进制编码器（输入 2^n 个信号，输出 n 个代码）与二—十进制编码器（10 个信号输入，BCD 码输出）；按功能可分为一般编码器、优先编码器。

1. 二进制编码器（一般编码器）

二进制编码器是将 2^n 个信号转换成 n 位二进制代码的电路。下面来举例讲解。

【例 4-7】 设计一个 8 线-3 线二进制编码器（一般编码器）。

解：分析功能要求，有 8 个输入信号：I_0、I_1、I_2、I_3、I_4、I_5、I_6、I_7，且均为高电平有效；3 个二进制代码输出为：A_2、A_1、A_0。任何时刻只允许一个输入端有信号输入，其真值表见表 4-7。

表 4-7　例 4-7 真值表

输入								输出		
I_0	I_1	I_2	I_3	I_4	I_5	I_6	I_7	A_2	A_1	A_0
1	0	0	0	0	0	0	0	0	0	0
0	1	0	0	0	0	0	0	0	0	1
0	0	1	0	0	0	0	0	0	1	0
0	0	0	1	0	0	0	0	0	1	1
0	0	0	0	1	0	0	0	1	0	0
0	0	0	0	0	1	0	0	1	0	1
0	0	0	0	0	0	1	0	1	1	0
0	0	0	0	0	0	0	1	1	1	1

由真值表可得编码器的输出逻辑表达式，即

$$A_2=\overline{\overline{I_7}\,\overline{I_6}\,\overline{I_5}\,\overline{I_4}} \tag{4-1}$$

$$A_1=\overline{\overline{I_7}\,\overline{I_6}\,\overline{I_3}\,\overline{I_2}} \tag{4-2}$$

$$A_0=\overline{\overline{I_7}\,\overline{I_5}\,\overline{I_3}\,\overline{I_1}} \tag{4-3}$$

根据表达式可以画出由与非门和非门组成的 3 位二进制编码器逻辑电路图如图 4-8 所示。

由图中看出，I_0端是多余的，可以去掉。I_0端对应的代码“000”可以通过令其余编码端全为“0”来编出。这种情况下，I_0端被称为“隐含端”，意为没有 I_0端，也能编出 I_0端对应的代码。

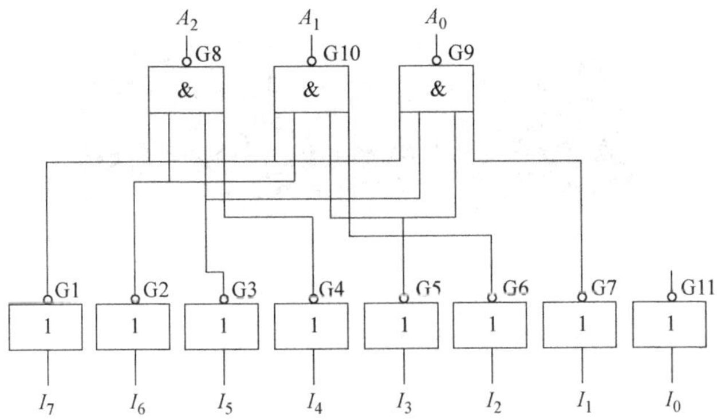

图 4-8　例 4-7 逻辑电路图

2. 优先编码器

上述二进制编码器只允许一个输入端有信号，或者说输入互相排斥，而优先编码器的各个输入不是互相排斥的。优先编码器的各个输入端优先权不同，若几个输入同时有信号到来，则输出端给出优先权较高的那个输入信号所对应的代码。优先编码器在控制系统中很重要。例如有多个探测器的控制系统，可能几个探测器同时发出请求，希望对相应部件进行控制。这时，控制系统应先处理急待处理（优先权高）的请求，然后再解决可以晚些处理（优先权低）的请求。为了自动按优先权排队，可使用优先编码器。优先编码器只对请求输入信号中优先权较高的那个输入进行编码，然后将所编的代码送入控制系统，再去控制机器自动工作。

下面以 8 线-3 线 74LS148 优先编码器为例进行讲解。74LS148 优先编码器的引脚图与逻辑功能图如图 4-9 所示，其实物图如图 4-10 所示。引脚定义为：$\overline{I}_0 \sim \overline{I}_7$为 8 个输入端，输入低电平有效，优先级别依次为$\overline{I}_7 \sim \overline{I}_0$；$\overline{Y}_2 \sim \overline{Y}_0$为编码输出端；$\overline{S}$为使能输入端，$\overline{S}=0$ 时编码，$\overline{S}=1$ 时禁止编码；$\overline{Y}_S$ 为使能输出端，在编码状态下（$\overline{S}=0$），若无输入信号，$\overline{Y}_S=0$；$\overline{Y}_{EX}$ 为扩展输出端，在编码状态下（$\overline{S}=0$），若有输入信号，$\overline{Y}_{EX}=0$。

根据逻辑电路图可以列出真值表见表 4-8。

例如 $\overline{I}_7=0$，$\overline{I}_6=0$，$\overline{I}_5=0$，$\overline{I}_4=1$，$\overline{I}_3=1$，$\overline{I}_2=1$，$\overline{I}_1=1$，$\overline{I}_0=0$ 时，输出按优先权高的$\overline{I}_7$编码，即输出$\overline{Y}_2\ \overline{Y}_1\ \overline{Y}_0=000$，用二进制的反码形式表示数“7”。

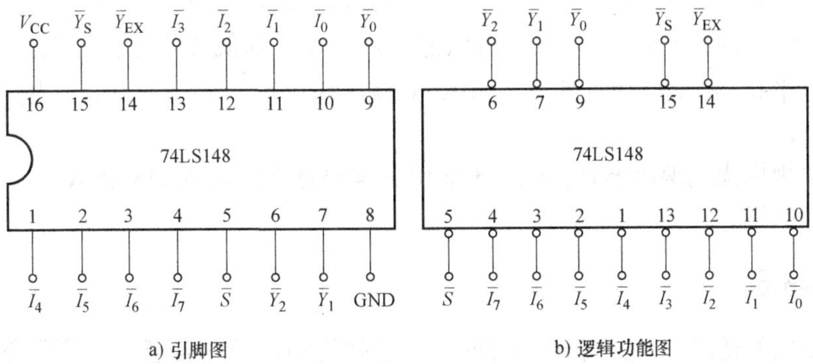

图 4-9　74LS148 的引脚图与逻辑功能图

图 4-10 74LS148 的实物图

表 4-8 74LS148 的真值表

输入									输出				
$\overline{S}$	$\overline{I}_7$	$\overline{I}_6$	$\overline{I}_5$	$\overline{I}_4$	$\overline{I}_3$	$\overline{I}_2$	$\overline{I}_1$	$\overline{I}_0$	$\overline{Y}_2$	$\overline{Y}_1$	$\overline{Y}_0$	$\overline{Y}_S$	$\overline{Y}_{EX}$
1	×	×	×	×	×	×	×	×	1	1	1	1	1
0	1	1	1	1	1	1	1	1	1	1	1	0	1
0	0	×	×	×	×	×	×	×	0	0	0	1	0
0	1	0	×	×	×	×	×	×	0	0	1	1	0
0	1	1	0	×	×	×	×	×	0	1	0	1	0
0	1	1	1	0	×	×	×	×	0	1	1	1	0
0	1	1	1	1	0	×	×	×	1	0	0	1	0
0	1	1	1	1	1	0	×	×	1	0	1	1	0
0	1	1	1	1	1	1	0	×	1	1	0	1	0
0	1	1	1	1	1	1	1	0	1	1	1	1	0

下面，进一步讨论如何利用使能输入端$\overline{S}$和使能输出端$\overline{Y}_S$将两片 8 线-3 线优先编码器扩展为 16 线-4 线优先编码电路，其电路图如图 4-11 所示。图中将高位片使能输出端$\overline{Y}_S$接到低位片使能输入端$\overline{S}$。当高位片$\overline{I}_8 \sim \overline{I}_{15}$输入线中有一个为 0 时，则$\overline{Y}_S=1$，低位片的$\overline{S}=1$，则低位片输出被封锁，$\overline{Y}_2\,\overline{Y}_1\,\overline{Y}_0=111$，而高位片进行优先权编码。此时编码器输出$\overline{Y}_3\,\overline{Y}_2\,\overline{Y}_1\,\overline{Y}_0$取决于高位片$\overline{Y}_2\,\overline{Y}_1\,\overline{Y}_0$的输出。例如$\overline{I}_{12}$线输入为低电平 0，则高位片$\overline{Y}_2\,\overline{Y}_1\,\overline{Y}_0=011$，$\overline{Y}_{EX}=0$，因此总编码输出$\overline{Y}_3\,\overline{Y}_2\,\overline{Y}_1\,\overline{Y}_0=0011$，用二进制的反码形式表示数“12”。当高位$\overline{I}_8 \sim \overline{I}_{15}$线输入全部为高电平 1 时，则$\overline{Y}_S=0$，$\overline{Y}_{EX}=1$，所以低位片$\overline{S}=0$，则低位片进行优先权编码。例如$\overline{I}_5$线输入为低电平 0，则低位片$\overline{Y}_2\,\overline{Y}_1\,\overline{Y}_0=010$，总编码输出$\overline{Y}_3\,\overline{Y}_2\,\overline{Y}_1\,\overline{Y}_0=1010$，用二进制的反码形式表示数“5”。

常用的中规模优先编码器有：8 线-3 线优先编码器 54148/74148 及 10 线-4 线优先编码器 54147/74147 等。

二、译码器

译码是编码的逆过程，它将输入的每个二进制代码赋予的含意“翻译”过来，给出相应的输出信号。译码器就是能完成译码功能的逻辑部件。它是多输入、多输出的组合逻辑

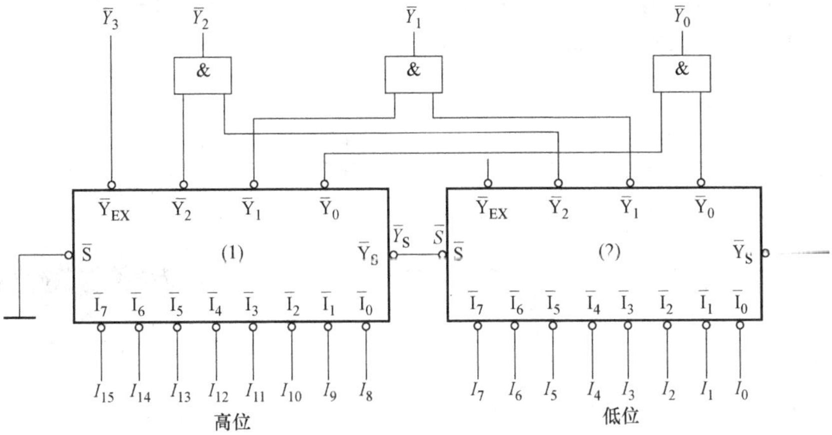

图 4-11　16 线-4 线优先编码电路

电路。

1. 二进制译码器

设二进制译码器的输入端为 n 个，则输出端为 2^n个，且对应于输入代码的每一种状态，2^n个输出中只有一个为 1（或为 0），其余全为 0（或为 1）。

二进制译码器可以译出输入变量的全部状态，故又称为变量译码器。

（1）2 线-4 线二进制译码器　2 线-4 线二进制译码器是对输入的 2 位二进制数进行译码，因此具有 $2^2=4$ 个输出，其真值表见表 4-9。从表中可写出用与非门实现的输出逻辑表达式，即

$$\overline{Y}_0=\overline{\overline{A}\,\overline{B}}\qquad \overline{Y}_1=\overline{\overline{A}B}\qquad \overline{Y}_2=\overline{A\overline{B}}\qquad \overline{Y}_3=\overline{AB}\tag{4-4}$$

表 4-9　2 线-4 线二进制译码器的真值表

输　入			输　出			
$\overline{S}$	A	B	$\overline{Y}_0$	$\overline{Y}_1$	$\overline{Y}_2$	$\overline{Y}_3$
1	×	×	1	1	1	1
0	0	0	0	1	1	1
0	0	1	1	0	1	1
0	1	0	1	1	0	1
0	1	1	1	1	1	0

集成 2 线-4 线译码器 74LS139 的逻辑电路图如图 4-12 所示。

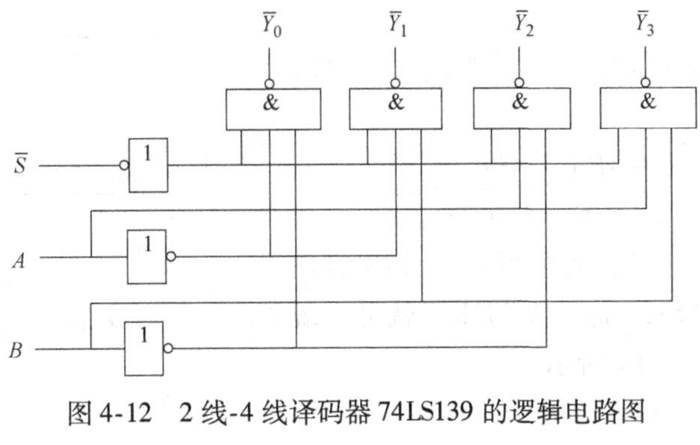

图 4-12　2 线-4 线译码器 74LS139 的逻辑电路图

（2）3 线-8 线二进制译码器　集成 3 线-8 线二进制译码器 74LS138 的引脚图与逻辑功能图如图 4-13 所示，其实物图如图 4-14 所示。

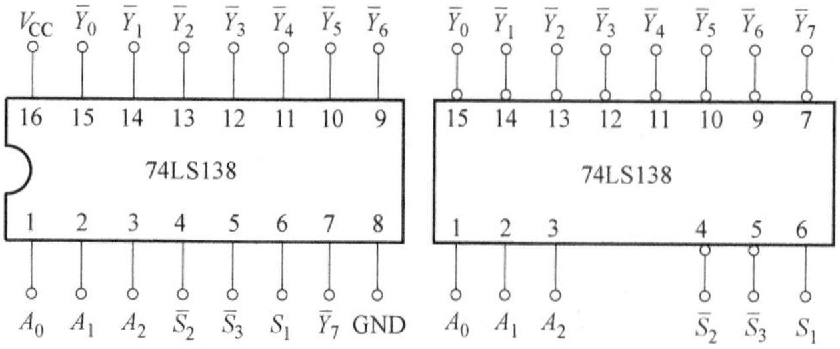

a) 引脚图　　b) 逻辑功能图

图 4-13　74LS138 的引脚图与逻辑功能图

图 4-14　74138 的实物图

74LS138 的真值表见表 4-10。

表 4-10　74LS138 的真值表

输入						输出							
S_1	$\overline{S}_2$	$\overline{S}_3$	A_2	A_1	A_0	$\overline{Y}_0$	$\overline{Y}_1$	$\overline{Y}_2$	$\overline{Y}_3$	$\overline{Y}_4$	$\overline{Y}_5$	$\overline{Y}_6$	$\overline{Y}_7$
×	1	×	×	×	×	1	1	1	1	1	1	1	1
×	×	1	×	×	×	1	1	1	1	1	1	1	1
0	×	×	×	×	×	1	1	1	1	1	1	1	1
1	0	0	0	0	0	0	1	1	1	1	1	1	1
1	0	0	0	0	1	1	0	1	1	1	1	1	1
1	0	0	0	1	0	1	1	0	1	1	1	1	1
1	0	0	0	1	1	1	1	1	0	1	1	1	1
1	0	0	1	0	0	1	1	1	1	0	1	1	1
1	0	0	1	0	1	1	1	1	1	1	0	1	1
1	0	0	1	1	0	1	1	1	1	1	1	0	1
1	0	0	1	1	1	1	1	1	1	1	1	1	0

3 线-8 线译码器的 8 个输出包含了三变量的 8 个最小项。所以用 n 变量译码器加上输出门，就能获得任何形式的输入变量不大于 n 的组合逻辑函数。

【例 4-8】　试用译码器和门电路实现逻辑函数 $L=AB+BC+AC$。

解：

1）先将逻辑函数转换成最小项表达式，再转换成与非与非表达式。

$$L=\overline{A}BC+A\overline{B}C+AB\overline{C}+ABC$$

$$=m_3+m_5+m_6+m_7=\overline{\overline{m_3m_5m_6m_7}}$$

2）该函数有三个变量，所以可用 3 线-8 线译码器来实现。用一片 74LS138 加一个与非门就可实现逻辑函数 L，逻辑图如图 4-15 所示。

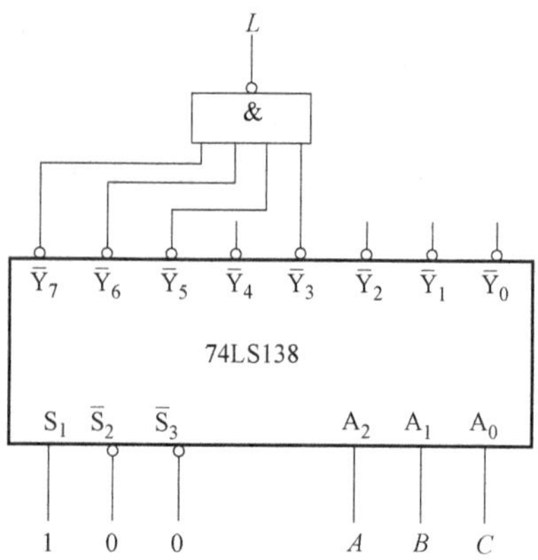

图 4-15　例 4-8 逻辑图

二进制译码器也能进行功能扩展，如利用译码器的使能端可以方便地扩展译码器的容量。图4-16所示是将两片74LS138扩展为4线-16线译码器连线图，其工作原理如下：

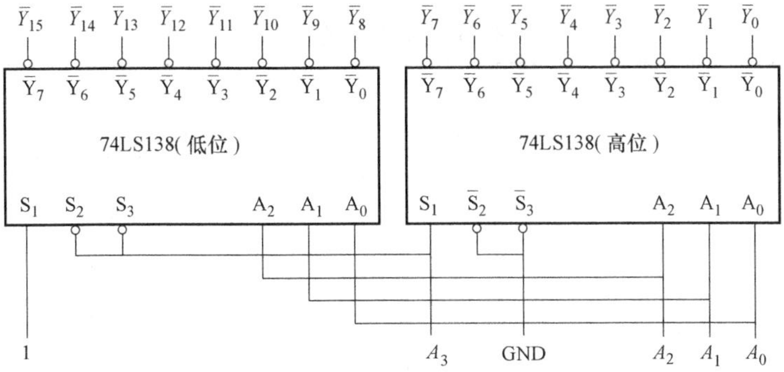

图4-16　两片74LS138扩展为4线-16线译码器

这时，如果$A_3=0$，高位片禁止，低位片工作，输出$\overline{Y}_0\sim\overline{Y}_7$由输入二进制代码$A_2A_1A_0$决定；如果$A_3=1$，低位片禁止，高位片工作，输出$\overline{Y}_8\sim\overline{Y}_{15}$由输入二进制代码$A_2A_1A_0$决定，从而实现了4线-16线译码器的功能。

2. 二—十进制译码器

把二—十进制代码翻译成10个十进制数字信号的电路，称为二—十进制译码器。二—十进制译码器的输入是十进制数的4位二进制编码（BCD码），分别用A_3、A_2、A_1、A_0表示；输出的是与10个十进制数字相对应的10个信号，用$\overline{Y}_9\sim\overline{Y}_0$表示。由于二—十进制译码器有4根输入线，10根输出线，所以又称为4线-10线译码器。集成8421码译码器74LS42是常用的二—十进制译码器。74LS42的引脚图与逻辑功能图如图4-17所示，74LS42的实物图如图4-18所示，74LS42的真值表如表4-11。

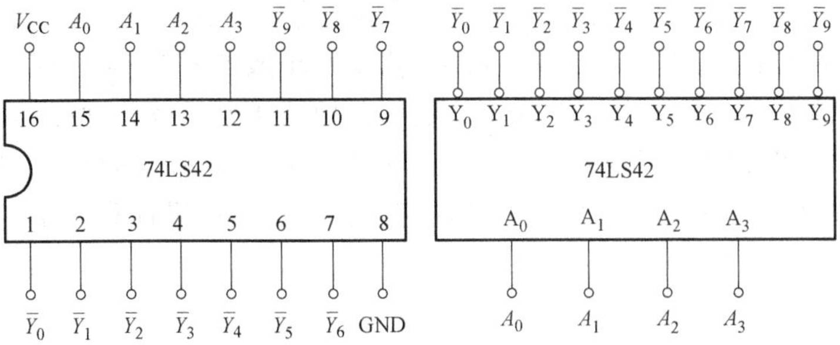

a) 引脚图　　b) 逻辑功能图

图4-17　74LS42的引脚图与逻辑功能图

3. 显示译码器

数字显示器件是用来显示数字、文字或者符号的器件。能把数字量翻译成数字显示器所能识别的信号的译码器称为数字显示译码器。

图4-18　74LS42的实物图

常用的数字显示器有多种类型。按显示方式分，有字形重叠式、点阵式、分段式等；按发光物质分，有半导体显示器（发光二极管显示器）、荧光显示器、液晶显示器、场致发光数字板、气体放电管显示器、等离子体显示板等。目前应用最广泛的是由发光二极管构成的七段数字显示器。

表 4-11　74LS42 的真值表

输入				输出									
A_3	A_2	A_1	A_0	$\overline{Y}_0$	$\overline{Y}_1$	$\overline{Y}_2$	$\overline{Y}_3$	$\overline{Y}_4$	$\overline{Y}_5$	$\overline{Y}_6$	$\overline{Y}_7$	$\overline{Y}_8$	$\overline{Y}_9$
0	0	0	0	0	1	1	1	1	1	1	1	1	1
0	0	0	1	1	0	1	1	1	1	1	1	1	1
0	0	1	0	1	1	0	1	1	1	1	1	1	1
0	0	1	1	1	1	1	0	1	1	1	1	1	1
0	1	0	0	1	1	1	1	0	1	1	1	1	1
0	1	0	1	1	1	1	1	1	0	1	1	1	1
0	1	1	0	1	1	1	1	1	1	0	1	1	1
0	1	1	1	1	1	1	1	1	1	1	0	1	1
1	0	0	0	1	1	1	1	1	1	1	1	0	1
1	0	0	1	1	1	1	1	1	1	1	1	1	0
1	0	1	0	1	1	1	1	1	1	1	1	1	1
1	0	1	1	1	1	1	1	1	1	1	1	1	1
1	1	0	0	1	1	1	1	1	1	1	1	1	1
1	1	0	1	1	1	1	1	1	1	1	1	1	1
1	1	1	0	1	1	1	1	1	1	1	1	1	1
1	1	1	1	1	1	1	1	1	1	1	1	1	1

（1）七段数字显示器原理　七段数字显示器就是将 7 个发光二极管（加小数点为 8 个）按一定的方式排列起来，七段 a、b、c、d、e、f、g（小数点 DP）各对应一个发光二极管，利用不同发光段的组合，显示不同的阿拉伯数字，如图 4-19 所示。按内部连接方式不同，七段数字显示器分为共阴极和共阳极两种。发光二极管显示器的优点是工作电压较低（1.5～3V）、体积小、寿命长、亮度高、响应速度快、工作可靠性高；缺点是工作电流大，每个字段的工作电流为 10mA 左右。

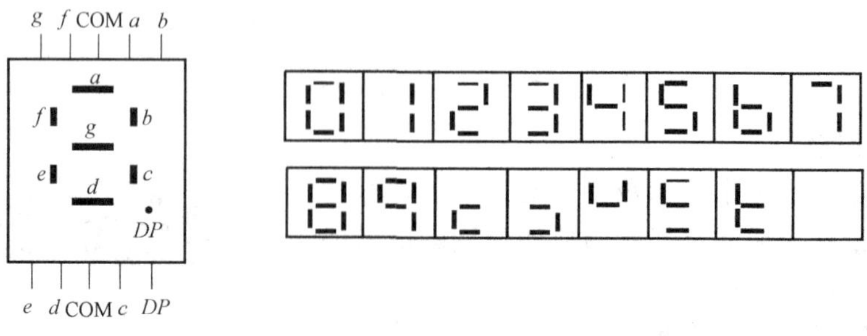

图 4-19　七段数字显示器及发光段组合图

（2）七段数码显示译码器　七段数码显示译码器的显示器是由发光二极管组成的，其内部有两种接法，一种是共阳极接法，另一种是共阴极接法，如图4-20所示。下面以共阴极接法为例讲解七段数码显示译码器。

1）真值表（共阴极接法），见表4-12。

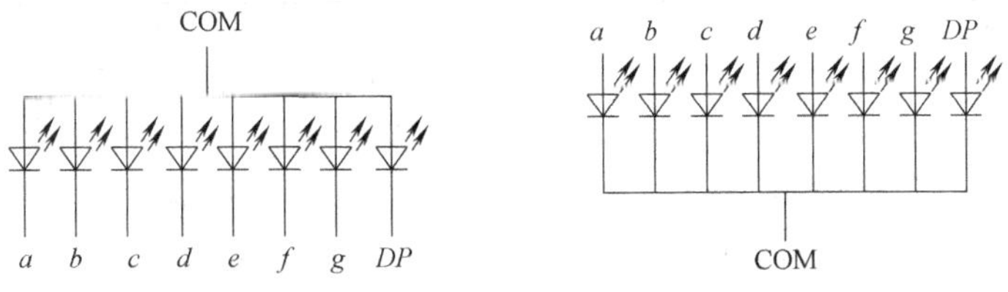

图4-20　发光二极管显示器的内部接法

表4-12　七段数码显示译码器真值表

项目	输入				输出							显示数字
	D	C	B	A	a	b	c	d	e	f	g	
有效码	0	0	0	0	1	1	1	1	1	1	0	0
	0	0	0	1	0	1	1	0	0	0	0	1
	0	0	1	0	1	1	0	1	1	0	1	2
	0	0	1	1	1	1	1	1	0	0	1	3
	0	1	0	0	0	1	1	0	0	1	1	4
	0	1	0	1	1	0	1	1	0	1	1	5
	0	1	1	0	0	0	1	0	0	0	0	6
	0	1	1	1	1	1	1	0	0	0	0	7
	1	0	0	0	1	1	1	1	1	1	1	8
	1	0	0	1	1	1	1	0	0	1	1	9
无效码	1	0	1	0								
	1	0	1	1								
	1	1	0	0								
	1	1	0	1								
	1	1	1	0								
	1	1	1	1								

2）七段数码显示译码器的逻辑表达式。写出逻辑表达式，利用含无关项的卡诺图进行化简，得如下式子：

$$a=\overline{C\bar{A}+\bar{D}\bar{C}\bar{B}\bar{A}}\quad b=\overline{C\bar{B}A+CB\bar{A}}\quad c=\bar{C}B\bar{A}\quad d=\overline{CBA+C\bar{B}\bar{A}+\bar{C}\bar{B}A}$$

$$e=\overline{A+C\bar{B}}\quad f=\overline{BA+\bar{D}\bar{C}A+\bar{C}B}\quad g=\overline{\bar{D}\bar{C}\bar{B}+CBA}$$

4. 集成七段显示译码器

七段显示译码器74LS48是一种与共阴极数字显示器配合使用的集成译码器，其引脚图与逻辑功能图如图4-21所示，其实物图如图4-22所示。它的功能是将输入的4位二进制代码转换成显示器所需要的7个段信号a、b、c、d、e、f、g。

（1）正常译码显示　$LT=1$，$BI/RBO=1$时，对输入为十进制数1～15的二进制码（0001～1111）进行译码，产生对应的七段显示码。

（2）清零　当输入$RBI=0$，而输入二进制码0000时，则译码器的$a \sim g$输出全0，显

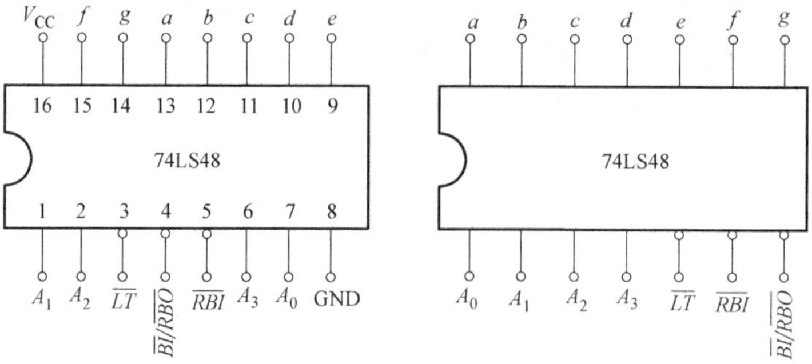

a) 引脚图　　b) 逻辑功能图

图 4-21　74LS48 的引脚图与逻辑功能图

示器全灭；只有当 *RBI* = 1 时，才产生 0 的七段显示码。所以 *RBI* 称为清零输入端。

（3）试灯　当 *LT* = 0 时，无论输入怎样，*a* ~ *g* 输出全 1，数码管七段全亮。由此可以检测显示器七个发光段的好坏。*LT* 称为试灯输入端。

图 4-22　74LS48 的实物图

（4）特殊控制端 *BI*/*RBO*　*BI*/*RBO* 可以作输入端，也可以作输出端。

BI/*RBO* 作输入端使用时，如果 *BI* = 0，不管其他输入端为何值，*a* ~ *g* 均输出 0，显示器全灭。因此，*BI* 称为灭灯输入端。

BI/*RBO* 作输出端使用时，受控于 *RBI*。当 *RBI* = 0，输入为 0 的二进制码 0000 时，*RBO* = 0，用以指示该片正处于清零状态。所以，*RBO* 又称为清零输出端。

在多位十进制数码显示时，整数前和小数后的 0 是无意义的，称为"无效 0"。在多位数码显示系统中，将 *BI*/*RBO* 和 *RBI* 配合使用，可以实现多位数显示时的"无效 0 消隐"功能。原理如下：

由于整数部分除最高位的 *RBI* 接 0，最低位的 *RBI* 接 1 外，其余各位的 *RBI* 均接受自高位的 *RBO* 输出信号，所以整数部分只有在高位是 0 而且被熄灭时，低位才有清零输入信号。同理，小数部分除最高位的 *RBI* 接 1，最低位的 *RBI* 接 0 外，其余各位均接受自低位的 *RBO* 输出信号，所以小数部分只有在低位是 0 而且被熄灭时，高位才有清零输入信号。从而实现了多位十进制数码显示器的"无效 0 消隐"功能。

表 4-13 所示为七段显示译码器 74LS48 的真值表，其中 *a* ~ *g* 为译码输出端。另外，它还有三个控制端：试灯输入端 *LT*、清零输入端 *RBI*、特殊控制端 *BI*/*RBO*。

表 4-13　七段显示译码器 74LS48 的真值表

功能（输入）	输入						输入/输出	输出							显示字形
	LT	*RBI*	A_3	A_2	A_1	A_0	*BI*/*RBO*	*a*	*b*	*c*	*d*	*e*	*f*	*g*	
0	1	1	0	0	0	0	1	1	1	1	1	1	1	0	0
1	1	×	0	0	0	1	1	0	1	1	0	0	0	0	1
2	1	×	0	0	1	0	1	1	1	0	1	1	0	1	2

（续）

功能（输入）	输入						输入/输出	输出							显示字形
	LT	RBI	A_3	A_2	A_1	A_0	BI/RBO	a	b	c	d	e	f	g	
3	1	×	0	0	1	1	1	1	1	1	1	0	0	1	
4	1	×	0	1	0	0	1	0	1	1	0	0	1	1	
5	1	×	0	1	0	1	1	1	0	1	1	0	1	1	
6	1	×	0	1	1	0	1	0	0	1	1	1	1	1	
7	1	×	0	1	1	1	1	1	1	1	0	0	0	0	
8	1	×	1	0	0	0	1	1	1	1	1	1	1	1	
9	1	×	1	0	0	1	1	1	1	1	0	0	1	1	
10	1	×	1	0	1	0	1	0	0	0	1	1	0	1	
11	1	×	1	0	1	1	1	0	0	1	1	0	0	1	
12	1	×	1	1	0	0	1	0	1	0	0	0	1	1	
13	1	×	1	1	0	1	1	1	0	0	1	0	1	1	
14	1	×	1	1	1	0	1	0	0	0	1	1	1	1	
15	1	×	1	1	1	1	1	0	0	0	0	0	0	0	
灭灯	×	×	×	×	×	×	0	0	0	0	0	0	0	0	
清零	1	0	0	0	0	0	0	0	0	0	0	0	0	0	
试灯	0	×	×	×	×	×	1	1	1	1	1	1	1	1	

三、数据选择器

在多路数据传送过程中，能够根据需要将其中任意一路挑选出来的电路，叫做数据选择器，也称为多路选择器，其作用相当于多路开关。多路选择器功能图如图 4-23 所示。

常见的数据选择器有四选一、八选一、十六选一等。

1. 四选一数据选择器

（1）真值表　四选一数据选择器真值表见表 4-14。可见 A_1A_0 的取值决定输出哪一路输入信号，称 A_1A_0 为地址码。

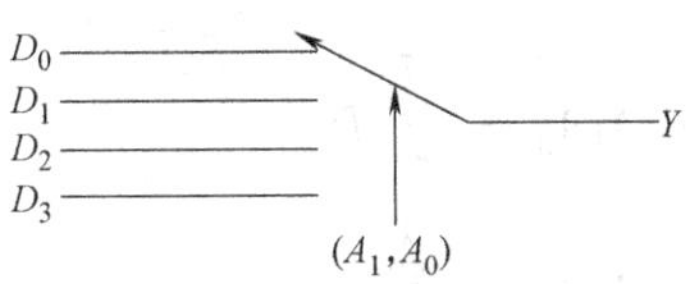

图 4-23　多路选择器功能图

表 4-14　四选一数据选择器真值表

输　入			输　出
D	A_1	A_0	Y
D_0	0	0	D_0
D_1	0	1	D_1
D_2	1	0	D_2
D_3	1	1	D_3

（2）逻辑表达式　根据真值表，可写出逻辑表达式，即

$$Y = D_0\overline{A}_1\overline{A}_0 + D_1\overline{A}_1A_0 + D_2A_1\overline{A}_0 + D_3A_1A_0 = \sum_{i=0}^{3} D_im_i \tag{4-5}$$

（3）逻辑图　根据逻辑表达式，可以画出逻辑图，如图4-24所示。

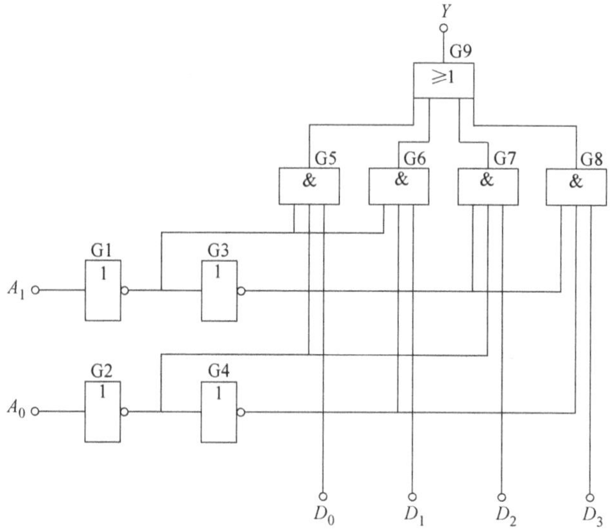

图4-24　四选一数据选择器逻辑图

2. 集成数据选择器

（1）集成八选一数据选择器74LS151，74LS151的引脚图与逻辑功能图如图4-25所示，其实物图如图4-26所示。

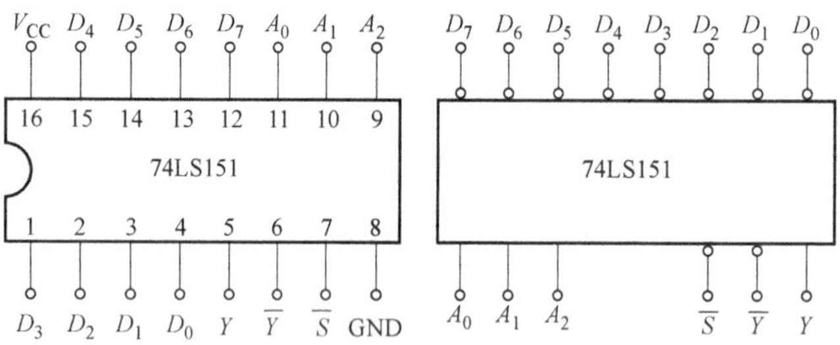

图4-25　74LS151的引脚图与逻辑功能图

图4-26　74LS151的实物图

当$\overline{S}=1$时，选择器被禁止，无论地址码是什么，Y总是等于0

当$\overline{S}=0$时，选择器工作。其逻辑表达式为

$$Y = D_0\overline{A}_2\overline{A}_1\overline{A}_0 + D_1\overline{A}_2\overline{A}_1A_0 + \cdots + D_7A_2A_1A_0 = \sum_{i=0}^{7} D_im_i$$

$$\overline{Y} = \overline{D}_0\overline{A}_2\overline{A}_1\overline{A}_0 + \overline{D}_1\overline{A}_2\overline{A}_1A_0 + \cdots + \overline{D}_7A_2A_1A_0 = \sum_{i=0}^{7} \overline{D}_im_i$$

74LS151的真值表见表4-15。

表 4-15　74LS151 真值表

输入					输出
D	A_2	A_1	A_0	$\overline{S}$	Y
×	×	×	×	1	0
D_0	0	0	0	0	D_0
D_1	0	0	1	0	D_1
D_2	0	1	0	0	D_2
D_3	0	1	1	0	D_3
D_4	1	0	0	0	D_4
D_5	1	0	1	0	D_5
D_6	1	1	0	0	D_6
D_7	1	1	1	0	D_7

（2）数据选择器的扩展　74LS151 的扩展图如图 4-27 所示。

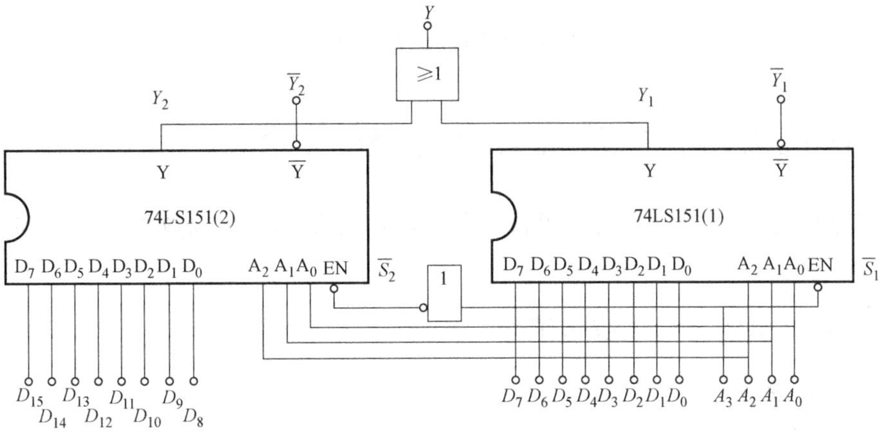

图 4-27　74LS151 的扩展图

$A_3=0$ 时，$\overline{S}_1=0$、$\overline{S}_2=1$，片（2）禁止，片（1）工作；

$A_3=1$ 时，$\overline{S}_1=1$、$\overline{S}_2=0$，片（1）禁止，片（2）工作。

四、数据分配器

数据分配器是数据选择器的逆过程，它是将一路输入变成多路输出的电路。数据分配器可分为四路分配器、八路分配器等。数据分配器实际上是译码器的特殊应用，下面以一个四路数据分配器为例来讲解。

（1）真值表　四路数据分配器真值表见表 4-16。

表 4-16　四路数据分配器真值表

输入			输出			
	A_1	A_0	Y_0	Y_1	Y_2	Y_3
D	0	0	D	0	0	0
	0	1	0	D	0	0
	1	0	0	0	D	0
	1	1	0	0	0	D

（2）逻辑表达式　根据真值表可以写出逻辑表达式，即

$$Y_0 = D\overline{A}_1\overline{A}_0 \quad Y_1 = D\overline{A}_1 A_0 \quad Y_2 = DA_1\overline{A}_0 \quad Y_3 = DA_1A_0$$

（3）逻辑图　根据逻辑表达式，可以画出逻辑图，如图4-28所示。

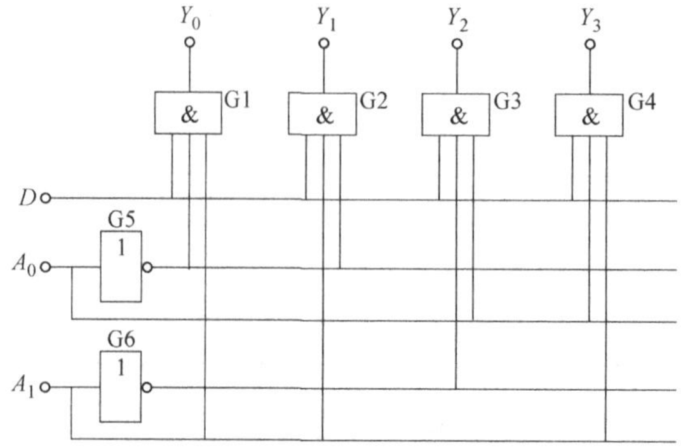

图4-28　四路数据分配器逻辑图

知识链接四　中规模集成电路的应用

中规模集成电路可方便地构成逻辑函数，用得较多的是集成数据选择器和二进制译码器。

一、用数据选择器构成逻辑函数

1. 数据选择器表达式

1）四选一数据选择器74LS153（$\overline{S}=0$时工作），其逻辑表达式为

$$Y = \overline{A}_1\overline{A}_0D_0 + \overline{A}_1A_0D_1 + A_1\overline{A}_0D_2 + A_1A_0D_3 = m_0D_0 + m_1D_1 + m_2D_2 + m_3D_3 = \sum_{i=0}^{3} m_iD_i$$

2）八选一数据选择器74LS151（$\overline{S}=0$时工作），其逻辑表达式为

$$Y = \overline{A}_2\overline{A}_1\overline{A}_0D_0 + \overline{A}_2\overline{A}_1A_0D_1 + \overline{A}_2A_1\overline{A}_0D_2 + \overline{A}_2A_1A_0D_3 + A_2\overline{A}_1\overline{A}_0D_4 + A_2\overline{A}_1A_0D_5 + A_2A_1\overline{A}_0D_6 + A_2A_1A_0D_7$$
$$= m_0D_0 + m_1D_1 + m_2D_2 + m_3D_3 + m_4D_4 + m_5D_5 + m_6D_6 + m_7D_7 = \sum_{i=0}^{7} m_iD_i$$

2. 用数据选择器实现逻辑函数

（1）以其中一个变量作为待选数据　在数据选择器的逻辑表达式中，若将D_i视为待选数据（可以为该变量的原变量或反变量），则数据选择器的逻辑表达式可看做n个地址码和一个待选数据构成的标准与或表达式——全部最小项之和，令待选数据部分为0、部分为1、部分为原变量、部分为反变量，即可构成任意若干最小项构成的逻辑表达式，从而进一步得到逻辑图。

在以其中一个数据作为待选数据时，如果函数的变量数为 k，则应选择地址变量为 $k-1$（2^{k-1}选 1）的数据选择器。

【例 4-9】　用数据选择器实现函数 $F=AB+BC+AC$。

解：此函数属三变量函数，故利用四选一选择器。

先将函数 F 化为标准与或式，即 $F=\bar{A}BC+A\bar{B}C+AB\bar{C}+ABC$，与数据选择器的逻辑表达式 $Y=\bar{A}_1\bar{A}_0D_0+\bar{A}_1A_0D_1+A_1\bar{A}_0D_2+A_1A_0D_3$进行比较。为使得 F 与 Y 一致，可将 F 表示为

$$F=\bar{A}\bar{B}\cdot 0+\bar{A}BC+A\bar{B}C+AB\bar{C}+ABC=\bar{A}\bar{B}\cdot 0+\bar{A}BC+A\bar{B}C+AB\cdot 1$$

那么，使 Y 中的 $A_1=A$，$A_0=B$，$D_0=0$，$D_1=C$，$D_2=C$，$D_3=1$，即可用 74LS153 四选一数据选择器实现逻辑函数 F，逻辑图如图 4-29 所示。

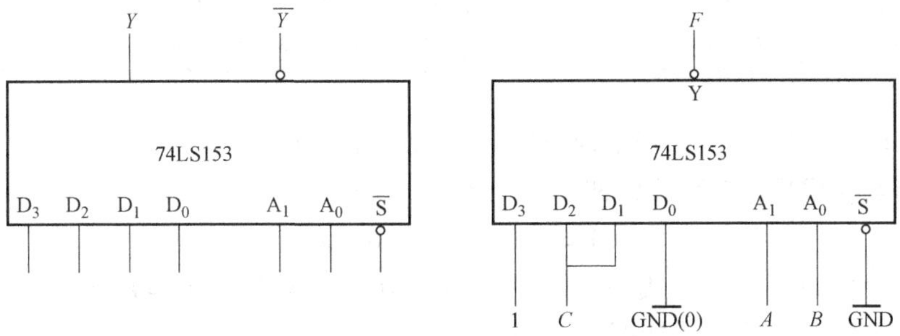

图 4-29　例 4-9 的逻辑图

注意：逻辑函数式 F 中逻辑变量的排列顺序不同，数据选择器的逻辑表达式 Y 的形式也不同，从而逻辑图也不同，但实质都是一样的。为了与数据选择器的逻辑表达式进行比较，函数式 F 应化为与 Y 式对应的形式，即$\bar{A}\bar{B}X_0+\bar{A}BX_1+A\bar{B}X_2+ABX_3$，其中 X_i为 0、1、C 或$\bar{C}$。这种转换一般情况下均可做到，必要时可变换变量顺序。

【例 4-10】　用数据选择器实现 4 位二进制数检偶电路。

解：由题意可知，有 4 个输入变量函数，故利用 3 个地址变量的八选一数据选择器。真值表见表 4-17。

由真值表，得

$$Z=\bar{A}\bar{B}\bar{C}\bar{D}+\bar{A}\bar{B}CD+\bar{A}B\bar{C}D+\bar{A}BC\bar{D}+A\bar{B}\bar{C}D+A\bar{B}C\bar{D}+AB\bar{C}\bar{D}+ABCD$$

数据选择器的逻辑表达式为

$$Y=\bar{A}_2\bar{A}_1\bar{A}_0D_0+\bar{A}_2\bar{A}_1A_0D_1+\bar{A}_2A_1\bar{A}_0D_2+\bar{A}_2A_1A_0D_3+A_2\bar{A}_1\bar{A}_0D_4+A_2\bar{A}_1A_0D_5+A_2A_1\bar{A}_0D_6+A_2A_1A_0D_7$$

将两者进行比较，则

$A_2=A$，$A_1=B$，$A_0=C$，$D_1=D_2=D_4=D_7=D$，$D_0=D_3=D_5=D_6=\bar{D}$，$\bar{S}=0$。

即可用数据选择器实现逻辑函数 F，逻辑图如图 4-30 所示。

表 4-17　例 4-10 真值表

A	B	C	D	Z	A	B	C	D	Z
0	0	0	0	1	1	0	0	0	0
0	0	0	1	0	1	0	0	1	1
0	0	1	0	0	1	0	1	0	1

（续）

A	B	C	D	Z	A	B	C	D	Z
0	0	1	1	1	1	0	1	1	0
0	1	0	0	0	1	1	0	0	1
0	1	0	1	1	1	1	0	1	0
0	1	1	0	1	1	1	1	0	0
0	1	1	1	0	1	1	1	1	1

（2）将所有变量看做地址码，待选数据为常量　由 $Y=\sum m_iD_i$看出，适当控制 $D_i=1$ 或 0，可得到由若干最小项组成的逻辑函数，从而进一步得到逻辑图。

将所有变量看做地址码时，如果函数的变量数为 k，则应选择地址码为 k 的（2^k选 1）数据选择器。

【例 4-11】 利用数据选择器实现函数 $Y=\overline{A}\ \overline{B}+AB+C$。

解： 把函数化成最小项形式，即

$$Y=\sum(0,1,3,5,6,7)$$

在数据选择器的逻辑表达式中，使 $D_2=D_4=0$，$D_0=D_1=D_3=D_5=D_6=D_7=1$，则 $Y=\sum(0,1,3,5,6,7)$。逻辑图如图 4-31 所示。

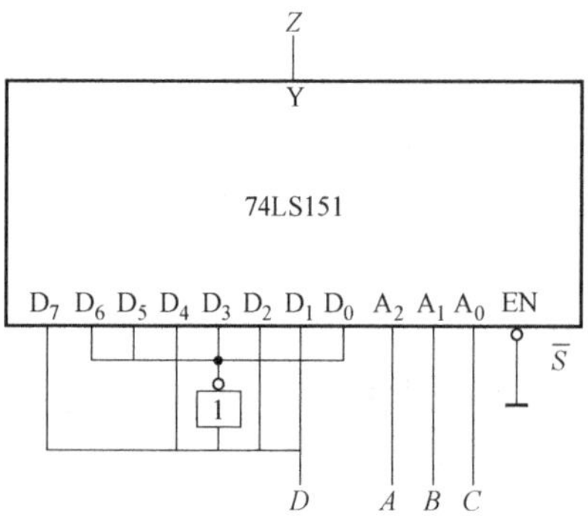

图 4-30　例 4-10 的逻辑图

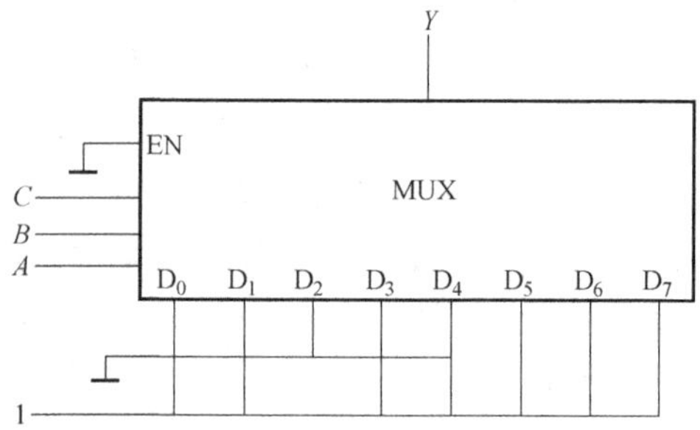

图 4-31　例 4-11 的逻辑图

可见，这种方法较上一种方法分析起来更加简便。

二、用二进制译码器构成逻辑函数

1. 二进制译码器的特点

在二进制译码器中，每个输出均为输入量的一个最小项。将若干个最小项或反最小项组合在一起，即构成某一逻辑函数。

利用集成二进制译码器构成的逻辑函数，一般为与非形式。

2. 逻辑函数的标准与非表达式

将 $Z=\sum m_i$取两次非号，再用摩根定律将下面的非号展开，即化为与非形式。

【例 4-12】 用集成译码器设计全加器。

解： 根据全加器真值表（见表 4-6），得到如下表达式：

$$S_i=\overline{A}_i\overline{B}_iC_{i-1}+\overline{A}_iB_i\overline{C}_{i-1}+A_i\overline{B}_i\overline{C}_{i-1}+A_iB_iC_{i-1}$$
$$=m_1+m_2+m_4+m_7=m_1m_2m_4m_7$$
$$C_i=\overline{A}_iB_iC_{i-1}+A_i\overline{B}_iC_{i-1}+A_iB_i\overline{C}_{i-1}+A_iB_iC_{i-1}$$
$$=m_3+m_5+m_6+m_7=m_3m_5m_6m_7$$

可选用集成 3 线-8 线译码器 74LS138，并且使 $A_2=A_i$，$A_1=B_i$，$A_0=C_{i-1}$。

$$S_i=\overline{\overline{Y}_1\overline{Y}_2\overline{Y}_4\overline{Y}_7}$$
$$C_i=\overline{\overline{Y}_3\overline{Y}_5\overline{Y}_6\overline{Y}_7}$$

即可得全加器的逻辑电路图如图 4-32 所示。

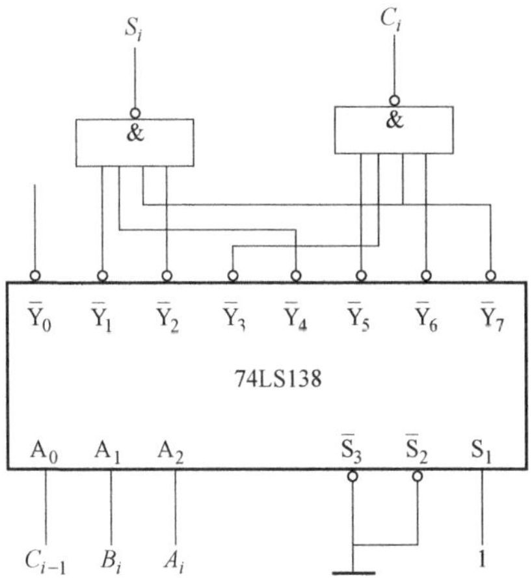

图 4-32　例 4-12 逻辑电路图

【例 4-13】　用集成译码器实现下列三输出逻辑函数：

$$Z_1=\overline{A}\,\overline{B}+AB+\overline{B}C\quad Z_2=\overline{A}B+\overline{B}C+A\overline{C}$$
$$Z_3=AB+BC+AC$$

解： 写成最小项形式：

$$Z_1=\overline{A}\,\overline{B}\,\overline{C}+\overline{A}\,\overline{B}C+AB\overline{C}+ABC+A\overline{B}C=m_0+m_1+m_5+m_6+m_7$$
$$=m_0m_1m_5m_6m_7$$
$$Z_2=\overline{A}B\overline{C}+\overline{A}BC+\overline{A}\,\overline{B}C+A\overline{B}C+A\overline{B}\,\overline{C}+AB\overline{C}=m_1+m_2+m_3+m_4+m_5+m_6$$
$$=m_1m_2m_3m_4m_5m_6$$
$$Z_3=AB\overline{C}+ABC+\overline{A}BC+A\overline{B}C=m_3+m_5+m_6+m_7$$
$$=m_3m_5m_6m_7$$

可选用集成 3 线-8 线译码器 74LS138，并且使 $A_2=A$，$A_1=B$，$A_0=C$，则

$$Z_1=\overline{\overline{Y}_0\overline{Y}_1\overline{Y}_5\overline{Y}_6\overline{Y}_7}\quad Z_2=\overline{\overline{Y}_1\overline{Y}_2\overline{Y}_3\overline{Y}_4\overline{Y}_5\overline{Y}_6}\quad Z_3=\overline{\overline{Y}_3\overline{Y}_5\overline{Y}_6\overline{Y}_7}$$

即可得到符合题意的逻辑图。学生可自行练习。

知识链接五　组合逻辑电路中的竞争冒险

前面在分析和设计组合逻辑电路时，都没有考虑门电路延迟时间对电路的影响。实际上，由于延迟时间的存在，当一个输入信号经过多条路径传送后又重新汇合到某个门上时，由于不同路径上门的级数不同，或者门电路延迟时间的差异，导致到达汇合点的时间有先有后，从而产生瞬间的错误输出。这一现象称为竞争冒险。

一、产生竞争冒险的原因

图 4-33a 所示的电路中，逻辑表达式为 $L=A\overline{A}$，理想情况下，输出应恒等于 0。但是由于 G1 门存在延迟时间 t_{pd}，$\overline{A}$下降沿到达 G2 门的时间比 A 信号上升沿晚 t_{pd}，因此，使 G2 输出端出现了一个正向窄脉冲，如图 4-33b 所示，通常称为“1 冒险”。

同理，在图 4-34a 所示的电路中，由于 G1 门存在延迟时间 t_{pd}，会使 G2 输出端出现一个负向窄脉冲，如图 4-34b 所示，通常称为“0 冒险”。

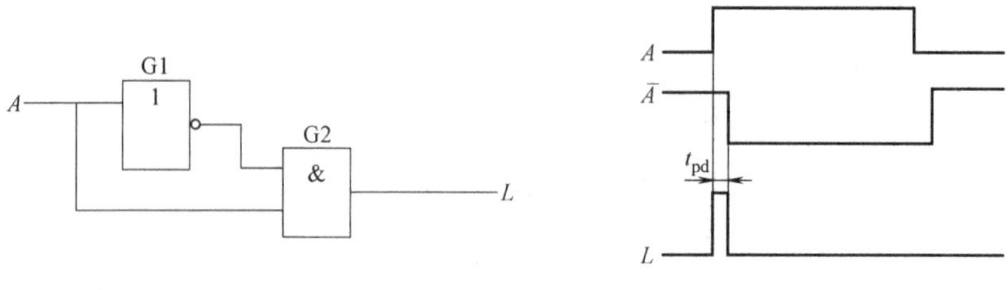

a) 逻辑图 b) 波形图

图 4-33 产生 1 冒险的逻辑图与波形图

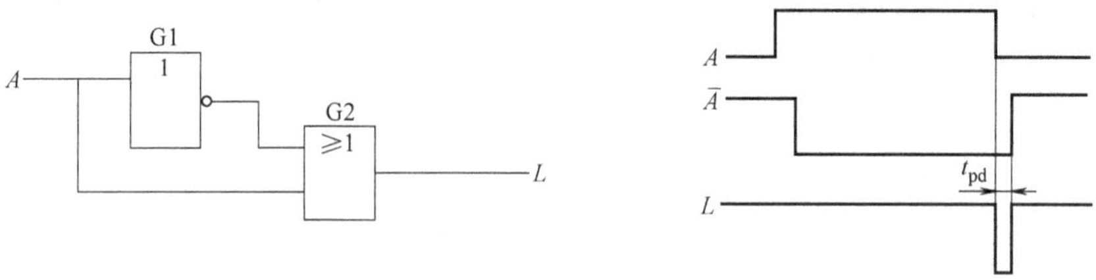

a) 逻辑图 b) 波形图

图 4-34 产生 0 冒险的逻辑图与波形图

“0 冒险”和“1 冒险”统称冒险，是一种干扰脉冲，有可能引起后级电路的错误动作。产生冒险的原因是由于一个门（如 G2）的两个互补输入信号分别经过两条路径传输，由于延迟时间不同而到达的时间不同。这种现象称为竞争。

二、冒险现象的识别

可采用代数法来判断一个组合逻辑电路是否存在冒险，方法为：写出组合逻辑电路的逻辑表达式，当某些逻辑变量取特定值（0 或 1）时，如果逻辑表达式能转换为 $L=A\overline{A}$，则存在 1 冒险；如果逻辑表达式能转换为 $L=A+\overline{A}$，则存在 0 冒险。

【例 4-14】 判断图 4-35a 所示电路是否存在冒险，如果存在，请指出冒险类型，并画出输出波形。

解： 写出逻辑表达式，即

$$L=A\overline{C}+BC$$

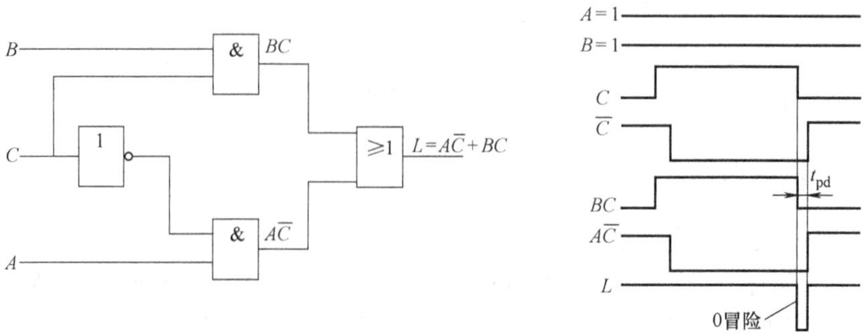

a) 逻辑图 b) 波形图

图 4-35 例 4-14 逻辑图与波形图

若输入变量 $A=B=1$，则 $L=C+\overline{C}$。因此，该电路存在0冒险。下面画出 $A=B=1$ 时 L 的波形。在稳态下，无论 C 取何值，L 恒为1，但当 C 变化时，由于信号的各传输路径的延时不同，将会出现负向窄脉冲，即0冒险。

【例4-15】　判断逻辑函数 $L=(A+B)(\overline{B}+C)$ 是否存在冒险。

解： 如果令 $A=C=0$，则有 $L=B\overline{B}$，因此，该电路存在1冒险。

三、冒险现象的消除方法

当组合逻辑电路存在冒险现象时，可以采取以下方法来消除。

1. 变换逻辑式，增加冗余项

在例4-14的电路中，存在冒险现象。找出逻辑表达式中包含互补逻辑变量的两项，如 $A\overline{C}$ 和 BC，找出互补变量外的所有变量，组成冗余项添加到逻辑表达式中，对于式 $A\overline{C}$ 和 BC 除去互补变量，剩余 A 和 B，组成乘积项 AB 添加到逻辑表达式中，使其变为 $L=A\overline{C}+BC+AB$，则在原来产生冒险的条件 $A=B=1$ 时，$L=1$，不会产生冒险。这个函数增加了乘积项 AB 后，已不是“最简”，故这种乘积项称为冗余项。

2. 增加选通信号

在电路中增加一个选通脉冲，接到可能产生冒险的门电路的输入端。当输入信号转换完成，进入稳态后，才引入选通脉冲，将门打开。这样，输出就不会出现冒险脉冲。

3. 增加输出滤波电容

由于竞争冒险产生的干扰脉冲宽度一般都很窄，在可能产生冒险的门电路输出端并联一个滤波电容（容量一般为4～20pF），利用电容两端的电压不能突变的特性，使输出波形上升沿和下降沿都变得比较缓慢，从而起到消除冒险现象的作用。

技能训练　译码器、数据选择器的应用

1. 训练目的

1）熟悉译码器、数据选择器的逻辑应用。

2）掌握译码器、数据选择器的使用方法。

2. 训练设备与器件

（1）训练设备　数字逻辑电路实验箱一台，双踪示波器一台，万用表一块。

（2）训练器件　74LS138一片，74LS48一片，74LS153两片，74LS00一片，LED七段数码管一只。

3. 训练任务

1）利用74LS138实现函数 $F=ABC+\overline{A}B\overline{C}+A\overline{B}C$。

2）利用74LS153全方位数码管组成一个电路，验证74LS48的逻辑功能。

3）利用74LS153构成一位全加器，要求列出其真值表，写出逻辑表达式，画出逻辑电路图，并验证其逻辑功能。

4）利用74LS153和74LS138组成三位并行码比较器，要求当两个数相等时，输出为“0”，否则，输出为“1”。

5）利用74LS153、74LS48和LED七段数码管，实现4位数的串行显示，这4位二进制

码依次为0001、1001、1000、0010。

4. 训练报告

1）熟悉译码器、数据选择器的工作原理及使用方法。

2）根据训练任务要求，画出训练电路，写出设计过程，分析训练结果。

综合训练　四路表决器的设计与制作

1. 训练目的

1）掌握组合逻辑电路的设计方法。

2）了解常用组合逻辑电路的工作原理和使用方法。

3）提高集成门电路的综合应用能力。

2. 训练设备与器件

1）训练设备：数字逻辑电路实验箱一台。

2）训练器件：双四输入与非门74LS20两片，发光二极管一只，1kΩ 电阻五个，按钮四个，导线若干。

3. 制作电路说明

（1）逻辑要求　用集成门电路构成简易型四人表决器。*A*、*B*、*C*、*D* 为抢答操作按钮，*Z* 为输出端。只有超过半数的开关处于闭合状态（高电平），*Z* 输出端对应的发光二极管（指示灯）才会被点亮，表示完成一次表决；若没有半数以上的开关处于闭合状态（高电平），*Z* 输出端对应的发光二极管则不亮。

（2）电路组成　四人表决电路如图4-1所示，其真值表见表4-18，其卡诺图如图4-36所示。

表4-18　四人表决电路的真值表

D	0	0	0	0	0	0	0	0	1	1	1	1	1	1	1	1
A	0	0	0	0	1	1	1	1	0	0	0	0	1	1	1	1
B	0	0	1	1	0	0	1	1	0	0	1	1	0	0	1	1
C	0	1	0	1	0	1	0	1	0	1	0	1	0	1	0	1
Z	0	0	0	0	0	0	0	1	0	0	0	1	0	1	1	1

然后，由卡诺图得出逻辑表达式，并演化成“与非”的形式，即

$$\begin{aligned} Z &= ABC + BCD + CDA + ABD \\ &= \overline{\overline{ABC}\,\overline{BCD}\,\overline{ACD}\,\overline{ABD}} \end{aligned}$$

最后，画出用“与非门”构成的逻辑电路如图4-37所示。

4. 制作电路的安装与调试

（1）安装　按正确方法插好IC芯片，连接线路。电路可以连接在自制的PCB（印刷电路板）上，也可以焊接在万能板上，或通过“面包板”插接。

（2）调试

1）通电后，分别按下 *A*、*B*、*C*、*D* 各按钮，观察指示灯是否点亮。

2）当其中多数按钮处于高电平时，指示灯是否点亮。

3）分别测试IC芯片输入、输出引脚的电平变化，自拟表格记录测试结果。

BC \ DA	00	01	11	10
00				
01			1	
11		1	1	1
10			1	

图 4-36　表决电路的卡诺图

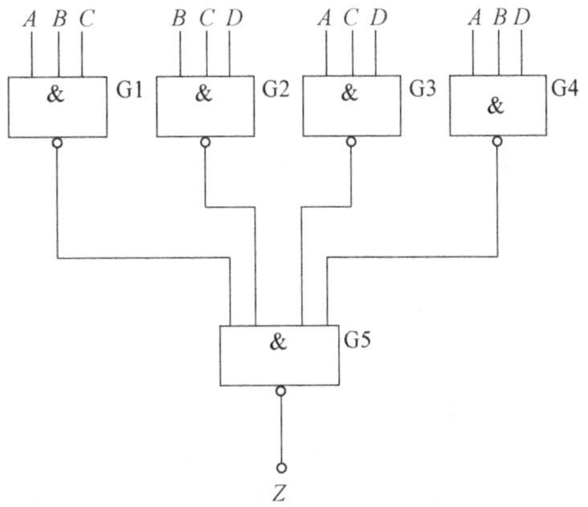

图 4-37　表决电路原理图

5. 电路分析及训练报告

完成电路的详细分析并编写训练报告，见附录 D。

课题小结

1）组合逻辑电路的特点是：电路任一时刻的输出状态只取决于该时刻各输入状态的组合，而与电路的原状态无关。组合逻辑电路是由门电路组合而成的，电路中没有记忆单元，没有反馈通路。

2）组合逻辑电路的分析步骤为：写出各输出端的逻辑表达式→化简和变换逻辑表达式→列出真值表→确定功能。

3）组合逻辑电路的设计步骤为：根据设计要求列出真值表→写出逻辑表达式（或填写卡诺图）→逻辑化简和变换→画出逻辑图。

4）常用的中规模组合逻辑器件包括编码器、译码器、数据选择器、数值比较器、加法器等。为了增加使用的灵活性和便于功能扩展，在多数中规模组合逻辑器件中都设置了输入、输出使能端或输入、输出扩展端。它们既可控制器件的工作状态，又便于构成较复杂的逻辑系统。

5）组合逻辑器件除了具有基本功能外，还可用来设计组合逻辑电路。应用中规模组合逻辑器件进行组合逻辑电路设计的一般原则是：使用中规模集成（MSI）芯片的个数和品种型号最少，芯片之间的连线最少。

6）用中规模集成（MSI）芯片设计组合逻辑电路最简单和最常用的方法是：用数据选择器设计多输入、单输出的逻辑函数；用二进制译码器设计多输入、多输出的逻辑函数。

7）数据选择器的功能是根据地址选择码从多路输入数据中选择一路，送到输出。在输入数据都为 1 时，它的输出表达式为地址变量的全部最小项之和，所以它很适合用于实现单输出组合逻辑函数。

8）组合逻辑电路中存在竞争冒险现象，在电路的输出端会出现尖峰干扰脉冲，这可能会引起负载电路的错误动作。因此，应采取措施消除冒险现象。方法有：加封锁脉冲、加选通脉冲、接入滤波电容、修改逻辑设计等。

思考与练习

1. 试用三个半加器实现下列函数。

(1) $F_1 = A \oplus B \oplus C$

(2) $F_2 = \overline{A}BC + A\overline{B}$

(3) $F_3 = AB\overline{C} + (\overline{A} + \overline{B})C$

(4) $F_4 = ABC$

2. 试分别用下列逻辑器件设计全加器。

(1) 与非门 (2) 异或门和与非门 (3) 四选一数据选择器

3. 试分析图4-38所示的三个组合逻辑电路，写出逻辑表达式，并列出真值表。

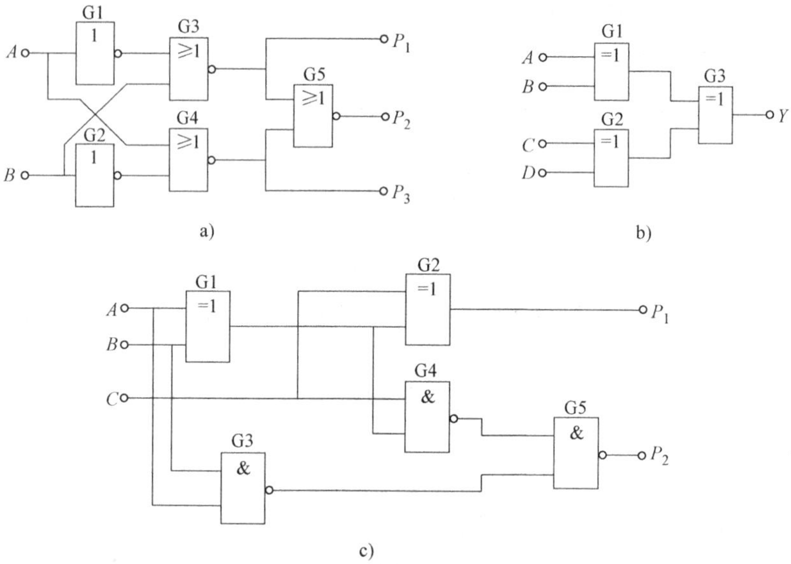

图4-38 题3图

4. 试分析图4-39所示的逻辑电路，写出逻辑表达式，化简后画出新的逻辑图。

5. 试分析图4-40所示的逻辑电路，化简并画出新的逻辑图。

6. 试分析图4-41所示的逻辑电路，化简并画出新的逻辑图。

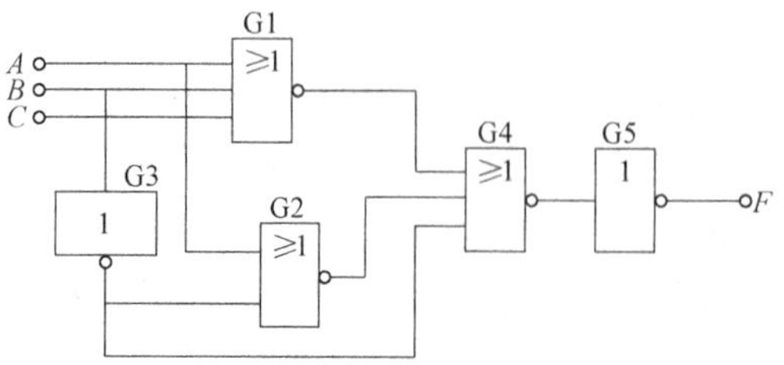

图4-39 题4图

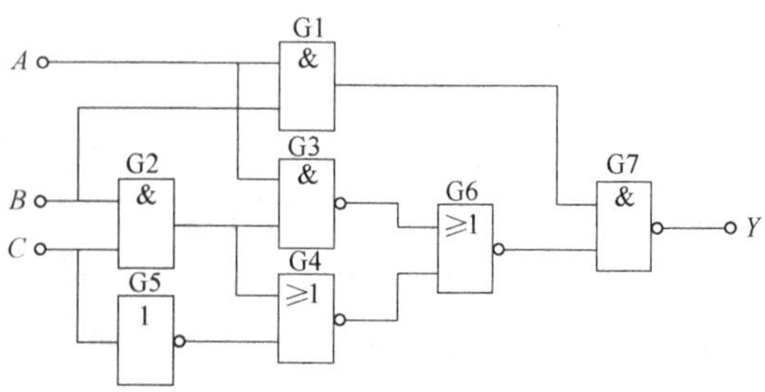

图4-40 题5图

7. 试设计组合逻辑电路，有四个输入和一个输出，当输入全为1或输入全为0，或者输入为奇数个1时，输出为1，请列出真值表，写出最简与或表达式，并画出逻辑图。

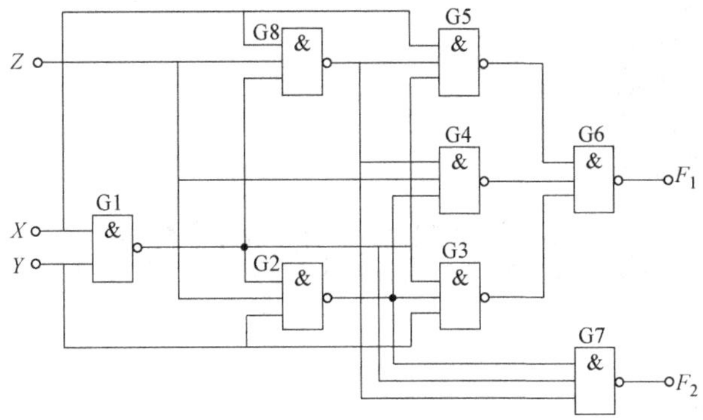

图4-41　题6图

8. 试设计一个组合逻辑电路，当输入的4位二进制数转换成的十进制数大于2而小于等于7时，输出为1，画出逻辑图。

9. 试用3线-8线译码器74138扩展为5线-32线译码器，并画出示意图。

10. 试用3线-8译码器74138和与非门实现下列逻辑函数。

(1) $Y=\overline{A}\,\overline{C}+BC+A\overline{B}\,\overline{C}$

(2) $Y=(A+B)(\overline{A}+\overline{C})$

(3) $Y=AB+BC$

(4) $Y=ABC+A\overline{C}$

11. 试用四选一数据选择器分别实现下列逻辑函数。

(1) $Y=\overline{A}BC+A\overline{B}C+AB$

(2) $Y=A+\overline{B}$

(3) $Y=AB\overline{C}+A\overline{B}\,\overline{C}+\overline{A}B\overline{C}+\overline{A}\,\overline{B}C$

12. 试用八选一数据选择器和逻辑门分别实现下列逻辑函数。

(1) $F(A, B, C)=\sum m(0, 1, 5, 6)$

(2) $F(A, B, C)=\sum m(1, 2, 4, 7)$

(3) $F(A, B, C, D)=\sum m(0, 2, 5, 7, 9, 12, 15)$

(4) $F(A, B, C, D)=\sum m(0, 3, 7, 8, 12, 13, 14)$

(5) $F=ABC+ACD$

13. 试用四选一数据选择器构成十六选一数据选择器，并画出示意图。

14. 试用3线-8线译码器74138和与非门实现如下多输出逻辑函数。

$$\begin{cases} Z_1=A\overline{B}+C \\ Z_2=\overline{A}\,\overline{B}+\overline{A}C+AB\overline{C} \end{cases}$$

15. 已知函数 $F(A, B, C)=\sum m(0, 1, 3, 4)$，画出用最少逻辑门实现的电路并分析是否存在竞争冒险，试用增加冗余项的办法进行消除。

课题5

六十进制计数电路的设计

学习目标

1）掌握常用触发器的功能及应用；掌握常用集成计数器和寄存器的功能及应用。

2）理解各种触发器的特征方程和时序图。

3）了解触发器的内部结构及构成原理；了解计数器和寄存器的工作原理。

工作任务

1）小组制订工作计划。

2）小组讨论设计出六十进制计数器电路原理图。

3）识别六十进制计数器电路原理图，明确元器件连接和电路连线，并画出布线图。

4）根据布线图制作六十进制计数电路。

5）完成六十进制计数电路功能检测和故障排除。

6）通过小组讨论完成电路的详细分析并编写实训报告。

课题导入

数字电路有两大分支：组合逻辑电路和时序逻辑电路。前面已学过组合逻辑电路，它的基本单元是门电路，没有记忆性。时序逻辑电路一般由组合逻辑电路和存储电路两部分组成，其组成框图如图5-1所示。存储电路的核心单元是触发器，它将电路的输出状态存储下来并反馈到电路的输入端，因此时序逻辑电路具有记忆功能。时序逻辑电路的特点是，任何时刻的输出状态，不仅取决于该电路当前的输入状态组合，还与电路过去的状态有关。常用的时序逻辑电路包括寄存器和计数器等。

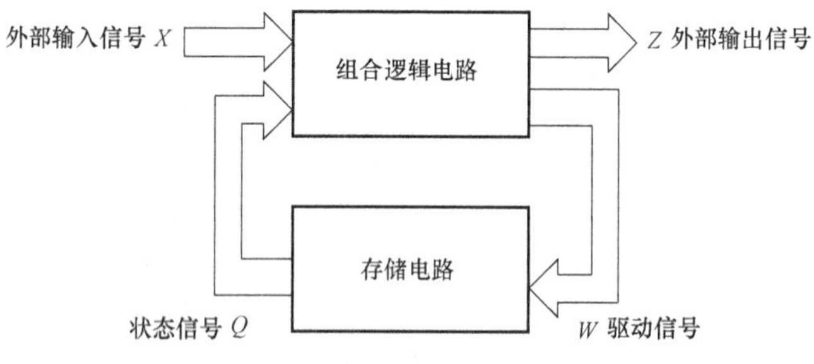

图5-1　时序逻辑电路的组成框图

本课题通过制作六十进制计数电路来学习触发器、计数器和寄存器的相关知识。图5-2所示为数字电子钟设计方案框图；图5-3所示为数字电子钟的部分电路图：六十进制计数电路。

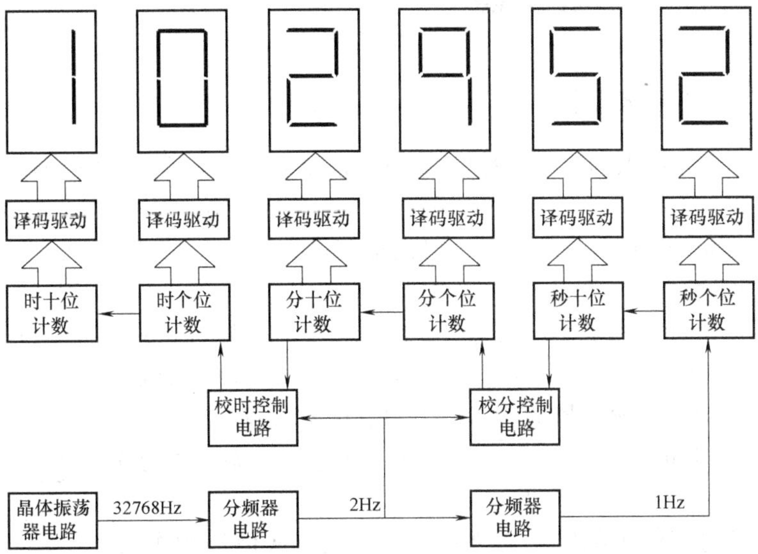

图 5-2　数字电子钟设计方案框图

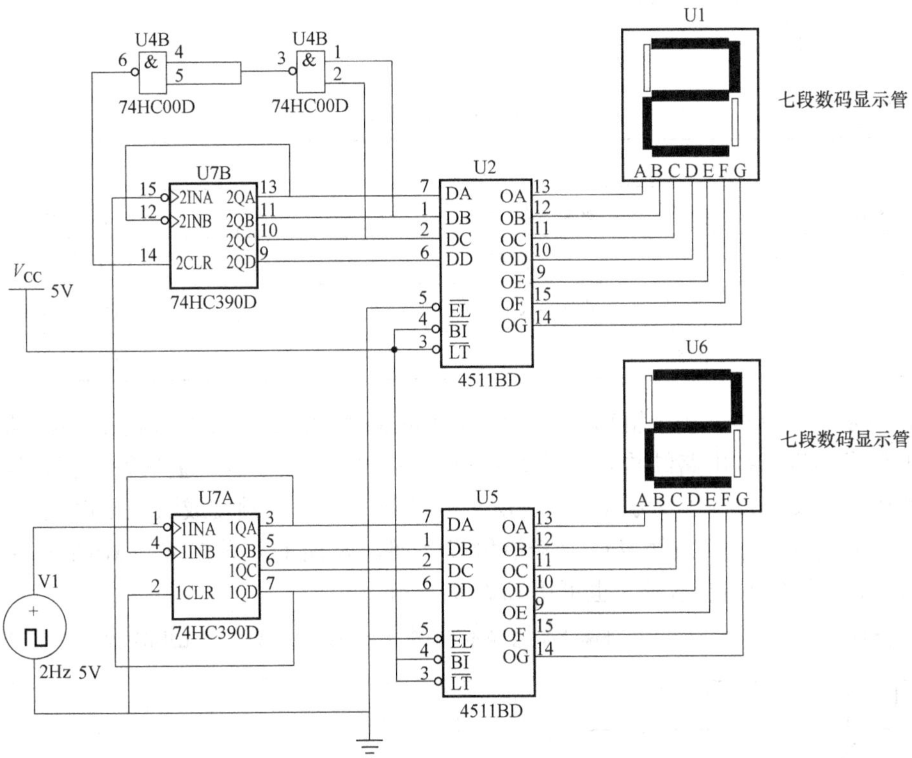

图 5-3　六十进制计数电路

知识链接一　触发器

一、触发器的基础知识

触发器具有记忆功能，是存放数据、状态等信息的基本单元，也是组成其它时序逻辑电路存储部分的基础。

（1）触发器的两个基本要求　一个触发器能够存储一位二进制数码，为实现此功能，触发器应具备以下两个基本要求。

1）触发器应该具有两个稳定状态——1 状态和 0 状态。图 5-4 所示是触发器的符号，从图中可知触发器有两个互补的输出端 Q、$\overline{Q}$，通常规定 Q 的状态为触发器的状态。$Q=1$，$\overline{Q}=0$ 是触发器的一个稳定状态；称为 1 状态；$Q=0$，$\overline{Q}=1$ 是另一个稳定状态，称为 0 状态。

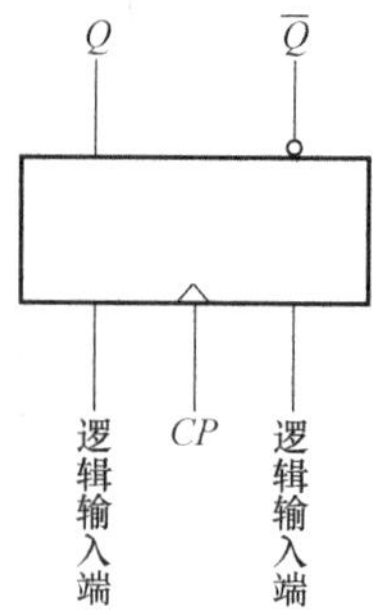

图 5-4　触发器的符号

2）触发器应处于两个稳定状态之一。在输入有效信号的作用下，触发器应能够从一种稳态（0 或 1）转变到另一种稳态（1 或 0），形象地说，它具有“一触即发”的功能，但触发后，触发器的状态应保持不变。一般将触发器触发前的状态称为现态，用“Q^n”来表示；触发后的状态称为次态，用“Q^{n+1}”来表示。触发器具有四种功能，见表 5-1。

表 5-1　触发器的功能

项　目	功　能	输出状态
清零(复位)	触发器状态转变为“0”态	$Q^{n+1}=0$
置 1(置位)	触发器状态转变为“1”态	$Q^{n+1}=1$
保持	触发器状态保持不变	$Q^{n+1}=Q^n$
翻转	触发器状态转变为与现状态相反的状态	$Q^{n+1}=\overline{Q^n}$

（2）触发器的分类　按逻辑功能的不同可分为 RS 触发器、D 触发器、JK 触发器、T 触发器和 T′触发器等；按电路结构可分为基本触发器、同步触发器、主从触发器、维持阻塞触发器和边沿触发器；按触发方式可分为电平触发器（高电平触发或低电平触发）、主从触发器和边沿触发器（上升沿触发或下降沿触发）等。常用的几种触发方式如图 5-5 所示，其中，CP 为时钟脉冲控制信号，也可用 CLK 来表示。

图 5-5　常用的几种触发方式

二、基本 RS 触发器

1. 基本 RS 触发器的概念

基本 RS 触发器即复位—置位触发器，是最简单的基本触发器，也是构成其他复杂结构触发器的组成部分之一，它可由与非门（或非门）组成。图 5-6 所示是由与非门组成的基本 RS 触发器的逻辑符号及逻辑电路，它由两个与非门交叉连接而成，有两个输入端，分别称为置“1”输入端$\overline{S}$和清“0”输入端$\overline{R}$；互为反向的两个输出端 Q 和$\overline{Q}$。

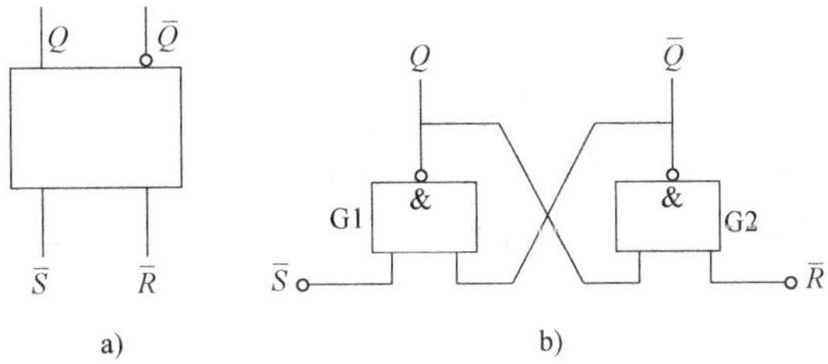

图 5-6　基本 RS 触发器的逻辑符号及逻辑电路

2. 基本 RS 触发器的工作过程及特性

（1）工作过程

1）当$\overline{R}=1$，$\overline{S}=0$ 时，触发器置 1。根据与非门电路的特点，当$\overline{S}=0$ 时，无论 G1 的另一输入端（触发器的原状态）是 0 还是 1，G1 的输出 Q 都为 1，Q 反馈到 G2，同时$\overline{R}=1$，则 G2 的输出$\overline{Q}=0$，触发器完成置 1 功能。

2）当$\overline{R}=0$，$\overline{S}=1$ 时，触发器置 0。根据与非门电路的特点，当$\overline{R}=0$ 时，无论 G2 的另一输入端（触发器的原状态）是 0 还是 1，G2 的输出$\overline{Q}=0$，$\overline{Q}$反馈到 G1，同时$\overline{S}=1$，则 G1 的输出 Q 为 0，触发器完成清 0 功能。

3）当$\overline{R}=\overline{S}=1$ 时，触发器处于保持状态。假设触发器的原状态为 1 状态（$Q=1$，$\overline{Q}=0$），G2 的两个输入端均为 1，使 G2 的输出$\overline{Q}$为 0，$\overline{Q}$反馈到 G1，同时$\overline{S}=1$，则 G1 的输出 Q 为 1，触发器仍然保持有 1 状态。

假设触发器的原状态为 0 状态（$Q=0$，$\overline{Q}=1$），G2 的两个输入端均为 0，使 G2 的输出$\overline{Q}$为 1，$\overline{Q}$反馈到 G1，同时$\overline{S}=1$，则 G1 的输出 Q 为 0，触发器仍然保持有 0 状态。

4）当$\overline{R}=\overline{S}=0$ 时，触发器状态不定。当$\overline{R}=\overline{S}=0$ 时，破坏了触发器的功能，使输出状态不定。

触发器的上述功能特点可以用真值表、特征方程、状态转换图或波形图来说明。

（2）真值表　基本 RS 触发器真值表见表 5-2，该表直观地表明了基本 RS 触发器的输入和输出状态之间的关系。

表 5-2　基本 RS 触发器真值表

现态	输入		次态	说明
Q^n	$\overline{R}$	$\overline{S}$	Q^{n+1}	
0	0	0	不定	禁止
1	0	0		
0	0	1	0	清“0”
1	0	1	0	
0	1	0	1	置“1”
1	1	0	1	
0	1	1	0	保持
1	1	1	1	

(3) 特征方程　基本 RS 触发器的输入、输出和原状态之间的关系也可以用特征方程来表示。基本 RS 触发器的特征方程为

$$Q^{n+1}=S+\overline{R}Q^{n} \qquad (5\text{-}1)$$
$$\overline{R}+\overline{S}=1$$

其中，$\overline{R}+\overline{S}=1$ 是约束条件，即规定$\overline{R}$、$\overline{S}$不能同时为“0”。

(4) 状态转换图和波形图　基本 RS 触发器的输入、输出和原状态之间的关系也可以用状态转换图和波形图来表示。基本 RS 触发器的状态转换图和波形图如图 5-7 所示。

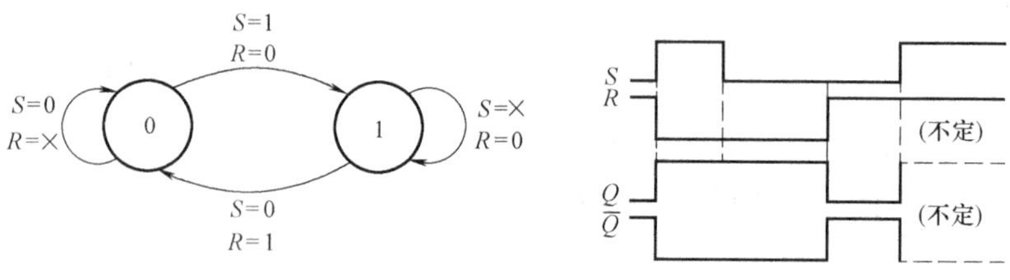

a) 状态转换图　　b) 波形图

图 5-7　基本 RS 触发器的状态转换图和波形图

3. 基本 RS 触发器的作用

基本 RS 触发器电路结构简单，常用于单脉冲产生、状态控制等电路中。

(1) 单脉冲产生　图 5-8 所示为基本 RS 触发器构成的消抖开关电路，按下按钮 SB，电路输出一个单脉冲，完全消除了机械开关触点抖动产生的抖动脉冲。当按下 SB 时，输入端 $S=1$，使触发器置“1”，输出端 $Q=1$。这时即使 SB 产生机械抖动，只要机械触点不返回到 R 端，输出端 Q 仍保持“1”不变，消除了抖动脉冲信号。同理，当松开 SB 时，输入端 $R=1$，使触发器清“0”，虽然 SB 产生机械抖动，但输出端 Q 仍保持“0”不变。

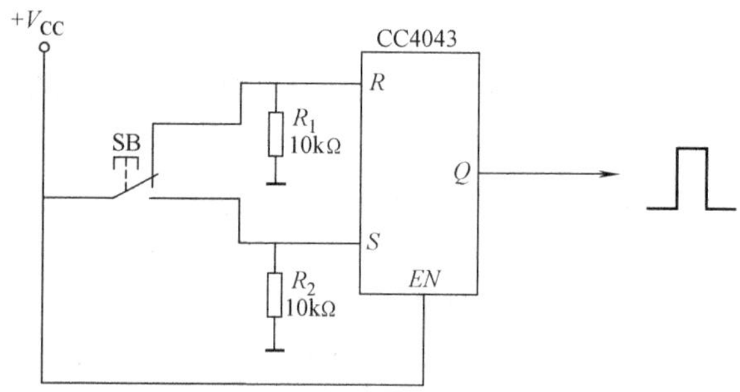

图 5-8　基本 RS 触发器构成的消抖开关电路

(2) 状态控制　图 5-9 所示为基本 RS 触发器构成的触摸开关电路，“开”、“关”为

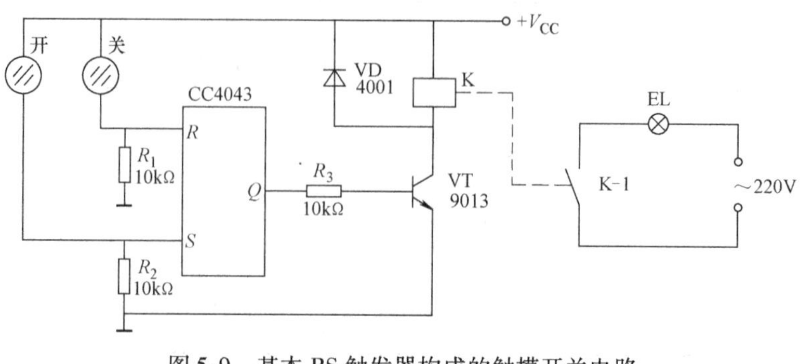

图 5-9　基本 RS 触发器构成的触摸开关电路

两对金属触摸触点。当用手触摸“开”触点时，人体电阻将触点接通，电源电压V_{CC}加至S端，使触发器置“1”，输出$Q=1$，晶体管VT导通，继电器K常开触点K-1闭合，电灯EL点亮。当用手触摸“关”触点时，电源电压加至R端，使触发器清“0”，输出$Q=0$，VT截止，继电器释放，常开触点断开，电灯熄灭。

三、同步RS触发器

1. 同步RS触发器的概念

基本RS触发器的输入信号只要变化，触发器的状态就会作出相应的变化，不能在时间上进行控制。为克服此问题，可引入受时钟脉冲控制的同步RS触发器，图5-10所示是在基本RS触发器的基础上加入时钟脉冲后的同步RS触发器逻辑符号及逻辑电路。它有置“1”输入端S、清“0”输入端R；直接置位端$\overline{S}_D$、直接复位端$\overline{R}_D$；输出端Q和反向输出端$\overline{Q}$；时钟脉冲输入端CP。

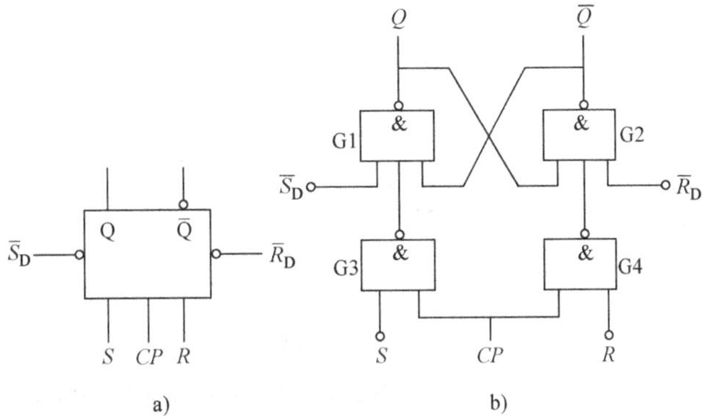

图5-10 同步RS触发器逻辑符号及逻辑电路

2. 同步RS触发器的特点

同步RS触发器的特点是电路具有两个稳定状态：$Q=1$或$Q=0$。R输入端只能使触发器处于$Q=0$的状态，S输入端只能使触发器处于$Q=1$的状态。它的功能特点可以用真值表、特征方程、状态转换图或波形图来说明。

（1）真值表　同步RS触发器真值表见表5-3，该表能很直观地表明同步RS触发器的输入和输出状态之间的关系。

表5-3 同步RS触发器真值表

时钟 CP	输入 R S	现态 Q^n	次态 Q^{n+1}	说　明
0、↑、↓	× ×	0 1	0 1	输出状态不变(没有受到触发)
1	0 0	0 1	0 1	输出状态不变
1	0 1	0 1	1 1	输出状态被置“1”
1	1 0	0 1	0 0	输出状态被置“0”
1	1 1	0 1	不确定	输出状态不定

注：表中0表示低电平，1表示高电平，↑表示上升沿，↓表示下降沿。

注意：若$R=1$，$S=1$，则CP端有效电平到来后，触发器输出$Q=\overline{Q}=1$（为混乱状态），待CP有效电平消失后，触发器输出状态不定，因此应确保$RS=0$。

（2）特征方程　同步 RS 触发器的输入、输出和原状态之间的关系也可以用特征方程来表示。同步 RS 触发器的特征方程为

$$Q^{n+1} = S + \overline{R}Q^n$$
$$RS = 0 \tag{5-2}$$

其中，$RS=0$ 是约束条件，它的作用是规定 R、S 不能同时为“1”。

（3）状态转换图和波形图　同步 RS 触发器的输入、输出和原状态之间的关系也可以用状态转换图和波形图来表示。同步 RS 触发器的状态转换图和波形图如图 5-11 所示。

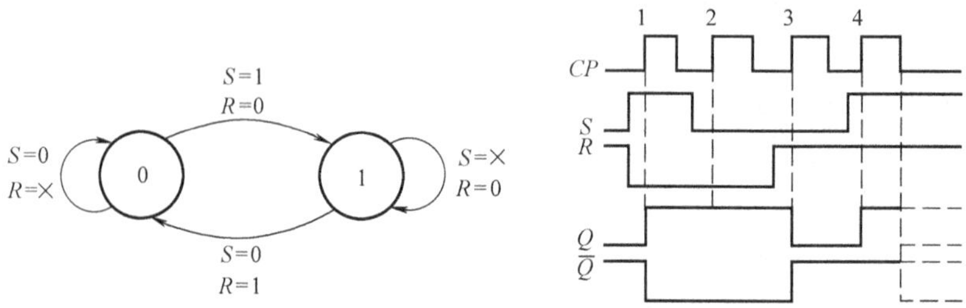

a) 状态转换图　　b) 波形图

图 5-11　同步 RS 触发器的状态转换图和波形图

四、JK 触发器

1. JK 触发器的概念

在输入信号为双端的情况下，JK 触发器是功能完善、使用灵活和通用性较强的一种触发器。通常所用的 JK 触发器又叫主从 JK 触发器，其逻辑符号和逻辑电路如图 5-12 所示。

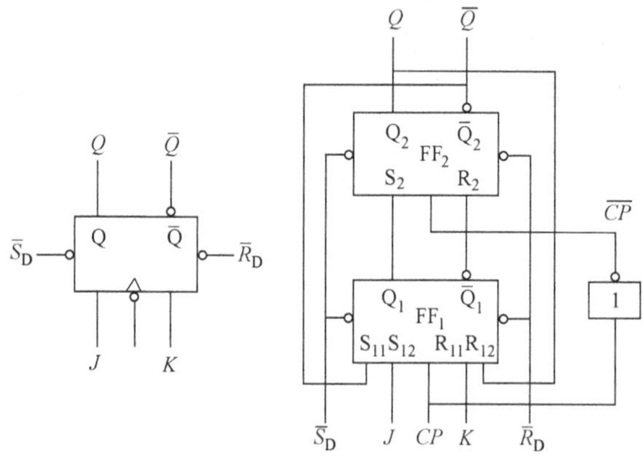

a)　　b)

图 5-12　JK 触发器的逻辑符号和逻辑电路

用作主触发器 FF_1 的 RS 触发器是一个多输入端触发器，R 和 S 端各分别有两个输入端。同一功能的多个输入端之间是“与”的关系。

2. JK 触发器的功能

JK 触发器有四个功能：保持、K 清“0”、J 置“1”和翻转计数的功能。

（1）真值表　JK 触发器真值表见表 5-4。

表 5-4 JK 触发器真值表

时钟 CP	输入 J K	现态 Q^n	次态 Q^{n+1}	说 明
0、1、↑	× ×	0 1	0 1	输出状态不变(没有受到触发)
↓	0 0	0 1	0 1	输出状态不变(保持)
↓	0 1	0 1	0 0	输出状态被清“0”(K 清“0”)
↓	1 0	0 1	1 1	输出状态被置“1”(J 置“1”)
↓	1 1	0 1	1 0	输出状态翻转(翻转计数)

(1) 特征方程 JK 触发器的特征方程为

$$Q^{n+1} = J\overline{Q}^n + \overline{K}Q^n (CP\downarrow) \quad (5\text{-}3)$$

JK 触发器的输入端 J 和 K 不再有限制条件。

(2) 状态转换图和波形图 JK 触发器的状态转换图和波形图如图 5-13 所示。

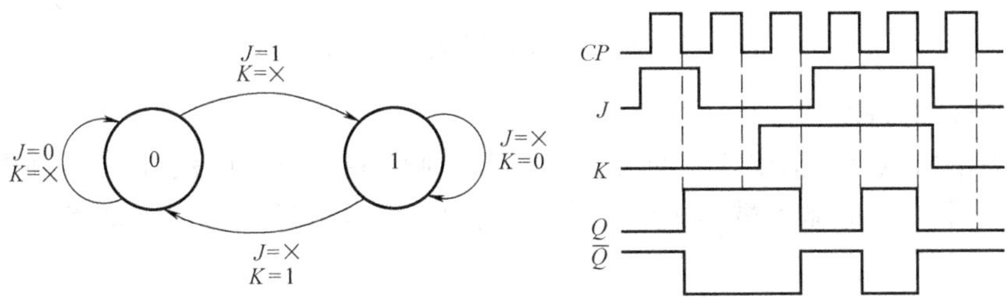

图 5-13 JK 触发器的状态转换图和波形图

(3) JK 触发器的常用芯片 74LS112 为双下降边沿 JK 触发器，其引脚排列图和逻辑符号图如图 5-14 所示。

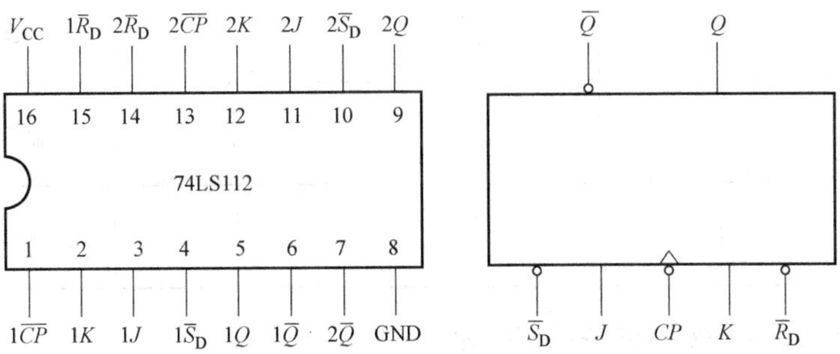

图 5-14 JK 触发器的引脚排列图和逻辑符号图

五、D触发器

1. D触发器的概念

D触发器又称为延迟触发器，是一种边沿触发器。在输入信号为单端的情况下，D触发器用起来最为方便。通常所用的D触发器又叫维持阻塞型D触发器，简称维阻型D触发器，其逻辑符号和电路结构如图5-15所示。

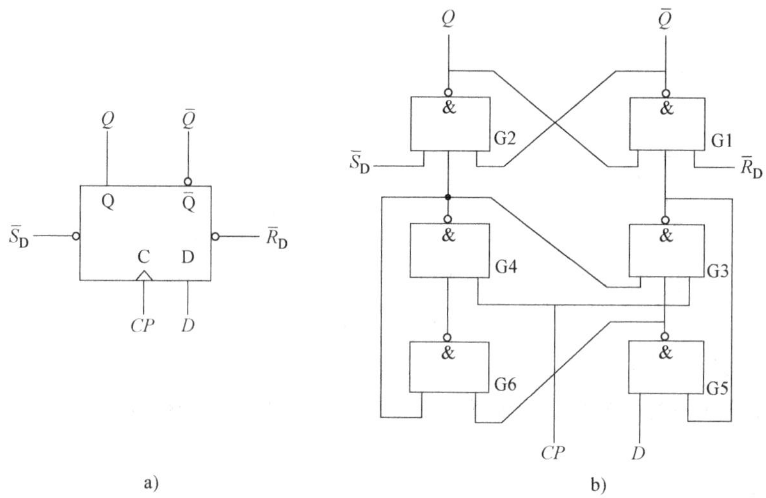

图5-15　D触发器的逻辑符号和电路结构

2. D触发器的特点

D触发器的特点是，输出状态的改变依赖于时钟脉冲CP的触发，即在时钟脉冲边沿的触发下，数据才得以由输入端D传输到输出端Q；没有触发信号时，触发器中的数据保持不变。

(1) 真值表　D触发器（上升沿触发）的真值表见表5-5。

表5-5　D触发器的真值表

时钟 CP	输入 D	现态 Q^n	次态 Q^{n+1}	说　明
0、1、↓	×	0 1	0 1	没有受到触发
↑	0	0 1	0 0	输出状态 $Q^{n+1}=D$
↑	1	0 1	1 1	输出状态 $Q^{n+1}=D$

(2) 特征方程　D触发器的特征方程为

$$Q^{n+1}=D \tag{5-4}$$

（3）状态转换图和波形图（见图5-16）

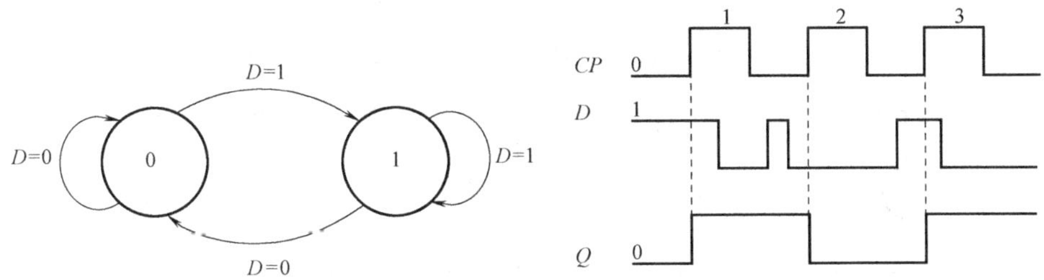

图5-16　D触发器的状态转换图和波形图

3. D触发器的作用

D触发器常用于数据锁存、分频和计数等电路中。

（1）数据锁存　图5-17所示为四个D触发器构成的四位数据锁存器电路。四个D触发器的时钟输入端并联，在时钟脉冲 *CP* 上升沿的触发下，将 $D_1 \sim D_4$ 端的数据输入触发器，并从 $Q_1 \sim Q_4$ 端输出，在下一个 *CP* 脉冲上升沿到来之前，即使输入端的数据消失，其输出端的数据仍保持不变，从而实现了数据锁存功能。

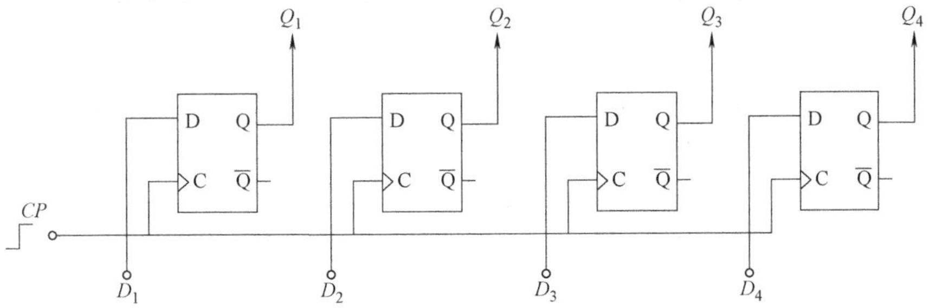

图5-17　四位数据锁存器电路

（2）分频　图5-18所示为D触发器构成的三级分频电路，每个D触发器的反相输出端与自身的数据输入端相连，构成2分频单元。三级2分频单元串联可实现8分频电路，*n* 级2分频单元串联可实现 2^n 分频电路。

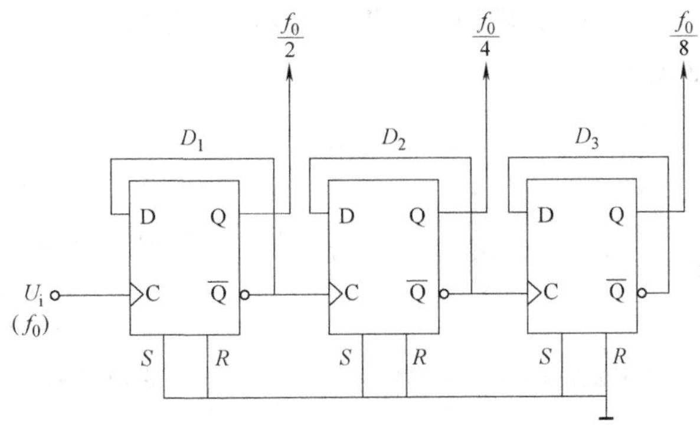

图5-18　D触发器构成的三级分频电路

4. D触发器的常用芯片

74LS74为双上升沿D触发器，其引脚排列图和逻辑符号图如图5-19所示。

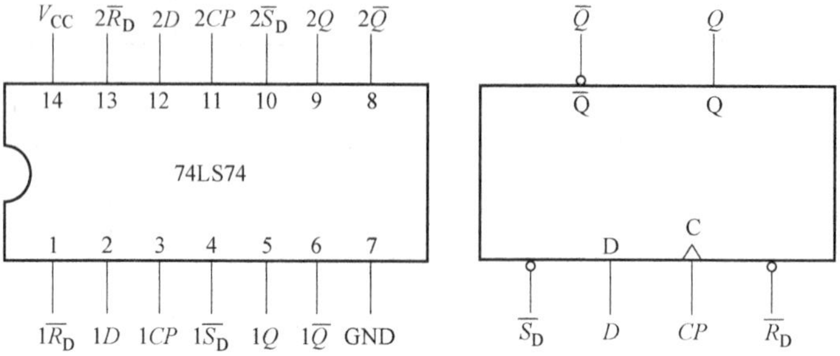

图5-19 D触发器的引脚排列图和逻辑符号图

六、T触发器和T′触发器

1. T触发器

在数字电路中，凡在CP时钟脉冲控制下，根据输入信号取值的不同，只具有“保持”和“翻转计数”功能的电路，均被称为T触发器。如果把一个JK触发器的输入控制端J和K连接在一起作为一个输入端T时，就构成了一个T触发器。T触发器的电路结构和逻辑符号如图5-20所示。

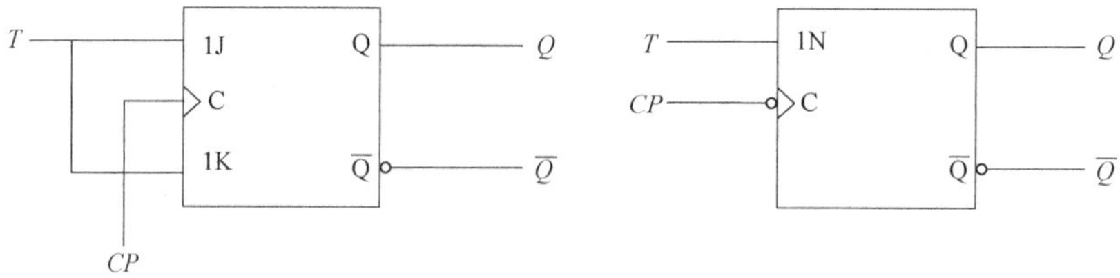

图5-20 T触发器的电路结构和逻辑符号

当$T=0$时，T触发器实现保持功能；当$T=1$时，T触发器实现翻转计数的功能，其特征方程为

$$Q^{n+1}=T\overline{Q}^n+\overline{T}Q^n \tag{5-5}$$

2. T′触发器

将T触发器的输入端T置1，就构成了T′触发器。T′触发器只有一种翻转计数的功能，T′触发器的电路结构如图5-21所示。

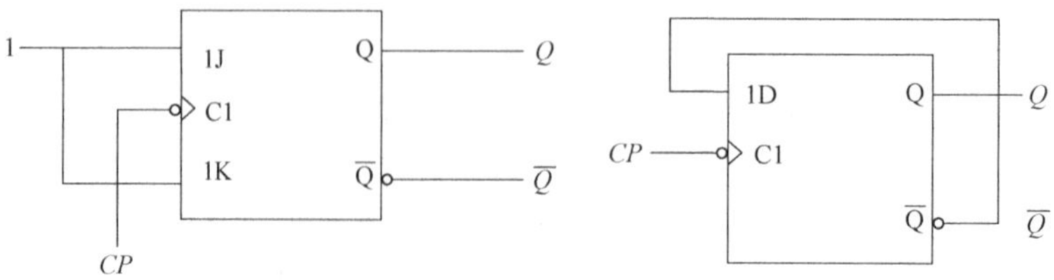

a) JK触发器构成的T′触发器　b) D触发器构成的T′触发器

图5-21 T′触发器的电路结构

其特征方程为

$$Q^{n+1}=\overline{Q}^{n} \tag{5-6}$$

七、触发器功能的转换

1. 由D触发器转换成JK、RS、T触发器

各转换电路如图5-22所示。

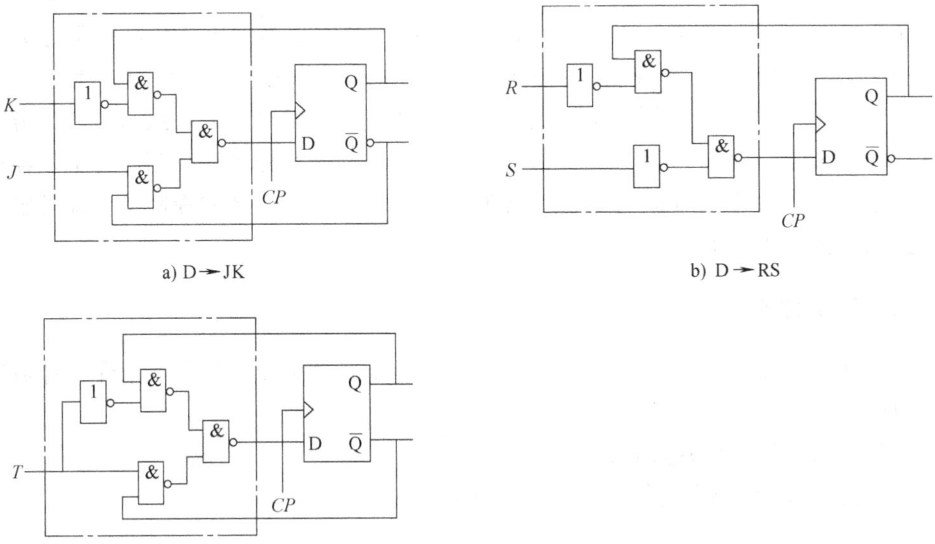

a) D→JK　b) D→RS　c) D→T

图5-22　D触发器转换成JK、RS、T触发器电路

2. 由JK触发器转换成RS、T、D触发器

各转换电路如图5-23所示。

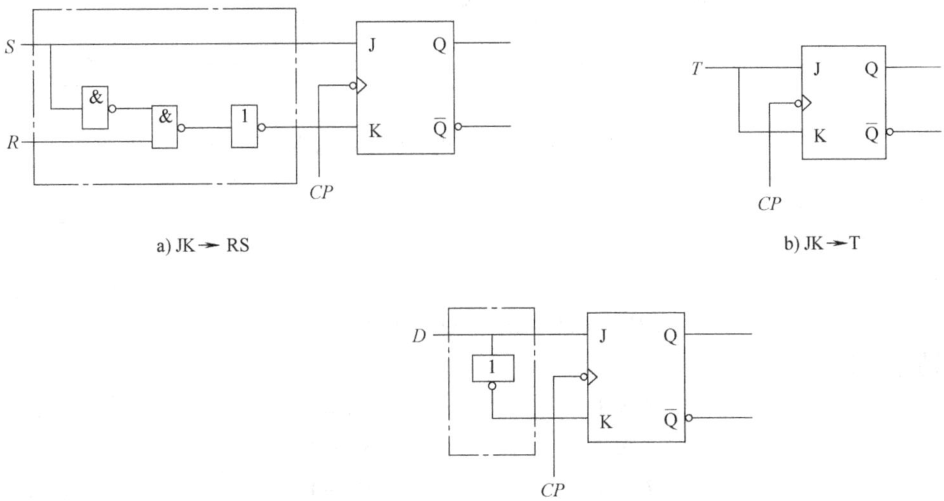

a) JK→RS　b) JK→T　c) JK→D

图5-23　JK触发器转换成RS、T、D触发器

知识链接二 计数器

一、计数器概述

计数器是数字系统中应用最广泛的基本部件之一，其基本功能是累计输入脉冲的个数。除用于计数、分频外，计数器还广泛用于数字测量、运算和控制等。计数器累计输入脉冲的最大数目用“M”表示，叫做计数器的“模”。计数器种类很多，按计数制式可分为二进制计数器、十进制计数器和任意进制计数器；按计数方式可分为加法计数器、减法计数器和加、减法都能运行的可逆计数器；按计数器中每位触发器触发时刻的一致与否，又分为同步计数器和异步计数器，其中同步是指计数器中各电路受同一时钟脉冲控制，各触发器的状态变化发生在同一时刻，异步是指计数器中各电路没有统一的时钟脉冲控制，因此各触发器的状态变化不是发生在同一时刻。

二、二进制计数器

二进制计数器是各种计数器的基础，下面通过异步二进制加法计数器来介绍计数器计数的基本原理。

1. 异步三位二进制计数器电路

异步三位二进制计数器电路如图 5-24 所示。

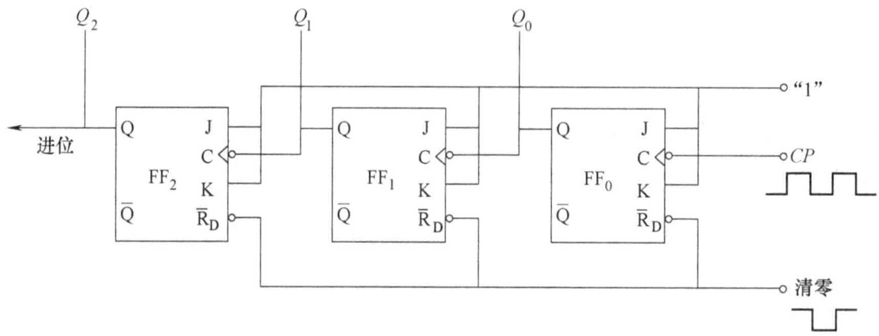

图 5-24 异步三位二进制计数器电路

分析步骤如下：

1）写相关方程式。

时钟方程为

$$CP_0 = CP \quad CP_1 = Q_0 \quad CP_2 = Q_1$$

驱动方程为

$$J_0 = 1 \qquad K_0 = 1$$
$$J_1 = 1 \qquad K_1 = 1$$
$$J_2 = 1 \qquad K_2 = 1$$

2）求各个触发器的状态方程。JK 触发器的特性方程为

$$Q^{n+1} = J\overline{Q^n} + \overline{K}Q^n \qquad (CP\downarrow)$$

将对应驱动方程式分别代入特征方程式，进行化简变换可得状态方程，即

$$Q_0^{n+1}=J_0\overline{Q}_0^n+\overline{K}_0Q_0^n=\overline{Q}_0^n \qquad (CP\downarrow)$$
$$Q_1^{n+1}=J_1\overline{Q}_1^n+\overline{K}_1Q_1^n=\overline{Q}_1^n \qquad (Q_0\downarrow)$$
$$Q_2^{n+1}=J_2\overline{Q}_2^n+\overline{K}_2Q_2^n=\overline{Q}_2^n \qquad (Q_1\downarrow)$$

3）求出对应状态值。列状态表见表5-6。

表5-6　状态表

$CP(\downarrow)$	Q_2^n	Q_1^n	Q_0^n	Q_2^{n+1}	Q_1^{n+1}	Q_0^{n+1}
1	0	0	0	0	0	1
2	0	0	1	0	1	0
3	0	1	0	0	1	1
4	0	1	1	1	0	0
5	1	0	0	1	0	1
6	1	0	1	1	1	0
7	1	1	0	1	1	1
8	1	1	1	0	0	0

根据状态表，画状态图和时序图，如图5-25所示。

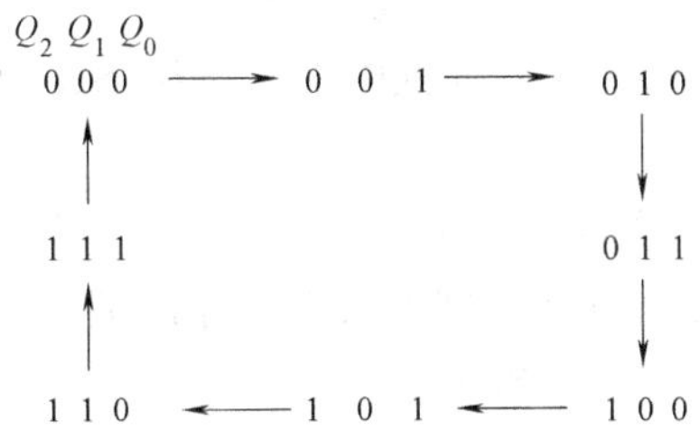

a) 状态图

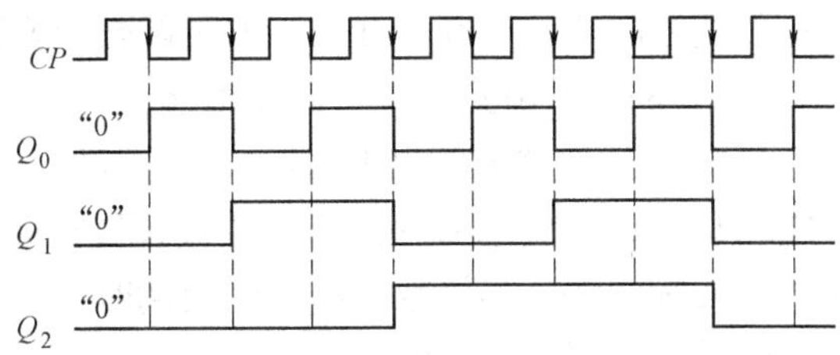

b) 时序图

图5-25　计数器的状态图和时序图

4）归纳分析结果，确定该时序逻辑电路的逻辑功能。

由时钟方程可知，该电路是异步时序逻辑电路。由状态图可知，随着 CP 脉冲的递增，触发器输出 $Q_2Q_1Q_0$ 值是递增的，经过八个 CP 脉冲完成一个循环过程。

综上所述，此电路是异步三位二进制（或一位八进制）加法计数器。

2. 异步二进制计数器的连接规律

异步二进制计数器一般由JK触发器和门电路构成，用触发器构成 n 位二进制计数器的连接规律见表5-7。

表5-7　用触发器构成 n 位二进制计数器的连接规律

功能 \ 规律	$CP_0=CP\downarrow$	$CP_0=CP\uparrow$
	$J_i=K_i=1 \quad T_i=1 \quad D_i=\overline{Q}_i \quad (0\leqslant i\leqslant n-1)$	
加法计数	$CP_i=Q_{i-1} \quad (i\geqslant 1)$	$CP_i=\overline{Q}_{i-1} \quad (i\geqslant 1)$
减法计数	$CP_i=\overline{Q}_{i-1}(i\geqslant 1)$	$CP_i=Q_{i-1} \quad (i\geqslant 1)$

三、集成计数器

集成计数器有很多，这里重点介绍两种常用的计数器：74LS161、74LS290。

1. 74LS161

74LS161 是四位二进制同步计数器，具有计数、保持、同步预置和异步清零功能。

（1）实物图和引脚排列图　74LS161 的实物图和引脚排列图如图 5-26 所示。

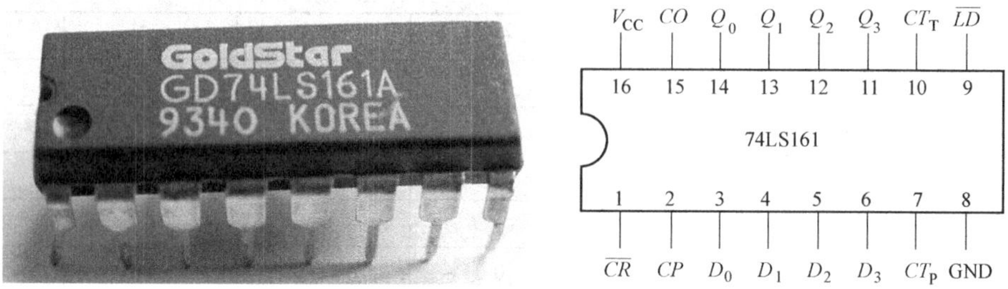

a) 实物图　　b) 引脚排列图

图 5-26　74LS161 的实物图和引脚排列图

引脚说明：

$\overline{CR}$：复位（清零）端，低电平有效，可实现异步清零，即该输入为低电平时，无论当时的时钟状态及其他输入状态如何，其输出端全变为零，即 $Q_3Q_2Q_1Q_0=0000$。

$\overline{LD}$：预置控制端，低电平有效，可实现同步置数。当该输入为低电平时，74LS161 输入端的状态在 CP 的上升沿直接反映到输出端。

$Q_3Q_2Q_1Q_0$：计数器的输出端，其中 Q_3 为最高位，Q_0 为最低位。

$D_3D_2D_1D_0$：计数器预置输入端，通过预置控制端可将其输入状态反映在输出端。

CO：进位输出端，当计数计满一个周期时，它输出一个高电平。

CP：时钟输入端，上升沿有效。

CT_T 和 CT_P：两个功能扩展使能端，可以通过合理设置这两个输入端的状态，实现各种计数器功能的扩展。

（2）逻辑功能表　74LS161 的逻辑功能表见表 5-8。

表 5-8　74LS161 的逻辑功能表

$\overline{CR}$	$\overline{LD}$	CT_P	CT_T	CP	Q_3	Q_2	Q_1	Q_0
0	×	×	×	×	0	0	0	0
1	0	×	×	↑	D_3	D_2	D_1	D_0
1	1	0	×	×	Q_3	Q_2	Q_1	Q_0
1	1	×	0	×	Q_3	Q_2	Q_1	Q_0
1	1	1	1	↑	加法计数			

功能表说明如下：

当 $\overline{CR}=0$ 时，输出 $Q_3Q_2Q_1Q_0$ 全为 0，实现异步清零功能。

当 $\overline{CR}=1$，$\overline{LD}=0$，并且 $CP=CP\uparrow$ 时，$Q_3Q_2Q_1Q_0=D_3D_2D_1D_0$，实现同步预置数功能。

当$\overline{CR}=\overline{LD}=1$且$CT_P \cdot CT_T=0$时，输出$Q_3Q_2Q_1Q_0$保持不变。

当$\overline{CR}=\overline{LD}=CT_P=CT_T=1$时，并且$CP=CP\uparrow$时，计数器才开始加法计数，实现计数功能。

（3）任意（N）进制计数器　以74LS161为例，可采用不同方法构成任意（N）进制计数器。

1）直接清零法。直接清零法是利用芯片的复位端$\overline{CR}$和与非门，将N所对应的二进制代码中等于“1”的输出端，通过与非门反馈到芯片的复位端$\overline{CR}$，使输出清零。

例如，用74LS161芯片构成十进制计数器。

令$\overline{LD}=CT_P=CT_T=1$，使74LS161加法计数，因为$N=10$，10对应的二进制代码为1010，所以将输出端$Q_3$和$Q_1$通过与非门接至74LS161的复位端$\overline{CR}$，构成的电路和状态图如图5-27所示，从而实现十进制计数器。由状态图可知，直接清零法构成的计数器有过渡状态。

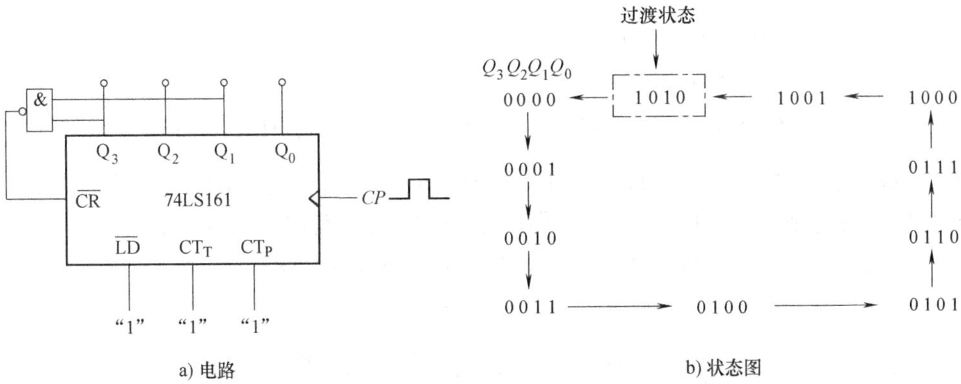

图5-27　直接清零法构成十进制计数器的电路和状态图

2）预置数法。预置数法利用的是芯片的预置控制端$\overline{LD}$和预置输入端$D_3D_2D_1D_0$（预置数“0”），采用$N-1$值反馈法。

例如，用74LS161芯片构成七进制计数器。

令$\overline{CR}=CT_P=CT_T=1$，再令预置数输入端$D_3D_2D_1D_0=0000$，以此为初态进行计数。因为$N=7$，则$7-1=6$，6对应的二进制代码为0110，所以将输出端$Q_2$和$Q_1$通过与非门接至74LS161的预置控制端$\overline{LD}$，构成的电路和状态图如图5-28所示，从而实现七进制计数。

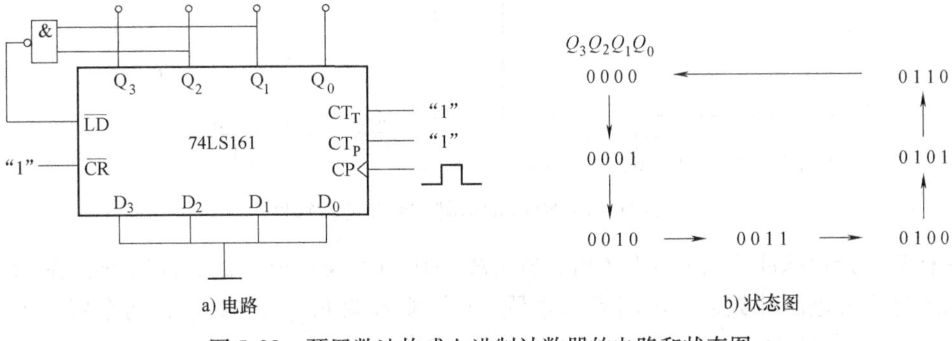

图5-28　预置数法构成七进制计数器的电路和状态图

3）进位输出置最小数法。进位输出置最小数法是利用预置控制端$\overline{LD}$和进位输出端 CO，将 CO 端经非门送到$\overline{LD}$端，令预置输入端 $D_3D_2D_1D_0$ 输入最小数 M 对应的二进制，最小数 $M=16-N$。

例如，用 74LS161 芯片构成九进制计数器。

令 $\overline{CR}=CT_P=CT_T=1$，将 CO 端经非门送到$\overline{LD}$端，因为 $N=9$，所以 $M=16-9=7$，7 对应的二进制代码为 0111，相应的预置输入端 $D_3D_2D_1D_0=0111$，构成电路和计数过程如图 5-29 所示，实现九进制计数器。

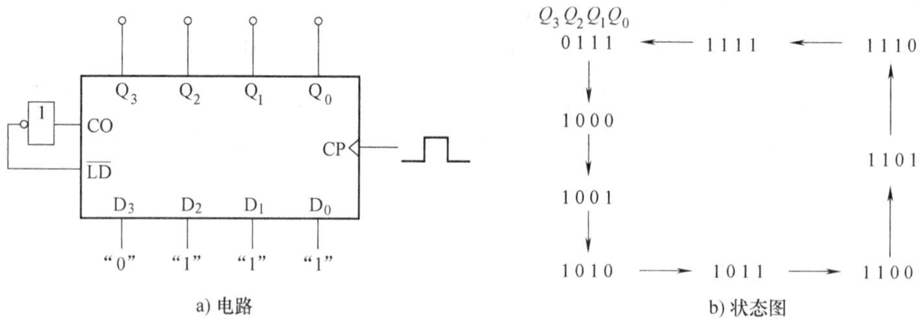

图 5-29　进位输出置最小数法构成九进制计数器的电路和状态图

4）计数器的级联。一片 74LS161 可构成从二进制到十六进制之间的任意进制的计数器。若要实现的进制数 $N>16$，则需要用串级法来实现，其串级方法如图 5-30 所示。（注意：采用串级方法时，前后级须用十进制计数器芯片如 74HC390。）

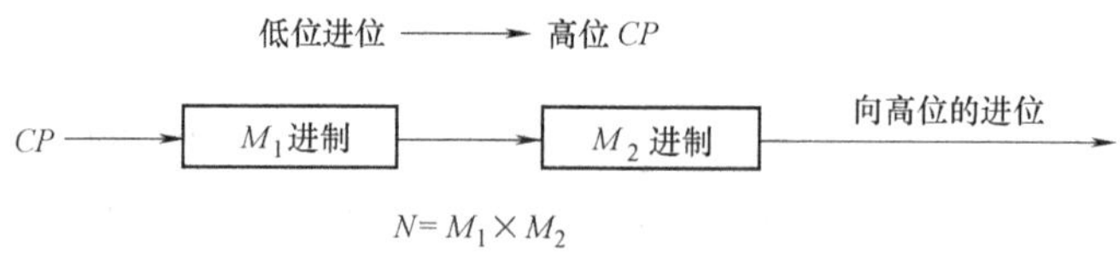

图 5-30　串级方法

2. 74LS290

（1）引脚排列和逻辑符号　74LS290 是二—五—十进制异步加法计数器，其引脚排列和逻辑符号如图 5-31 所示。

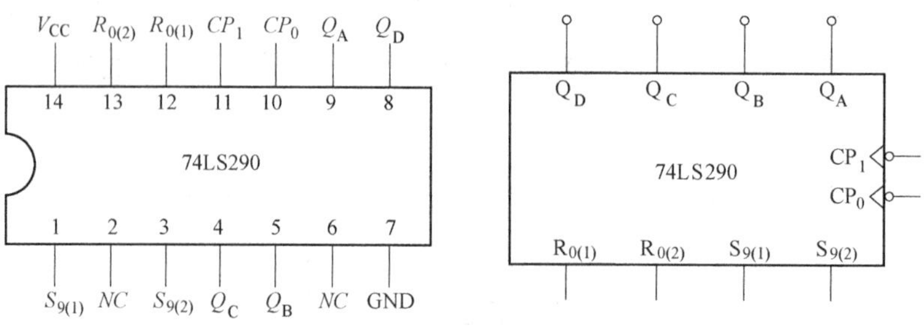

图 5-31　74LS290 的引脚排列和逻辑符号

它有两个计数脉冲输入 CP_0 和 CP_1，在 CP_0 的作用下为一位二进制计数器，在 CP_1 的作用下构成异步五进制计数器。电路有两个置“0”输入端 $R_{0(1)}$ 和 $R_{0(2)}$，两个置“9”输入端 $S_{9(1)}$ 和 $S_{9(2)}$。$Q_DQ_CQ_BQ_A$ 为输出端，NC 表示空脚。

（2）逻辑功能表　74LS290 的逻辑功能表见表 5-9。

表 5-9　74LS290 的逻辑功能表

$S_{9(1)}$	$S_{9(2)}$	$R_{0(1)}$	$R_{0(2)}$	CP_0	CP_1	Q_D	Q_C	Q_B	Q_A
1	1	×	×	×	×	1	0	0	1
0	×	1	1	×	×	0	0	0	0
×	0	1	1	×	×	0	0	0	0
$S_{9(1)} \cdot S_{9(2)}=0$ $R_{0(1)} \cdot R_{0(2)}=0$				$CP_0\downarrow$	0	二进制			
				0	$CP_1\downarrow$	五进制			
				$CP_0\downarrow$	Q_A	8421 十进制			
				Q_D	$CP_1\downarrow$	5421 十进制			

功能表说明：

置“9”功能：当 $S_{9(1)} \cdot S_{9(2)}=1$ 时，不论其他输入端状态如何，计数器输出 $Q_DQ_CQ_BQ_A=1001$，而 $(1001)_2=9$，故又称异步置数功能。

置“0”功能：当 $S_{9(1)}$ 和 $S_{9(2)}$ 不全为 1，即 $S_{9(1)} \cdot S_{9(2)}=0$，并且 $R_{0(1)} \cdot R_{0(2)}=1$ 时，不论其他输入端状态如何，计数器输出 $Q_DQ_CQ_BQ_A=0000$，故又称异步清零功能或复位功能。

计数功能：当 $S_{9(1)}$ 和 $S_{9(2)}$ 不全为 1，且 $R_{0(1)}$ 和 $R_{0(2)}$ 不全为 1，输入计数脉冲 CP 时，计数器开始计数。

（3）任意（N）进制计数器　74LS290 可构成十进制以内任意计数器

二进制计数器：CP 由 CP_0 端输入，Q_A 端输出，如图 5-32a 所示。

五进制计数器：CP 由 CP_1端输入，$Q_DQ_CQ_B$ 端输出，如图 5-32b 所示。

十进制计数器（8421BCD）：Q_A和 CP_1 相连，以 CP_0为计数脉冲输入端，$Q_DQ_CQ_BQ_A$端

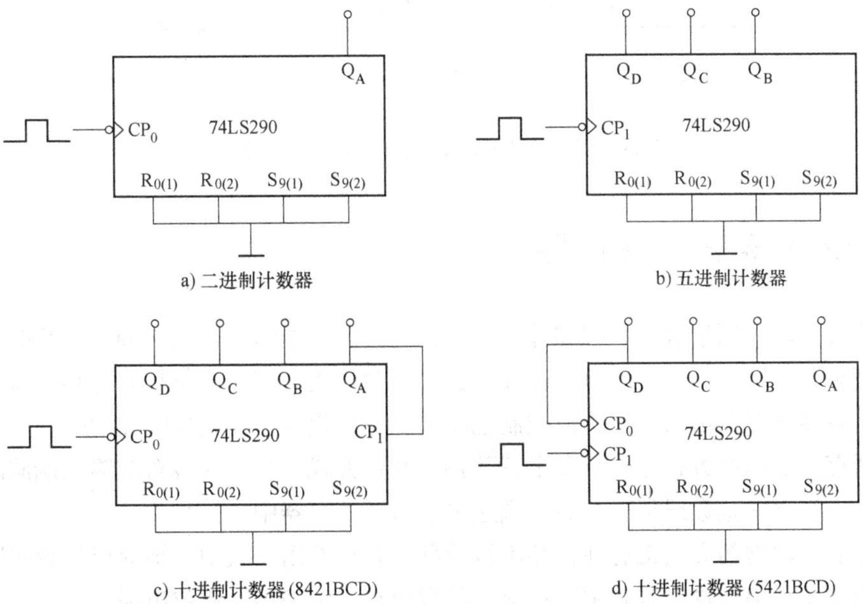

图 5-32　74LS290 构成十进制以内任意计数器的电路

输出，如图 5-32c 所示。

十进制计数器（5421BCD）：Q_D 和 CP_0相连，以 CP_1为计数脉冲输入端，$Q_DQ_CQ_BQ_A$ 端输出，如图 5-32d 所示。

（4）直接清零法构成十进制以内任意进制计数器　直接清零法是利用芯片的置“0”端和与门，将 N 值所对应的二进制代码中等于“1”的输出通过与门反馈到置“0”端 $R_{0(1)}$ 和 $R_{0(2)}$ 来实现 N 进制计数的。例如用直接清零法构成六进制计数器，$N=6$，$6=(0110)_2$，所以 Q_B、Q_C 作为与门的输入，与门的输出接置“0”端 $R_{0(1)}$ 和 $R_{0(2)}$。直接清零法构成的六进制计数器如图 5-31 所示。

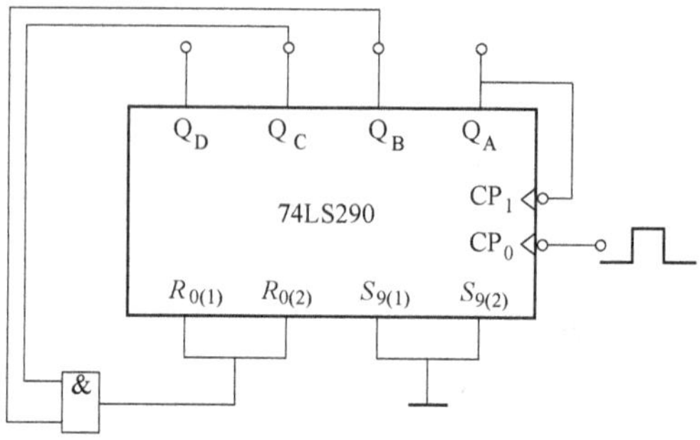

图 5-33　直接清零法构成的六进制计数器

（5）构成多位任意进制计数器　利用两片 74LS290 可以组成 11～99 之间任意进制计数器。图 5-34 所示为两片 74LS290 构成的二十四进制计数器。先将每块 74LS290 均接成 8421 码十进制计数器，再决定哪块为高位片，接成 $(2)_{10}=(0010)_{8421}$，哪块为低位片，接成 $(4)_{10}=(0100)_{8421}$，将低位片的输出端 Q_D和高位片的输入端 CP_0相连，采用直接清零法实现二十四进制计数。

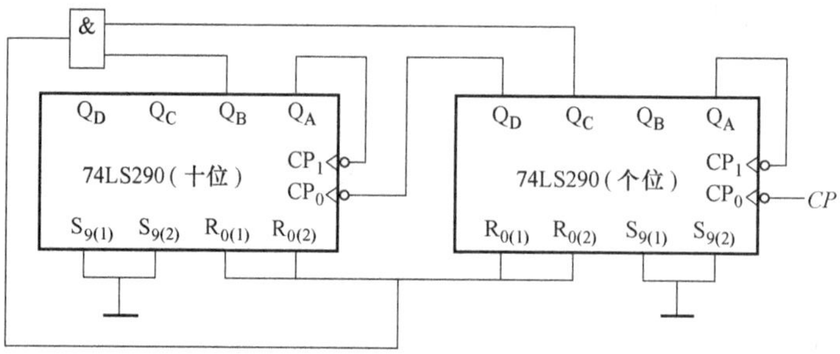

图 5-34　两片 74LS290 构成的二十四进制计数器

知识链接三　寄存器

寄存器被广泛应用于数字系统和计算机中，它由触发器组成，是一种用来暂时存放二进制数码的逻辑部件。一个触发器可以存放一位二进制代码，因此 n 位代码寄存器应由 n 个触发器组成。有些寄存器由门电路构成控制电路，以保证信号正确地接收和清除。

寄存器存放数据的方式有并行和串行两种。并行方式是数码从各对应输入端同时输入到寄存器中；串行方式是数码从一个输入端逐位输入到寄存器中。

寄存器取出数据的方式也有并行和串行两种。并行输出方式中，被取出的数码同时出现在各位的输出端；串行输出方式中，被取出的数码在一个输出端逐位出现。

寄存器按其功能可分为数码寄存器和移位寄存器。

一、数码寄存器

数码寄存器具有接收、保存和清除数码的功能。按接收数码的方式可分为：单拍式和双拍式。

单拍式：接收数据后直接把触发器置为相应的数据，不考虑初态。

双拍式：接收数据之前，先用置“0”脉冲把所有的触发器恢复为“0”；第二拍把触发器置为接收的数据。

1. 双拍工作方式的数码寄存器

双拍工作方式是指接收数码时，先清零，再接收数码。

图5-35所示为双拍工作方式的四位数码寄存器，它的核心部分是四个D触发器。其工作过程如下：

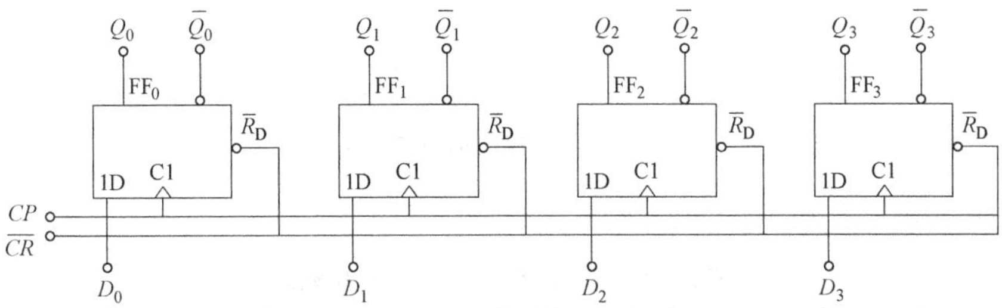

图5-35　双拍工作方式的四位数码寄存器

1）清零。$\overline{CR}=0$，异步清零。即有 $Q_3^{n+1}Q_2^{n+1}Q_1^{n+1}Q_0^{n+1}=0000$。

2）送数。$\overline{CR}=1$ 时，CP 上升沿送数。

3）$Q_3^{n+1}Q_2^{n+1}Q_1^{n+1}Q_0^{n+1}=D_3D_2D_1D_0$。

4）保持。在 $\overline{CR}=1$、CP 上升沿以外时间，寄存器内容将保持不变，实现了数码寄存的功能。

2. 单拍工作方式的数码寄存器

单拍工作方式是指只需一个接收脉冲就可以完成接收数码的工作方式。集成数码寄存器几乎都采用单拍工作方式。数码寄存器要求所存的代码与输入代码相同，故可由D触发器构成。

图5-36所示为单拍工作方式的四位数码寄存器，它由四个D触发器构成。

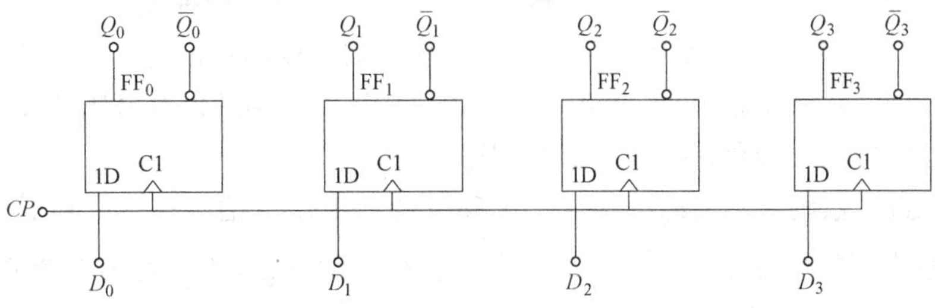

图5-36　单拍工作方式的四位数码寄存器

无论寄存器中原来的内容是什么，只要送数发生在控制时钟脉冲 CP 上升沿到来时，则加在并行数据输入端的数据 $D_0 \sim D_3$，就立即被送入寄存器中，即有 $Q_3^{n+1}Q_2^{n+1}Q_1^{n+1}$

$Q_0^{n+1} = D_3D_2D_1D_0$。

3. 集成数码寄存器

74LS174、74LS175 是常用的集成数码寄存器。其引脚图如图 5-37 所示。

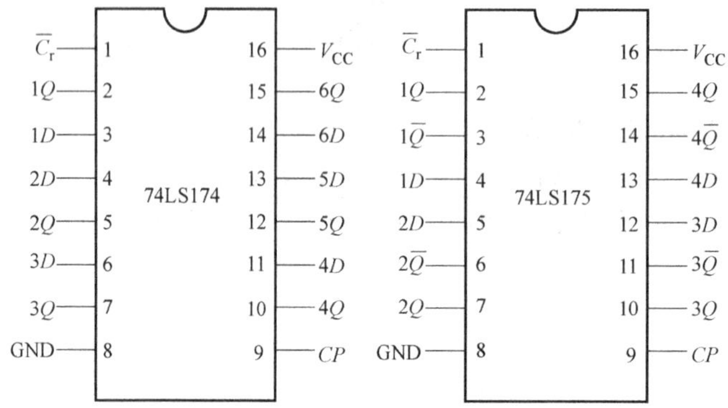

图 5-37 74LS174、74LS175 引脚图

它们的功能表见表 5-10。

表 5-10 74LS175（74LS174）功能表

输入								输出					
$\overline{C}_r$	CP	$1D$	$2D$	$3D$	$4D$	$(5D$	$6D)$	$1Q$	$2Q$	$3Q$	$4Q$	$(5Q$	$6Q)$
0	×	×	×	×	×	（×	×）	0	0	0	0	(0	0)
1	↑	d_1	d_2	d_3	d_4	$(d_5$	$d_6)$	d_1	d_2	d_3	d_4	$(d_5$	$d_6)$
1	0	×	×	×	×	（×	×）	保持					

二、移位寄存器

移位寄存器是数字系统中常见的主要部件，它具有接受、存储、输出数据的功能，同时还能将其中寄存的数据按一定方向进行移动。具有单向移位功能的移位寄存器称为单向移位寄存器，既可向左移也可向右移的移位寄存器称为双向移位寄存器。

1. 单向移位寄存器

单向移位寄存器按移动方向分为右移寄存器和左移寄存器两种类型。

（1）右移寄存器 图 5-38 所示是由四个 D 触发器组成的右移（由低位到高位）寄存器逻辑电路图。图中各触发器的 CP 接在一起作为移位脉冲控制端，数据从最低位触发器 D 端输入，前一触发器输出端和后一触发器 D 端连接。

设四位二进制数码 $d_3d_2d_1d_0 = 1011$，按移位脉冲工作节拍，从高位到低位逐位送到 D 端。根据 D 触发器特性方程 $Q^{n+1} = \mathrm{D}$，经第一个 CP 后，$Q_0 = d_3$，经第二个 CP 后，FF_0 状态移入 FF_1，FF_0 移入新数码 d_2，即变成 $Q_1 = d_3$，$Q_0 = d_2$，依次类推，经过四个 CP 脉冲 $Q_3 = d_3$，$Q_2 = d_2$，$Q_1 = d_1$，$Q_0 = d_0$。表 5-11 所示是右移寄存器状态转换表。

由表 5-11 可见，该寄存器数码由低位触发器逐位移入高位触发器，是一个右移寄存器。

（2）左移寄存器 图 5-39 所示为用 JK 触发器组成的左移（由高位向低位）寄存器电路图。

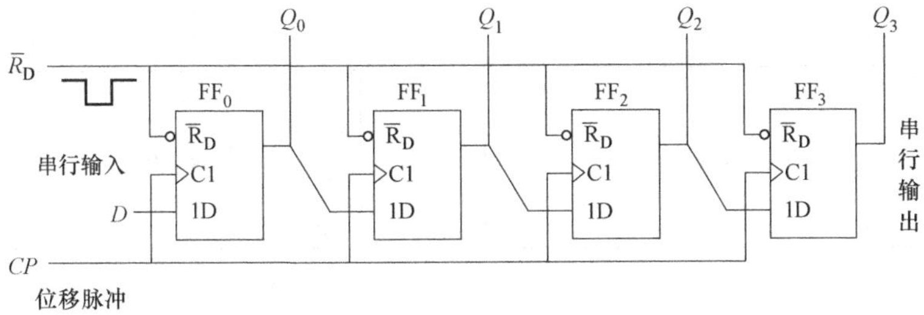

图 5-38　右移寄存器逻辑电路图

表 5-11　右移寄存器状态转换表

Q_0	Q_1	Q_2	Q_3	串行输入	CP
d_3	—	—	—	d_3	1
d_2	d_3	—	—	d_2	2
d_1	d_2	d_3	—	d_1	3
d_0	d_1	d_2	d_3	d_0	4

R 为正脉冲清零端，各触发器 CP 连在一起作移位脉冲控制端，最高位触发器转换成 D 触发器，D 端作串行数码输入端，其余各触发器也具有 D 触发器的功能，显然，经过四个 CP 后四位数据全部存入寄存器。表 5-12 所示是左移寄存器状态转换表。

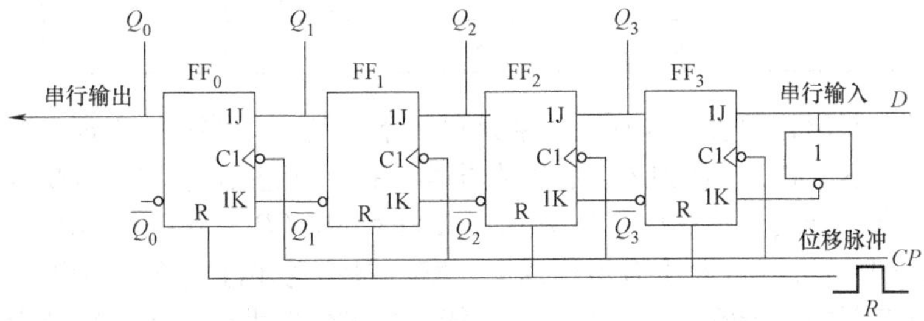

图 5-39　左移寄存器逻辑电路图

表 5-12　左移寄存器状态转换表

Q_0	Q_1	Q_2	Q_3	串行输入	CP
—	—	—	d_0	d_0	1
—	—	d_0	d_1	d_1	2
—	d_0	d_1	d_2	d_2	3
d_0	d_1	d_2	d_3	d_3	4

2. 双向移位寄存器

（1）74LS194 的引脚排列和图形符号　74LS194 是四位双向移位寄存器，它具有左移、右移、并行数据输入、保持和清除功能，其引脚排列和图形符号如图 5-40 所示。

（2）74LS194 的功能表　74LS194 的各引脚功能如下：CP 移位脉冲输入端；$\overline{C_r}$ 异步清零端；低电平有效；D_0、D_1、D_2、D_3 并行数码输入端；D_{SR} 右移串行数码输入端；D_{SL} 左移串行数码输入端；M_1、M_0 工作方式控制端；Q_0、Q_1、Q_2、Q_3 并行数码输出端。

其功能表如表 5-13。

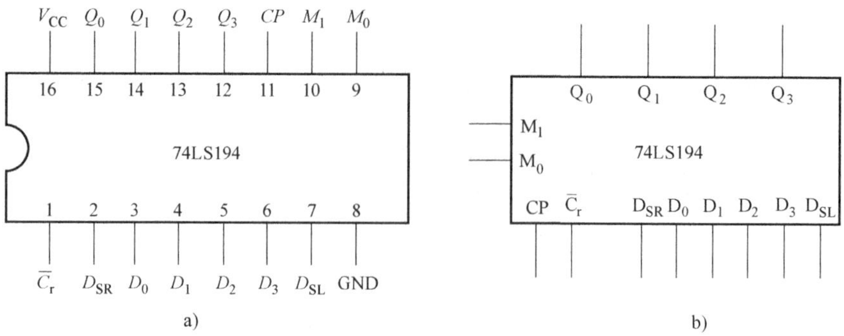

图 5-40 74LS194 的引脚排列和图形符号

表 5-13 74LS194 功能表

$\overline{C}_r$	M_1	M_0	CP	D_{SR}	D_{SL}	D_0	D_1	D_2	D_3	$Q_0\ Q_1\ Q_2\ Q_3$
0	×	×	×	×	×	×	×	×	×	0 0 0 0
1	0	0	×	×	×	×	×	×	×	保持
1	0	1	↑	D_{SR}	×	×	×	×	×	D_{SR}, Q_0^n, Q_1^n, Q_2^n 在每个 CP↑右移一次
1	1	0	↑	×	D_{SL}	×	×	×	×	Q_1^n, Q_2^n, Q_3^n, D_{SL} 在每个 CP↑左移一次
1	1	1	↑	×	×	d_0	d_1	d_2	d_3	$d_0 d_1\ d_2\ d_3$ 并行置数
1	×	×	×	×	×	×	×	×	×	保持

由功能表可以看出，只要$\overline{C}_r=0$，寄存器则无条件清零。当$\overline{C}_r=1$ 时，工作方式如下：当 $M_1M_0=00$ 时，不论有无 CP 到来，各触发器均保持原状态不变；当 $M_1M_0=01$ 时，在 CP 上升沿作用下，寄存器实现右移位；当 $M_1M_0=10$ 时，在 CP 上升沿作用下，寄存器实现左移位；当 $M_1M_0=11$ 时，在 CP 上升沿作用下，寄存器实现并行置数（输出 $d_0d_1d_2d_3$）。

利用移位寄存器的串行输入、并行输出功能，能将数据由串行传送转换为并行传送。这在计算机主机和外设的数据传送中经常要用到。移位寄存器除了可以用来实现数据串/并行转换外，也可以构成移位型计数器，进行计数、分频，还可以构成串行加法器、序列信号发生器、序列信号检测器等。

技能训练一 触发器的功能测试及应用

1. 训练目的

1）掌握集成 D 触发器和 JK 触发器的逻辑功能及触发方式。

2）掌握集成触发器的使用方法。

2. 训练设备及器件

（1）训练设备 数字逻辑电路实验箱一台。

（2）训练器件 74LS74 双 D 触发器一片，74LS112 双 JK 触发器一片。

3. 训练内容

（1）74LS74 的逻辑功能测试

1）直接置位（$\overline{S}_D$）端和复位（$\overline{R}_D$）端功能测试。利用逻辑开关改变$\overline{S}_D$、$\overline{R}_D$的逻辑状

态（D，CP 状态随意），观测相应的 Q、$\overline{Q}$状态，从而总结出两个输入控制端的功能，并将测试结果记入表5-14中。

表5-14　逻辑功能测试表

CP	D	$\overline{R}_D$	$\overline{S}_D$	Q	$\overline{Q}$
		1	0		
		0	1		

2）D 与 CP 端功能测试　从 CP 端输入单个脉冲，按表5-15所示改变开关状态。将测试结果记入表5-15中。

表5-15　D 与 CP 端功能测试表

输　入				输出 Q^{n+1}	
D	$\overline{R}_D$	$\overline{S}_D$	CP	原状态 $Q^n=0$	原状态 $Q^n=1$
0	1	1	0→1		
	1	1	1→0		
1	1	1	0→1		
	1	1	1→0		

（2）74LS112逻辑功能测试

1）直接置位（$\overline{S}_D$）端和复位（$\overline{R}_D$）端功能测试。

2）CP端功能测试。CP端加单脉冲，利用开关改变各端状态，状态记入表5-16。

表5-16　功能测试表

输　入				输　出　Q^{n+1}	
J	K	$\overline{R}_D$	CP	原状态 $Q^n=0$	原状态 $Q^n=1$
0	0	1	0→1		
			1→0		
0	1	1	0→1		
			1→0		
1	0	1	0→1		
			1→0		
1	1	1	0→1		
			1→0		

4. 训练报告

完成训练报告，即完成实验内容中的表格，并分析实验结果。

技能训练二　移位寄存器的功能测试及应用

1. 训练目的

1）掌握中规模四位双向移位寄存器的逻辑功能及使用方法。

2）熟悉移位寄存器的应用，实现数据的串行、并行转换和构成环形计数器。

2. 训练设备与器材

1）训练设备　数字逻辑电路实验箱、双踪示波器、数字万用表各一台。

2）训练器件　74LS194 一片。

3. 训练内容

74LS194 的逻辑功能测试表见表 5-17。

按图 5-41 所示接线，$\overline{C}_r$、M_1、M_0、D_{SR}、D_{SL}、D_0、D_1、D_2、D_3 分别接至逻辑开关；Q_0、Q_1、Q_2、Q_3 接至发光二极管；CP 端接矩形波。按表 5-17 所规定的输入状态，逐项进行测试。

1）清除：令$\overline{C}_r=0$，其他输入均为任意态，这时寄存器输出 Q_0、Q_1、Q_2、Q_3 应均为 0。清除后，至$\overline{C}_r=1$。

2）送数：令$\overline{C}_r=M_1=M_0=1$，送入任意四位二进制数，如 $D_0D_1D_2D_3=abcd$，加 CP 脉冲，观察 $CP=0$，CP 由 1→0，CP 由 0→1 三种情况下寄存器输出状态的变化，观察寄存器输出状态的变化是否发生在 CP 脉冲的上升沿。

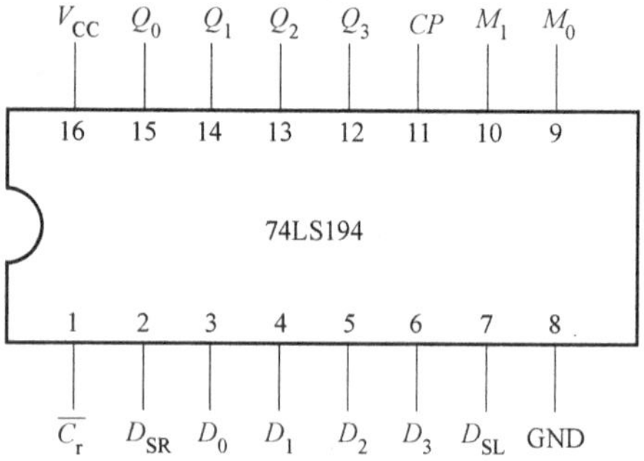

图 5-41　74LS194 的引脚接线

3）右移：清零后，令$\overline{C}_r=1$，$M_1=0$，$M_0=1$，由右移输入端 D_{SR} 送入二进制数码如 0100，由 CP 端连续加四个脉冲，观察输出端情况，并记录在表 5-16 中。

4）左移：先清零，再令$\overline{C}_r=1$，$M_1=1$，$M_0=0$，由左移输入端 D_{SL} 送入二进制数码如 1111，连续加四个 CP 脉冲，观察输出端情况，并记录在表 5-17 中。

5）保持：寄存器预置任意四位二进制数码 $abcd$，令$\overline{C}_r=1$，$M_1=M_0=0$，加 CP 脉冲，观察寄存器输出状态，并记录在表 5-17 中。

表 5-17　74LS194 的逻辑功能测试表

清除	模式		时钟	串行		输入				输出				功能总结
$\overline{C}_r$	M_1	M_0	CP	D_{SR}	D_{SL}	D_0	D_1	D_2	D_3	Q_0	Q_1	Q_2	Q_3	
0	×	×	×	×	×	×	×	×	×					
1	1	1	↑	×	×	a	b	c	d					
1	0	1	↑	0	×	×	×	×	×					
1	0	1	↑	1	×	×	×	×	×					
1	0	1	↑	0	×	×	×	×	×					
1	0	1	↑	0	×	×	×	×	×					
1	1	0	↑	×	1	×	×	×	×					
1	1	0	↑	×	1	×	×	×	×					
1	1	0	↑	×	1	×	×	×	×					
1	1	0	↑	×	1	×	×	×	×					
1	0	0	↑	×	×	×	×	×	×					

4. 训练报告

完成训练报告，即完成训练内容中的表格，并分析训练结果。

综合训练　六十进制计数电路的制作

1. 训练目的

1）熟悉中规模集成电路计数器的功能及应用。

2）掌握利用中规模集成电路计数器构成任意进制计数器的方法。

3）学会综合测试的方法。

2. 训练设备与器件

（1）训练设备　数字逻辑电路实验箱一台。

（2）训练器件　74HC390两片，74HC00两片，4511两片，LED七段数码显示管两个。

3. 训练内容

（1）74HC390芯片介绍　74HC390是集成双十进制计数器，每片芯片中含有两个独立的BCD码十进制计数器。每个计数器中包含一个二进制计数器和一个五进制计数器，既可单独用于二、五进制计数，也可串联成十进制计数器。用一片74HC390可构成一个一百进制计数器，若加上少量的门电路则可构成100以内的任意进制计数器，应用灵活方便。74HC390为高电平清零。74HC390的引脚排列如图5-42所示。

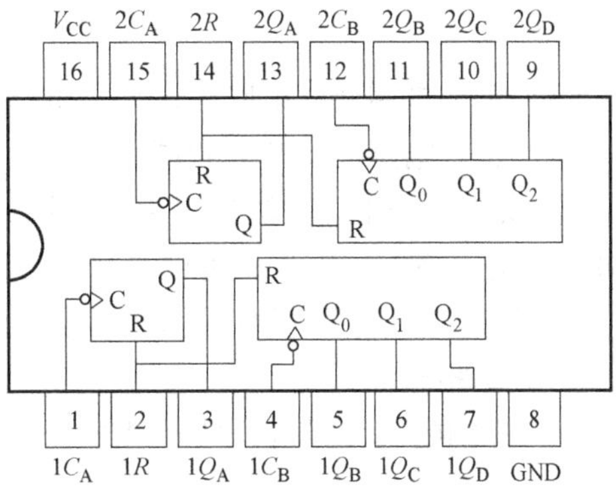

图5-42　74HC390的引脚排列

（2）六进制计数器电路的设计　六进制计数器电路由74HC390、74HC00、数码显示管与4511组成，如图5-43所示。

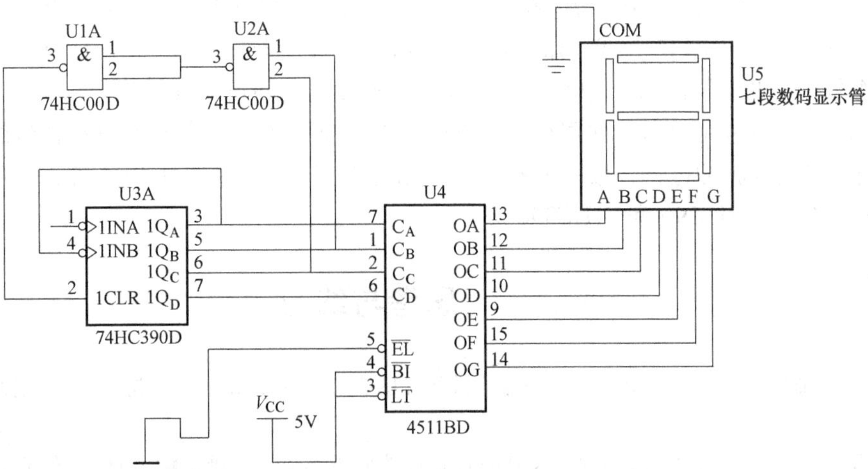

图5-43　六进制计数器电路原理图

（3）十进制计数器电路的设计　电路由 74HC390、74HC00、数码显示管与 4511 组成，如图 5-44 所示。

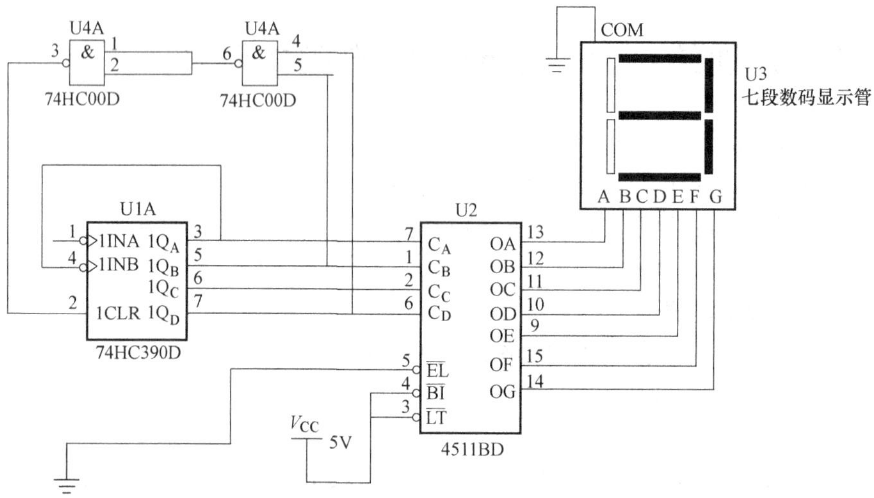

图 5-44　十进制计数器电路原理图

（4）六十进制计数电路的设计　电路如图 5-3 所示，即由图 5-43 与图 5-44 级联而成。

（5）制作电路的安装与调试

1）安装。按正确方法插好 IC 芯片，按图 5-3 所示连接线路。电路可以连接在自制的 PCB（印刷电路板）上，也可以焊接在万能板上，或通过“面包板”插接。

2）调试。通电后，LED 七段数码显示管中看到的结果是：0～59 计数。

4. 训练报告

填写详细的训练报告，见附录 D。

课 题 小 结

时序逻辑电路一般由组合逻辑电路和存储电路两部分组成。存储电路的核心单元是触发器，触发器对数字信号具有记忆和存储的功能。触发器按功能分为 RS 触发器、D 触发器、JK 触发器、T 触发器和 T′触发器等，各类型触发器之间可相互转换。

时序逻辑电路包括各种寄存器和计数器等。寄存器具有存储数码和移位的功能；计数器常用来对输入脉冲进行计数、分频等。常用的寄存器芯片有 74LS194 等；常用的计数器芯片有 74LS161、74LS290 和 74HC390 等。

思考与练习

1. 与非门组成的基本 RS 触发器的输入波形如图 5-45 所示，设触发器初态为 0，请画出输出 Q、$\overline{Q}$ 的波形。

2. 上升沿触发的 D 触发器的输入 D 的波形如图 5-46 所示，请画出输出 Q、$\overline{Q}$ 的波形，设触发器初态为 0。

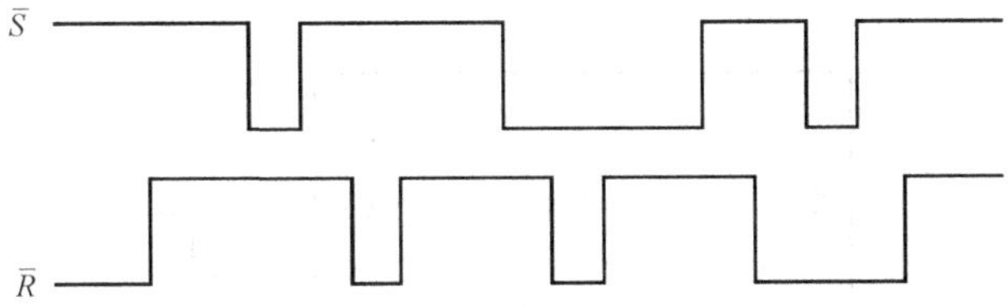

图5-45　题1图

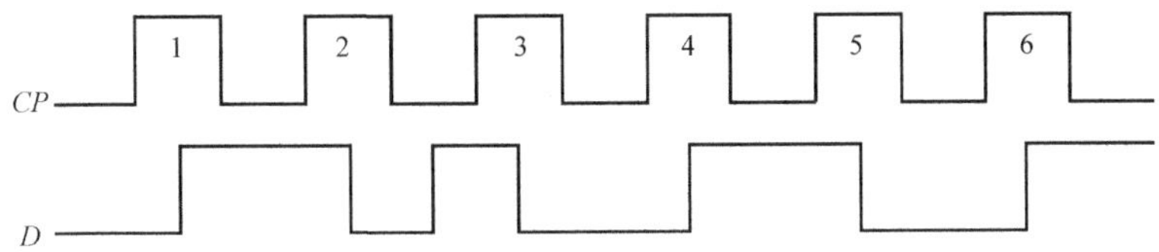

图5-46　题2图

3. 试画出D触发器、JK触发器、T触发器的状态转换图。

4. 电路如图5-47所示。分析能实现$Q^{n+1}=\overline{Q}^n$的电路是哪一个电路。

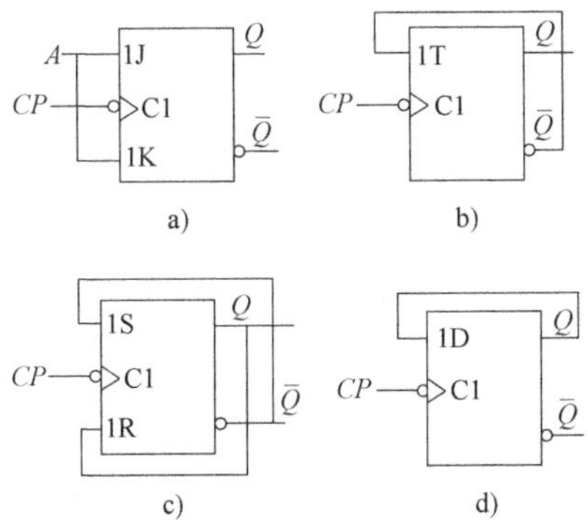

图5-47　题4图

5. 试分析图5-48所示的计数器电路，写出它的驱动方程、状态方程，列出状态转换表和状态图，画出时序图，并说明是几进制计数器。

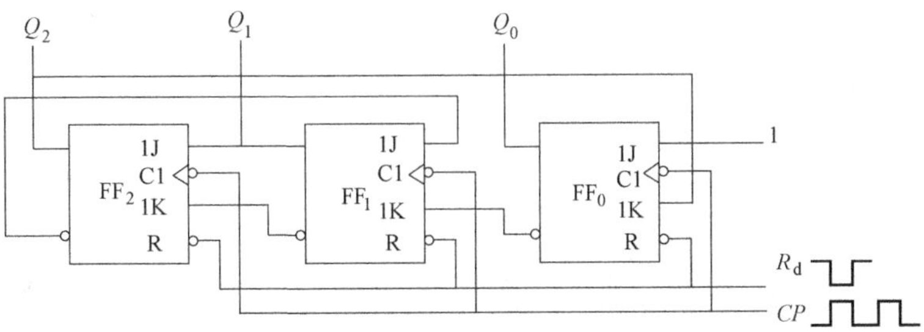

图5-48　题5图

6. 试分析图5-49所示的电路，画出它的状态图，说明它是几进制计数器。

7. 试用74LS290的异步清零功能设计一个七进制计数器。

8. 试用两片74LS161设计一个二十四进制计数器。

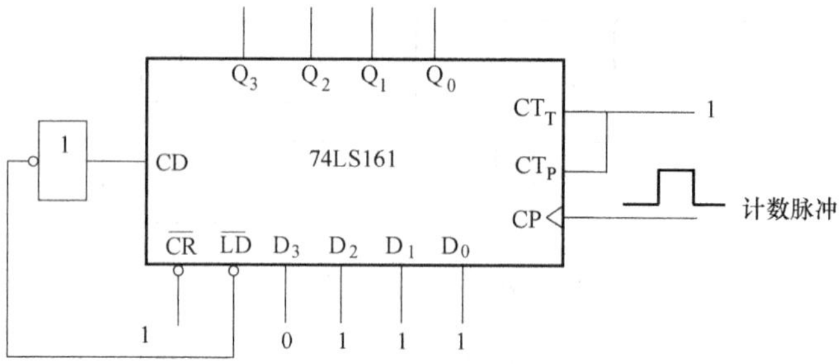

图 5-49 题 6 图

课题 6

报警器的制作与调试

学习目标

1）掌握由 555 定时器构成的基本应用电路。

2）理解 555 定时器的功能。

3）了解 555 定时器电路的结构和原理。

工作任务

1）小组制订工作计划。

2）识读声光控防盗报警器原理图，明确元器件连接和电路连线。

3）根据声光控防盗报警器原理图画出布线图。

4）根据布线图制作防盗报警器电路。

5）完成防盗报警器功能检测和故障排除。

6）通过小组讨论完成电路的详细分析，并编写实训报告。

课题导入

在数字系统中，除了数字“0”和“1”以外，一般还存在时钟脉冲（CP），它是具有一定幅度和一定频率的矩形波。通常得到矩形波的方法很多，目前应用较多的是利用 555 定时器来实现。

图 6-1 所示为汽车防盗报警器的部件图，图 6-2 所示为声光控防盗报警器原理图。本课

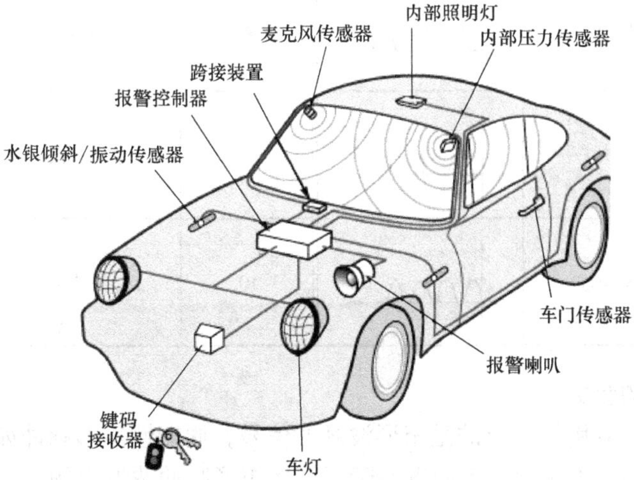

图 6-1　汽车防盗报警器的部件图

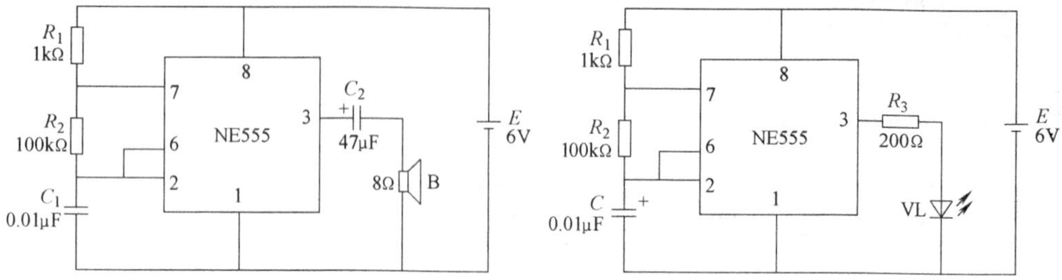

图 6-2 声光控防盗报警器原理图

题通过使用 555 定时器制作声光控防盗报警器来学习 555 定时器的相关知识。

知识链接一 脉冲的基础知识

一、脉冲信号的定义

脉冲信号是指在短暂时间内作用于电路的电压或电流。常见的脉冲信号及波形见表6-1，该表列出了矩形波、锯齿波、三角波、顶尖波、梯形波和阶梯波等脉冲信号。

表 6-1 常见的脉冲信号及波形

编号	脉冲名称	脉冲波形	编号	脉冲名称	脉冲波形
1	矩形波		6	全波整流波	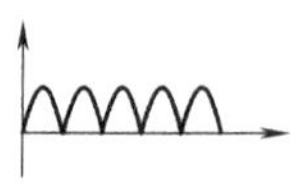
2	方波	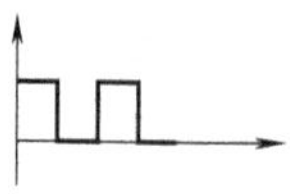	7	晶闸管控制波	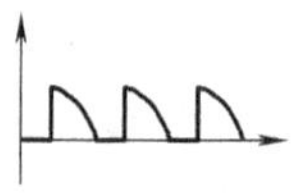
3	梯形波	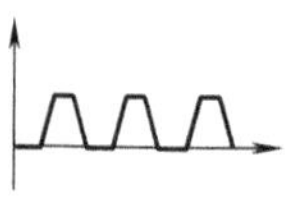	8	等腰三角波	
4	顶尖波	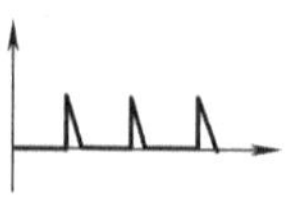	9	阶梯波	
5	半波整流波	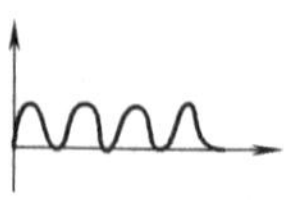	10	锯齿波	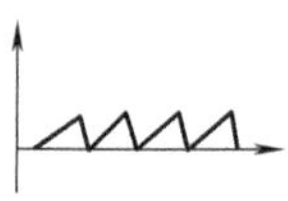

二、脉冲信号的参数

在脉冲信号中，应用最广泛的是矩形波脉冲信号，周期性矩形脉冲如图 6-3 所示，实际周期性矩形脉冲如图 6-4 所示。下面以实际周期性矩形脉冲波形为例来说明脉冲信号的一些参数。

脉冲信号的参数有：

（1）脉冲幅度 V_m，指脉冲的最大值，描述脉冲信号的强弱。

（2）脉冲的上升沿时间 t_r，指脉冲从 $0.1V_m$ 上升到 $0.9V_m$ 所需的时间，描述脉冲上升沿的陡峭程度。

（3）脉冲的下降沿时间 t_f，指脉冲从 $0.9V_m$ 下降到 $0.1V_m$ 所需的时间，描述脉冲下降沿的陡峭程度。

（4）脉冲宽度 t_w，指脉冲上升沿 $0.5V_m$ 到脉冲下降沿 $0.5V_m$ 的时间长度，描述脉冲高电平的宽度。

（5）脉冲周期 T，指在周期性脉冲中，相邻的两个脉冲对应点之间的时间长度。周期的倒数就是这个脉冲的频率，即 $f=1/T$，描述脉冲的疏密程度。

（6）占空比 Q，指脉冲宽度与脉冲周期的比值，即 $Q=t_w/T$。方波的占空比 $Q=0.5$，描述脉冲高电平占整个波形的比例。

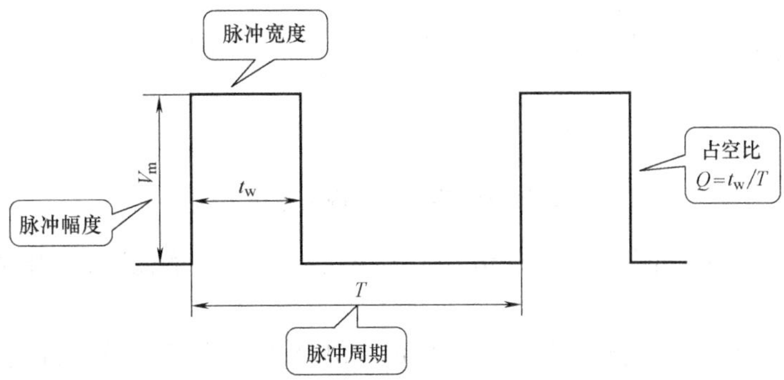

图6-3　周期性矩形脉冲

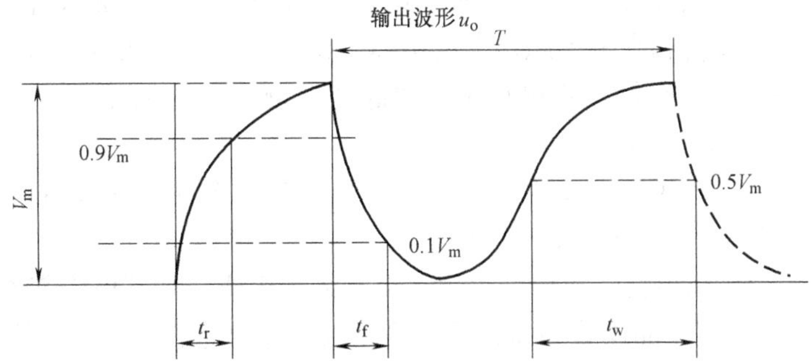

图6-4　实际周期性矩形脉冲

知识链接二　555定时器及其应用

555定时器在脉冲波形的产生与变换、仪器仪表、测量与控制、家用电器与电子玩具等领域得到了广泛的应用。

1. 555 定时器的内部电路结构（见图 6-5）

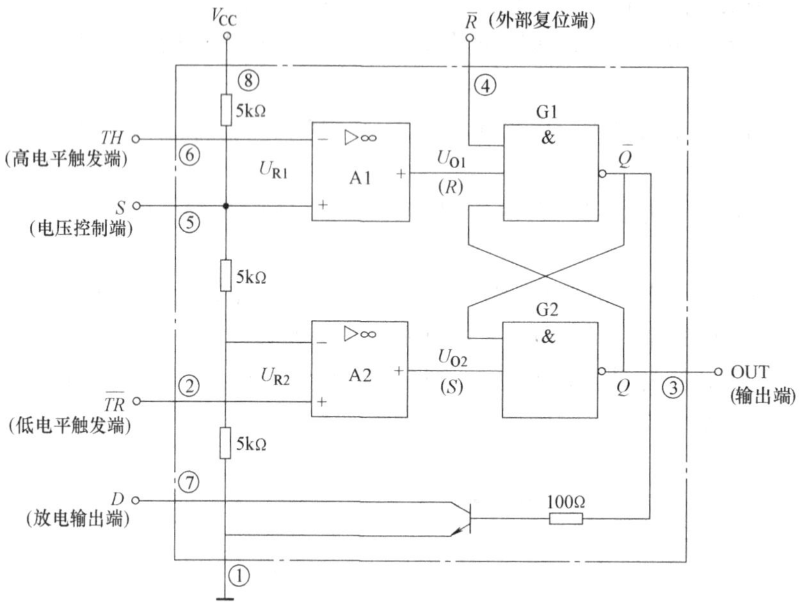

图 6-5 555 定时器的内部电路结构

555 定时器一般由电阻分压器、电压比较器、基本 RS 触发器、开关及输出电路等组成。

（1）电阻分压器　电阻分压器由三个等值的 5kΩ 电阻串联而成，将电源电压分为三等份，作用是为电压比较器提供两个参考电压 U_{R1}、U_{R2}，若电压控制端 S 悬空或通过电容接地，则 $U_{R1}=2V_{CC}/3$，$U_{R2}=V_{CC}/3$。

（2）电压比较器　电压比较器是由两个结构相同的集成运算放大器 A1、A2 构成的。A1 用来比较参考电压 U_{R1} 和高电平触发端的电压 U_{TH}：当 $U_{TH}>U_{R1}$ 时，$U_{O1}=0$；当 $U_{TH}<U_{R1}$ 时，$U_{O1}=1$。A2 用来比较参考电压 U_{R2} 和低电平触发端的电压 $U_{\overline{TR}}$：当 $U_{\overline{TR}}>U_{R2}$ 时，$U_{O2}=1$；当 $U_{\overline{TR}}<U_{R2}$ 时，$U_{O2}=0$。

（3）基本 RS 触发器　G1、G2 两个与非门交叉耦合，构成基本 RS 触发器。当 $RS=01$ 时，$Q=0$，$\overline{Q}=1$；当 $RS=10$ 时，$Q=1$，$\overline{Q}=0$。

（4）放电开关及输出电路　放电开关由一个晶体管组成，其基极受基本 RS 触发器的输出端 $\overline{Q}$ 控制。当 $\overline{Q}=1$ 时，晶体管导通，放电输出端通过导通的晶体管为外电路提供放电的通路；当 $\overline{Q}=0$ 时，晶体管截止，放电通路被截断。

2. 555 定时器的基本功能

555 定时器的基本功能见表 6-2。

表 6-2　555 定时器的基本功能

U_R	高电平触发端电压 U_{TH}	低电平触发端电压 $U_{\overline{TR}}$	OUT	放电输出端 D
0	×	×	0	与地导通
1	$>\frac{2}{3}V_{CC}$	$>\frac{1}{3}V_{CC}$	0	与地导通

（续）

U_R	高电平触发端电压 U_{TH}	低电平触发端电压 $U_{\overline{TR}}$	*OUT*	放电输出端 *D*
1	$<\frac{2}{3}V_{CC}$	$>\frac{1}{3}V_{CC}$	保持原状态不变	保持原状态不变
1	$<\frac{2}{3}V_{CC}$	$<\frac{1}{3}V_{CC}$	1	与地断开

3. 555 定时器的引脚排列和逻辑符号（见图 6-6）

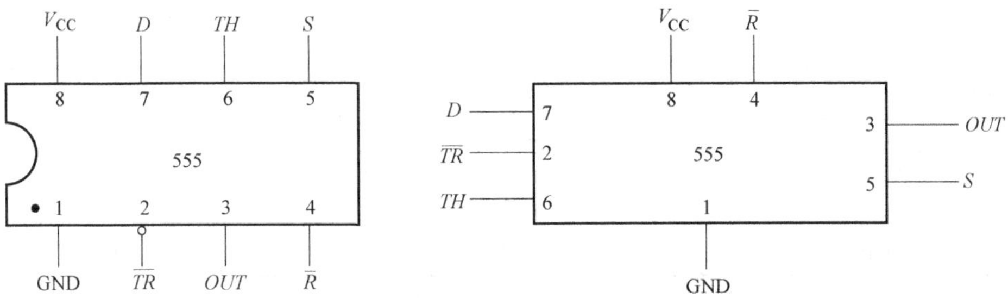

a) 引脚排列　　b) 逻辑符号

图 6-6　555 定时器的引脚排列和逻辑符号

4. 555 电路外部各引脚作用（见表 6-3）

表 6-3　555 电路外部各引脚作用

类别	引脚	符号	名称	说　明
电源	8	V_{CC}或 V_{DD}	电源正	外接电源正端（TTL：V_{CC}，CMOS：V_{DD}）
	1	GND（V_{SS}）	电源负	外接电源负端（TTL：GND，CMOS：V_{SS}）
输入端	2	$\overline{TR}$	低电平触发端	当该脚电位低于$\frac{1}{3}V_{CC}$时，3 脚输出为“1”
	6	*TH*	高电平触发端	当该脚电位高于$\frac{2}{3}V_{CC}$时，同时 2 引脚高于$\frac{1}{3}V_{CC}$，3 脚输出为“0”
	4	$\overline{R}$	外部复位端	只要 4 脚输入为“0”，3 脚输出为“0”。定时器正常工作时该引脚应接“1”
	5	*S*	电压控制端	一般该引脚对地接一个 0.01μF 的抗干扰电容
输出端	3	*OUT*	输出端	推拉输出结构，带灌电流负载能力和拉电流负载能力相同，对于 TTL 型来说为 200mA
	7	*D*	放电输出端	输出逻辑状态与 3 脚相同，输出“1”时为高阻态

5. 555 电路的主要技术参数（见表 6-4）

表 6-4　555 电路的主要技术参数

参　数	TTL 型	CMOS 型
电源电压/V	4.5～16	3～18
静态电源电流/mA	10	0.12
定时精度（%）	1	2

（续）

参　　数	TTL 型	CMOS 型
高电平触发端电压	$\frac{2}{3}V_{CC}$	$\frac{2}{3}V_{CC}$
高电平触发端电流/μA	0.1	0.00005
低电平触发端电压	$\frac{1}{3}V_{CC}$	$\frac{1}{3}V_{CC}$
低电平触发端电流/μA	0.5	0.00005
复位端复位电压/V	1	1
复位端复位电流/μA	400	0.1
放电端放电电流/mA	200	10～50
输出端驱动电流/mA	200	1～20
最高工作频率/kHz	500	500

知识链接三　555 定时器的基本应用电路

555 定时器的应用非常广泛，其典型应用主要有三种基本电路形式：施密特触发器、单稳态触发器和多谐振荡器。

一、施密特触发器

1. 施密特触发器的电路结构与工作原理

将 555 定时器的高电平触发输入端 6 和低电平触发输入端 2 连在一起，便构成了施密特触发器。施密特触发器电路如图 6-7 所示，其输入、输出波形如图 6-8 所示。

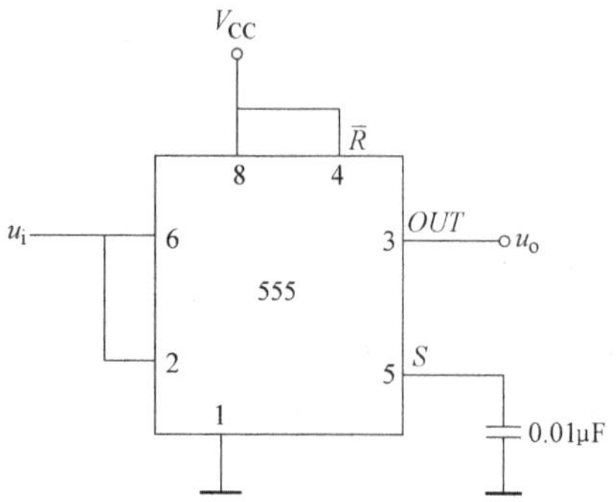

图 6-7　施密特触发器电路

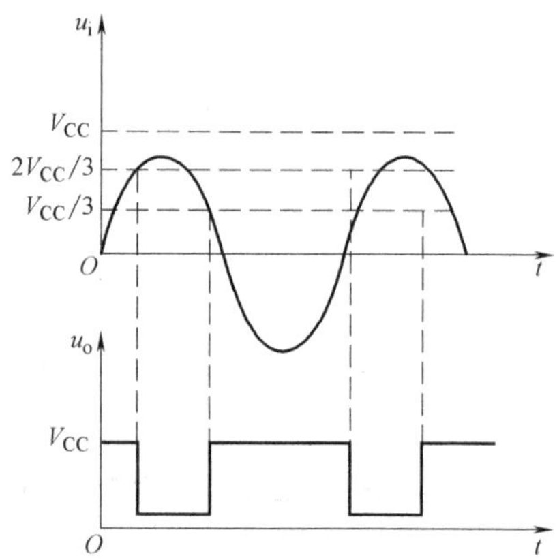

图 6-8　施密特触发器的输入、输出波形

其工作原理如下：

不论输入波形如何，只要输入 u_i 达到$\frac{2}{3}V_{CC}$，输出端 u_o 则为低电平“0”；当输入 u_i

降至$\frac{1}{3}V_{CC}$时，输出端u_0则为高电平“1”；当输入在$\frac{1}{3}V_{CC}$和$\frac{2}{3}V_{CC}$之间时，输出保持原状态不变。$\Delta U_T=U_{R1}-U_{R2}$。若控制端S悬空或通过电容接地，$U_{R1}=\frac{2}{3}V_{CC}$，而$U_{R2}=\frac{1}{3}V_{CC}$，则

$$\Delta U_T=U_{R1}-U_{R2}=\frac{1}{3}V_{CC} \tag{6-1}$$

若控制端S外接控制电压U_S，$U_{R1}=U_S$，而$U_{R2}=\frac{1}{2}U_S$，则

$$\Delta U_T=U_{R1}-U_{R2}=\frac{1}{2}U_S \tag{6-2}$$

图6-9所示为S端悬空或通过电容接地的施密特触发器电压传输特性，同时也反映了回差电压的存在，这种现象称为电路传输滞后特性。回差电压越大，施密特触发器的抗干扰性能越好，但随着回差电压增大，施密特触发器的灵敏度也会相应降低。

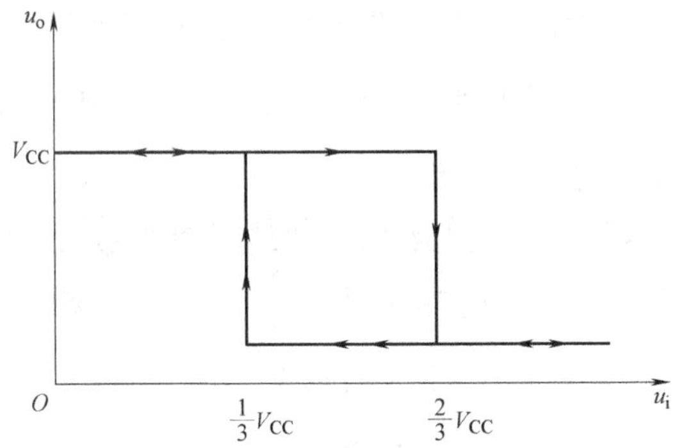

图6-9　施密特触发器电压传输特性

2. 施密特触发器的典型应用

施密特触发器的典型应用有：波形变换、脉冲整形和幅度鉴别等。

（1）波形变换　通过波形变换可以将非矩形波变换为矩形波，如图6-10a所示。

（2）脉冲整形　脉冲信号在传输过程中如果受到干扰，其波形会产生变形。可利用施密特触发器进行整形，将变形的矩形波变成规则的矩形波。如图6-10b所示。

（3）幅度鉴别　其工作波形如图6-10c所示。

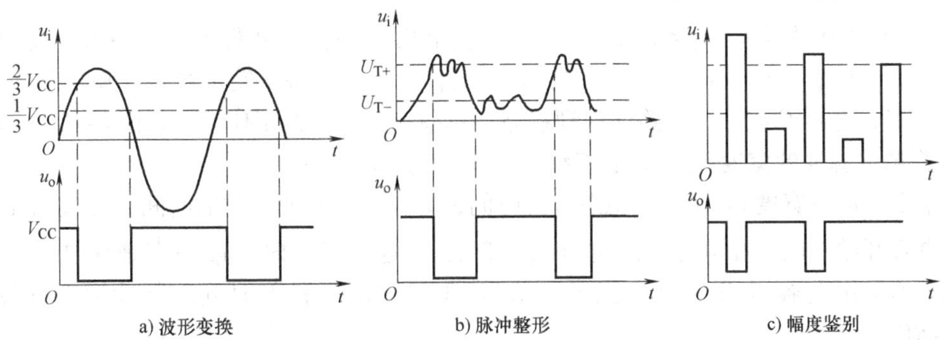

图6-10　施密特触发器的典型应用

3. 555定时器构成的施密特触发器应用举例

继电器及控制照明灯电路如图6-11所示。当C点为高电位时，继电器KA的线圈通电，其常开触点闭合，接通照明灯电源使照明灯亮。当C点为低电位时，继电器KA的线圈断

电，其常开触点断开，照明灯不亮。VD_2 作续流二极管，以防止 KA 线圈断电时产生的感应

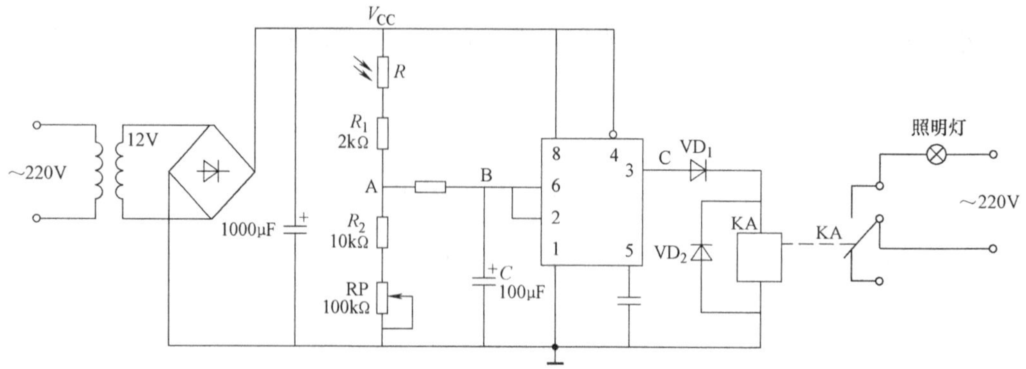

图 6-11 继电器及控制照明灯电路

电动势损坏定时器。整个电路的工作原理如下：当天黑时，光敏电阻 R 无光照而使其阻值增大，A 点电压小于$\frac{1}{3}V_{CC}$，电容 C(100μF) 放电使 B 点电压与 A 点相同，这时 555 定时器 3 端输出高电平，继电器 KA 线圈通电，KA 常开触点闭合，照明灯接通电源而发亮（注意光敏电阻安装位置应避开照明灯等光源的照射；当天亮后，自然光照射光敏电阻，使其阻值变小，从而使 A 点电压大于$\frac{2}{3}V_{CC}$，这时 555 定时器 3 端输出低电平，继电器 KA 线圈断电，其常开触点断开，照明灯熄灭。

二、单稳态触发器

1. 单稳态触发器的电路结构与原理

单稳态触发器电路如图 6-12 所示。电路中高电平触发端 TH 和放电输出端 D 直接相连，低电平触发端$\overline{TR}$接输入电压 u_i。它采用电阻 R 和电容 C 组成 RC 定时电路，用于调节输出信号的脉冲宽度 t_W。其工作原理如下：

若$\overline{TR}$端加的触发信号 $u_i < V_{DD}/3$，内部触发器发生翻转，电路进入暂稳态，输出端 u_o 输出高电平“1”；此后电容 C 充电，至 $u_C = 2V_{CC}/3$ 时，电路又发生翻转，输出端 U_o 输出低电平“0”；电容 C 放电，电路又回到稳态。单稳态触发器的工作波形如图 6-13 所示。

2. 高电平脉冲的宽度 t_W（暂稳态维持时间）的计算

高电平脉冲的宽度 t_W 又称暂稳态维持时间，即电路定时或延时的时间。当 u_o 输出高电平时，电容开始充电，在电容上的电压 $u_C < 2V_{CC}/3$ 这段时间内，u_o 一直是高电平。因此，脉冲宽度即是由电容 C 开始充电至 $u_C = 2V_{CC}/3$ 的这段暂稳态时间。脉冲宽度计算公式 $t_W \approx 1.1RC$。

3. 555 定时器构成的单稳态触发器应用举例——555 触摸定时开关

集成电路 IC1 是一片 555 定时电路，在这里连接成单稳态触发器电路，即 555 触摸定时开关，如图 6-14 所示。平时由于触摸片 P 端无感应电压，电容 C_1 通过 555 定时器的第 7 脚放电完毕，第 3 脚输出为低电平，继电器 KA 释放，灯 EL 不亮。此电路中，脉冲宽度为 $t_W = 1.1R_1C_1$。

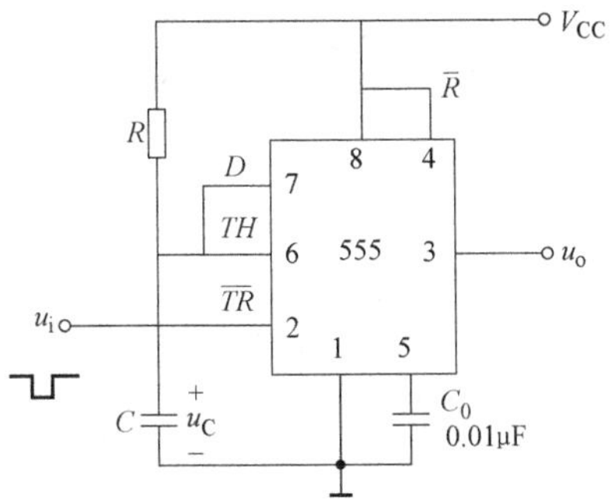

图 6-12　单稳态触发器电路

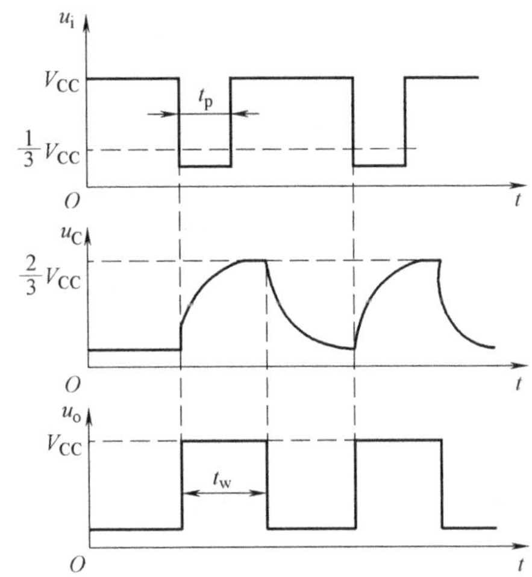

图 6-13　单稳态触发器的工作波形

三、多谐振荡器

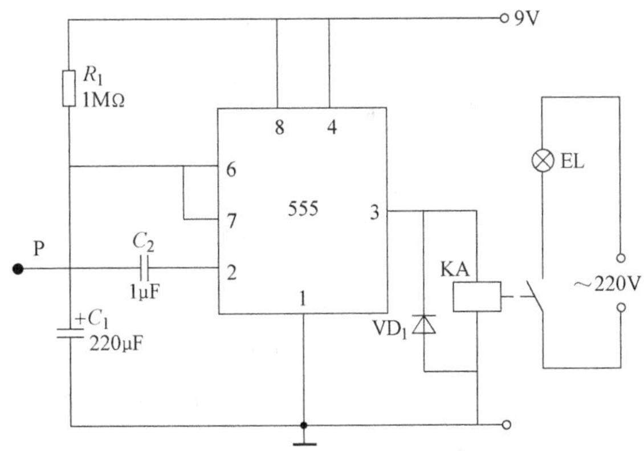

图 6-14　555 触摸定时开关

1. 自激多谐振荡器

自激多谐振荡器电路如图 6-15 所示电路，高电平触发端 TH 和低电平触发端 $\overline{TR}$ 直接相连，无外部信号输入，放电输出端 D 接在两个电阻之间。这个电路采用电阻、电容组成 RC 定时电路，用于设定脉冲的周期 T 和宽度 t_W。调节 R_W 或电容 C，可得到不同的时间常数；还可产生周期和脉冲宽度可变的矩形波输出，占空比为

$$Q=\frac{t_W}{T}=\frac{R_1+R_W+R_2}{R_1+R_W+2R_2} \tag{6-3}$$

此电路的分析方法与单稳态触发器电路相似，但需要注意的是此时电容 C 的充电电阻是 $R_1+R_W+R_2$，放电电阻是 R_2。当 u_C（电容两端电压）是低电平时，555 定时器低电平触发，u_o 输出为高电平，电容经（$R_1+R_W+R_2$）充电；当充电至 $u_C=u_{TH}>2V_{CC}/3$ 时，电路进入高电平触发，输出电压 u_o 变为低电平，电容经 R_2 放电；当放电至 $u_C=u_{TR}<V_{CC}/3$ 时，电路又进入低电平触发，u_o 变为高电平。如此周而复始，循环不止，从而输出连续脉冲信号。自激多谐振荡器的工作波形如图 6-16 所示。

2. 防盗报警器

下面以一个实例来说明 555 定时器在防盗报警系统中的应用。

【例 6-1】　试分析图 6-17a 所示电路中 555 定时器接成何种电路，并求振荡周期和频率。

分析：图 6-17a 所示电路中，555 定时器及其外围电路组成一个可控多谐振荡器。

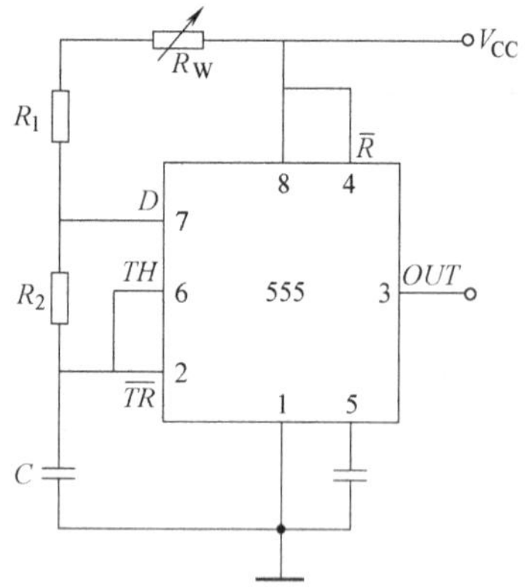

图 6-15 自激多谐振荡器电路

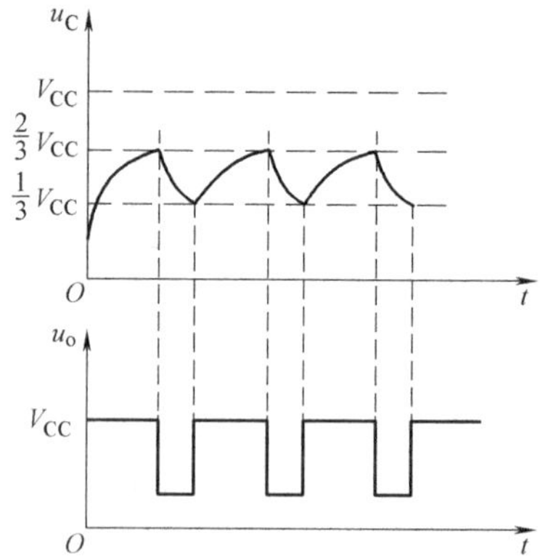

图 6-16 自激多谐振荡器的工作波形

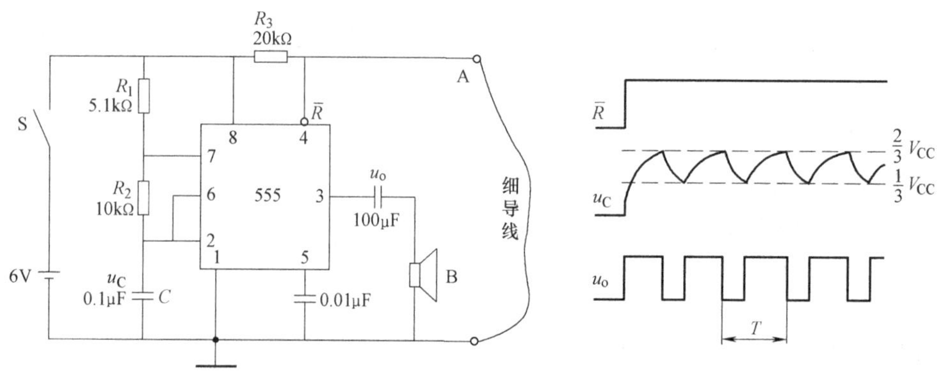

a) 电路　　b) 工作波形

图 6-17 防盗报警器电路

由图 6-17a 中元件的数值可计算出振荡周期和频率为

$$T=0.7(R_1+2R_2)C=[0.7\times(5.1+2\times10)\times10^{-7}]\text{s}=1.76\times10^{-6}\text{s}$$

$$f=\frac{1}{T}=5.68\times10^{5}\text{Hz}$$

3. 石英晶体多谐振荡器

前面介绍的多谐振荡器缺点是振荡频率不稳定，容易受温度、电源电压波动和 RC 参数误差的影响，不适用于对频率稳定性要求较高的场合。要得到频率稳定性和频率准确度均很好的脉冲信号，一般采用的是石英晶体构成的振荡电路，简称晶振。

图 6-18 所示为石英晶体的阻抗频率特性。可以看出，石英晶体具有很好的选频特性。石英晶体多谐振荡器的主要特点为频率稳定性高，其振荡频率只取决于石英晶体的固有振荡频率f_0，而与 RC 无关。图 6-19 所示为并联石英晶体多谐振荡器。其中，R_f 为反馈电阻，阻值为 10～100MΩ，为 G1 提供偏置；C_1 为温度校正电容；C_2 为频率微调电容；G2 起整形和缓冲作用。

不论石英晶体多谐振荡器采用哪种电路形式，其电路输出信号频率通常选择为 32768Hz，此频率经 15 次分频后可得到 1Hz 的时钟脉冲信号，这个 1Hz 的信号常作为计时或测量的基准信号。

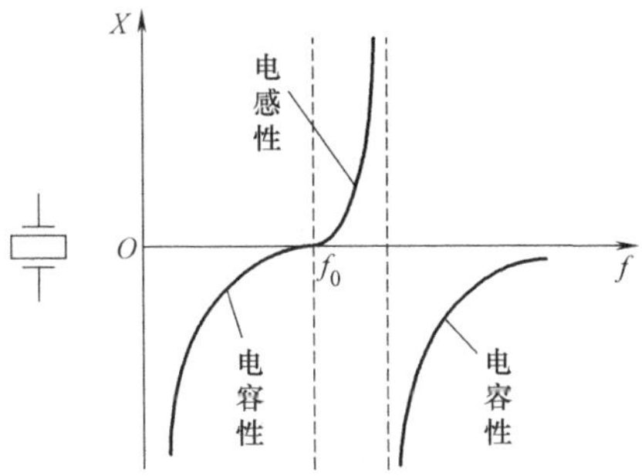

图6-18　石英晶体的阻抗频率特性

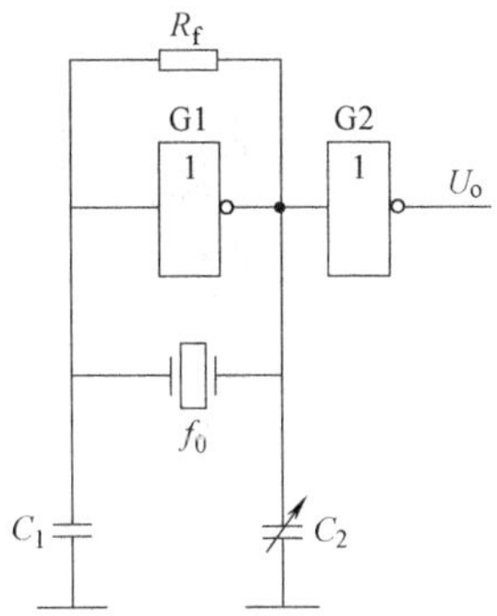

图6-19　并联石英晶体多谐振荡器

技能训练　555时基电路及其应用

1. 训练目的

（1）了解555时基电路的工作原理及定时元件 R、C 对振荡周期和脉冲宽度的影响。

（2）掌握用555定时器构成定时电路的方法。

2. 训练设备与器件

（1）训练设备　数字逻辑电路实验箱，学生电源各一台，双踪示波器、函数发生器各一台。

（2）训练元器件　555定时器一个，LED灯、电阻、电容若干。

3. 训练步骤

将555定时器按图6-20a、b、c接线分别进行实验。

（1）多谐振荡器

1）按图6-20a所示接线，输出端接LED灯和示波器，并把10μF电容串入电路中。

2）接线完毕，检查无误后，接通电源，555定时器开始工作。这时可看到LED灯开始闪烁，调节RP，从双踪示波器上观测脉冲波形的变化并记录波形。

3）接通电容C，调节RP，观察输出波形的变化，并记录输出波形及其频率。

（2）施密特触发器

1）按图6-21所示接线。其中555定时器的2脚和6脚接在一起，接至三角波（或正弦波）函数发生器的输出端（幅值调至5V），555定时器的输出端3脚接双踪示波器。

2）接线无误后，接通电源，输入三角波或正弦波，并调至一定频率，观察输入、输出波形的形状。

3）调节RP，并使外加电压 u_i 变化，观察双踪示波器上输出波形的变化。

（3）单稳态触发器　按图6-20c所示接线，u_i 接矩形脉冲，输出 *OUT* 接LED灯。

调节RP为最大值10kΩ，输入单次脉冲一次，观察LED灯亮的时间。

调节RP，再进行重复的操作，观察LED灯亮的时间。使用者也可更换电容 C_1，再进行上述操作，观察输出 *OUT* 的延时情况。

注意：在以上实验中，集成电路不能带电连接导线和拆卸导线。通过实验，完成以下

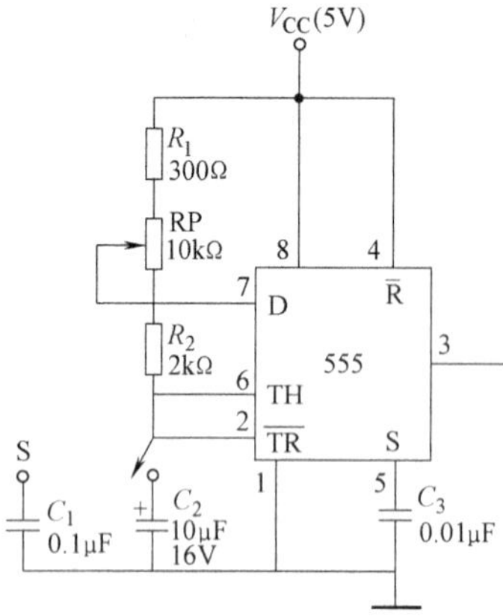

a) 多谐振荡器

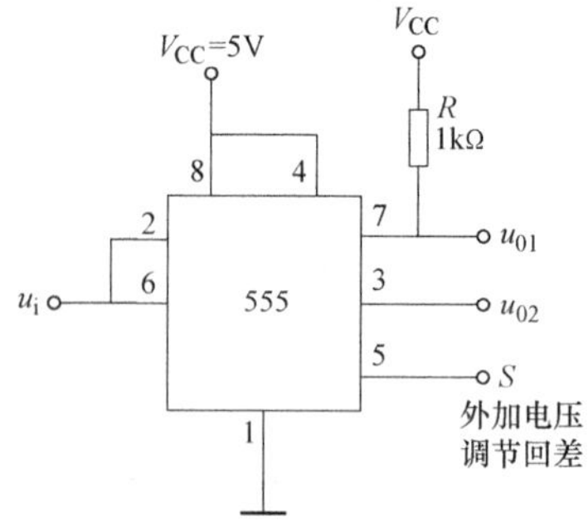

b) 施密特触发器

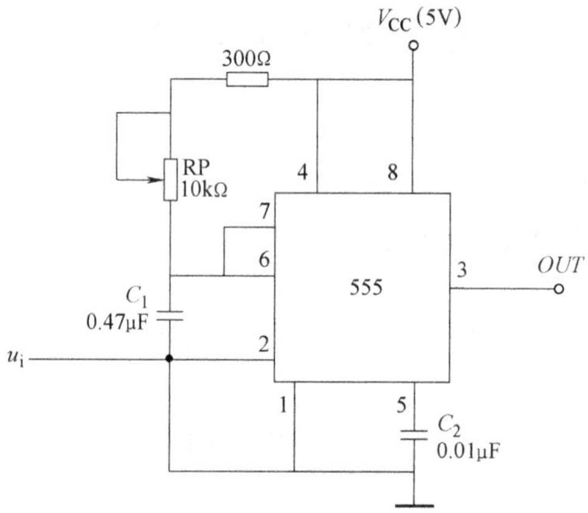

c) 单稳态触发器

图 6-20　555 定时器的应用

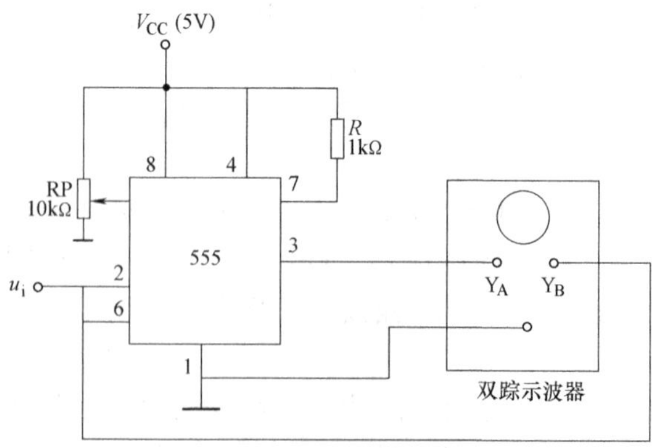

图 6-21　555 定时器构成的施密特触发器电路

任务：

1）记录各实验波形。

2）t_W 理论计算值和实际测得值的误差为多少？

综合训练 防盗报警器的制作

1. 训练前准备

根据电路图在面包板示意图上画出各元件、导线连接的位置，用图形符号表示各元件，并标出对应的文字符号。面包板（规范画图）如图6-22所示。

图6-22 面包板

2. 训练目的

（1）了解555定时器构成的多谐振荡电路的基本组成和电路结构，555定时器构成的多谐振荡电路如图6-23所示。

（2）能够根据电路图完成闪光电路和音响电路的安装，并能将两块555定时器构成的电路连接起来，组成声光报警电路。

3. 训练设备与元器件

（1）训练设备 直流稳压电源、数字式万用表各1个。

（2）训练元器件

1）A组训练元器件：连接导线若干根，镊子、面包板、NE555、电阻200Ω（红黑棕金）、1kΩ（棕黑红金）、100kΩ（棕黑黄金）、10μF电解电容、发光二极管各一个。

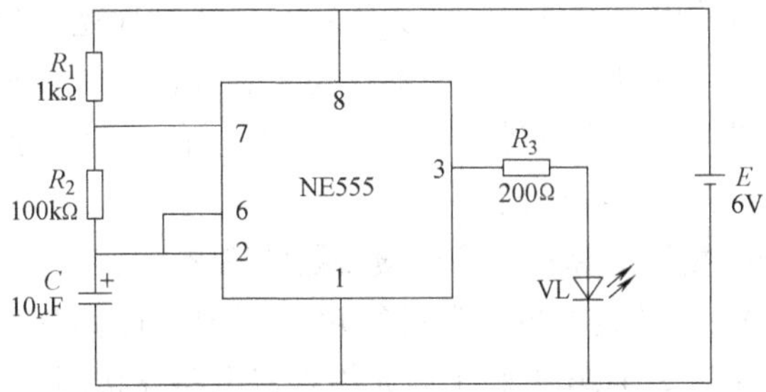

图6-23 555定时器构成的多谐振荡电路

2）B组训练元器件：连接导线若干根，镊子、面包板、NE555、电阻1kΩ（棕黑红金）、100kΩ（棕黑黄金）、无极性小电容0.01μF（103）、47μF电解电容、8Ω的扬声器各一个。

4. 训练内容

完成闪光电路和音响电路的安装训练步骤如下：

1）清点元器件。

2）检测元器件质量。

3）根据电路图规范安装。A组按图6-24所示安装，B组按图6-25所示安装（元器件

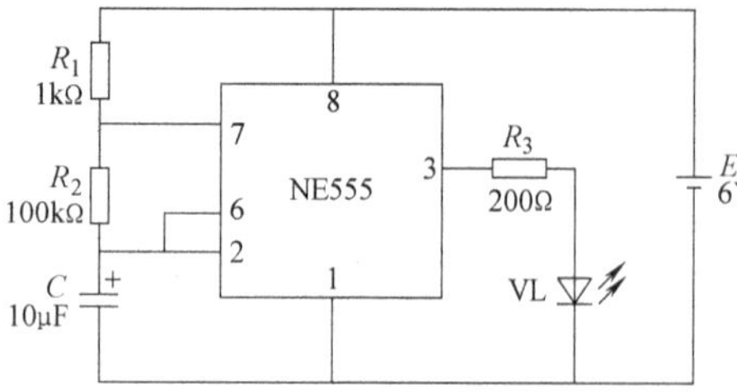

图 6-24　报警器声控电路

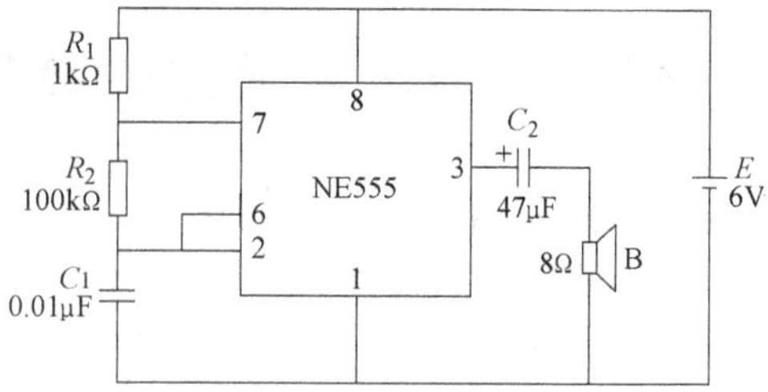

图 6-25　报警器光控电路

安装根据从左到右，从上到下的顺序进行；元器件在面包板上的排列和布线应满足在方便的同时又便于查线的要求；元器件安装尽量做到横平竖直，不能跨接在 555 定时器上)；

4) 调试电路。安装完毕后检查元器件的极性、位置、参数等是否正确，再通电调试。

5) 若电路无法正常工作，则需检查电路的故障并逐一排除。安装电路故障查询指导见表 6-5。

表 6-5　安装电路故障查询指导

故 障 现 象	可能原因及排查顺序	检查或排除方法
发光二极管不亮	电源问题	检查电压是否为 6V，正、负极连接是否正确
	发光二极管极性装反或损坏	用目测法检查极性是否正确；用万用表检测发光二极管的性能
	555 定时器已损坏	更换 555 定时器，则故障排除
发光二极管不闪	R_1、R_2 断路	将 R_1、R_2 重新安装保持接触良好，则故障排除
	2、6 脚间连接导线断路	将 2、6 脚间连接导线重新安装，保持接触良好，则故障排除
	C 断路	将 C 重新安装，保持接触良好，则故障排除
	555 定时器已损坏	更换 555 定时器，则故障排除

音响电路的常见故障为无声，检查顺序是从输出端（右端）往输入端（左端）由后往前查。用目测法先检查元器件位置、极性、参数是否正确，再考虑接触是否良好，可用万用表测量电阻的方法进行判断，如 R_1 上的一个引脚与 8 脚之间的电阻值应为零，若不为零，则表示此段导线断路。

5. 拓展提高——声光报警器的安装

A、B 两组四位同学进行声光报警器电路连接的实践尝试，使得声光多谐振荡工作同步，并在图 6-26 上画出声光报警器电路连接图（在原有电路图上进行改装）。

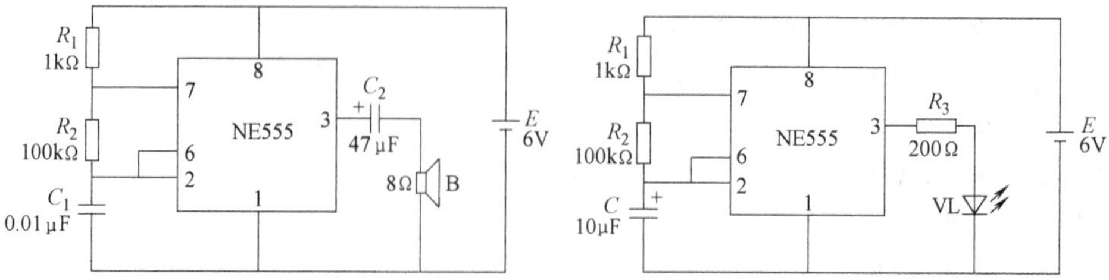

图 6-26　报警器原理图

6. 训练报告

完成电路的详细分析并编写训练报告，见附录D。

课 题 小 结

555定时器是一种模拟电路与数字电路相结合的中规模集成电路，它电路简单、使用灵活方便、用途广泛。只要外部配接少数几个阻容元件便可组成施密特触发器、单稳态触发器、多谐振荡器等电路。施密特触发器常用作波形变换、幅度鉴别和脉冲整形电路；单稳态触发器常用作定时或延时电路；多谐振荡器常用来输出一定频率的矩形波去控制或触发其他电路。

思考与练习

1. 什么是脉冲信号？矩形脉冲的主要技术参数有哪些？

2. 简述555定时器各引脚的作用。

3. 施密特触发器的电压传输特性有什么特点？上限触发电平、下限触发电平及回差电压的定义是什么？施密特触发器的主要应用有哪些？

4. 单稳态触发器电路有什么特点？如何计算暂稳态时间？单稳态触发器的主要应用有哪些？

5. 多谐振荡器电路有什么特点？如何计算多谐振荡器的工作频率？

6. 采用555定时器构成施密特触发器、单稳态触发器及多谐振荡器的电路。（画出电路图）

7. 用555定时器设计一个30s的定时电路。

8. 用555定时器设计一个频率为1Hz的矩形波电路。

9. 图6-27所示为555定时器构成的施密特触发器，请根据电路图回答下列问题。

1）假设 $V_{CC}=5V$，则电路的 U_{T+}，U_{T-} 各为多少？

2）画出电路的电压传输特性曲线 $u_o=f(u_i)$，如果在 u_i 端加一个三角波，其峰—峰值为 $-5\sim5V$，定性画出输出电压 u_o的波形。

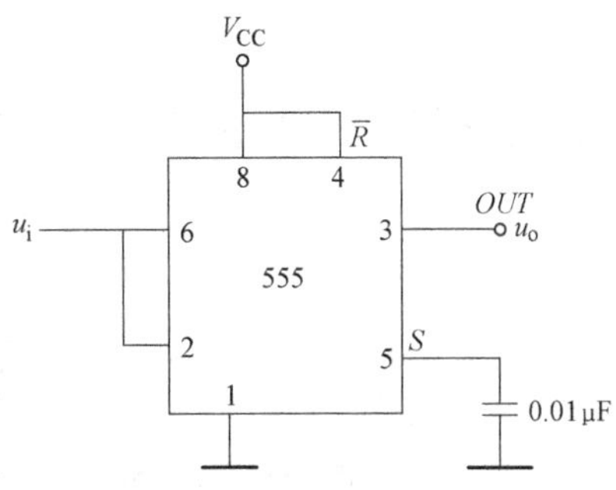

图6-27　施密特触发器

10. 555定时器主要由哪几部分构成？请简述各部分所起的作用。

课题 7 D/A转换与A/D转换

学习目标

1）掌握 D/A 转换集成芯片 DAC0832 的性能及其使用方法；掌握 A/D 转换集成芯片 ADC0809 的性能及其使用方法。

2）理解 D/A 转换器和 A/D 转换器的概念和作用。

3）了解 A/D 转换器、D/A 转换器在计算机控制系统中的作用。

工作任务

1）小组制订工作计划。

2）识别原理图，明确元器件连接和电路连线。

3）根据要求测试 ADC0809，并总结测试结果。

4）根据要求测试 DAC0832，并总结测试结果。

课题导入

（1）D/A 转换器（DAC）　将数字信号转换成模拟信号的电路称为 D/A（数字-模拟）转换器。

（2）A/D 转换器（ADC）　将模拟信号转换成数字信号的电路称为 A/D（模拟-数字）转换器。

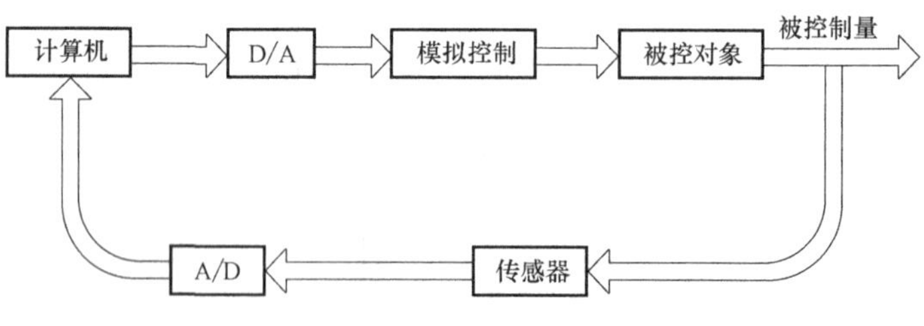

图 7-1　计算机控制系统结构示意框图

随着计算机技术的飞速发展与广泛应用，用数字电路处理模拟信号的情况越来越多。图 7-1 所示为计算机控制系统结构示意框图。在用计算机对生产过程进行控制时，经常要用传感器将温度、流量、压力及液位等物理量检测出来，并转换成相应的模拟电流或电压，再由 A/D 转换器转换为数字信号，然后送入计算机处理；计算机处理后发出的控制信号或数据仍为数字量，若执行机构是伺服电动机等模拟控制器，则需用 D/A 转换器将数字量转换成相应的模拟信号，以控制伺服电动机等机构执行规定的操作。

实际上，在数据传输系统、自动测试设备、医疗信息处理、电视信号的数字化、图像信号的处理和识别、数字通信和语音信息处理等方面都离不开 A/D 和 D/A 转换器。

知识链接一 D/A 转换的基础知识

一、D/A 转换器的原理

数/模转换实质上就是将数字量转换成与之成正比的模拟量，数字量（$D_3D_2D_1D_0$）与模拟量 u_0 之间的转换关系如下

$$u_0 = K(D^3 \times 2^3 + D_2 \times 2^2 + D_1 \times 2^1 + D_0 \times 2^0)_{10}$$

$$u_0 = K(1 \times 2^3 + 0 \times 2^2 + 1 \times 2^1 + 1 \times 2^0)_{10}$$

其中，K 为比例系数。

组成 D/A 转换器的基本思路：将数字量按权展开相加，即得到与数字量成正比的模拟量。

图 7-2 所示是 D/A 转换器的输入—输出关系框图，其中 $D_0 \sim D_{n-1}$是输入的 n 位二进制数，u_0 是与输入二进制数成比例的输出电压。

图 7-3 所示是一个输入为 3 位二进制数的 D/A 转换器转换特性，它具体而形象地反映了 D/A 转换器的基本功能。

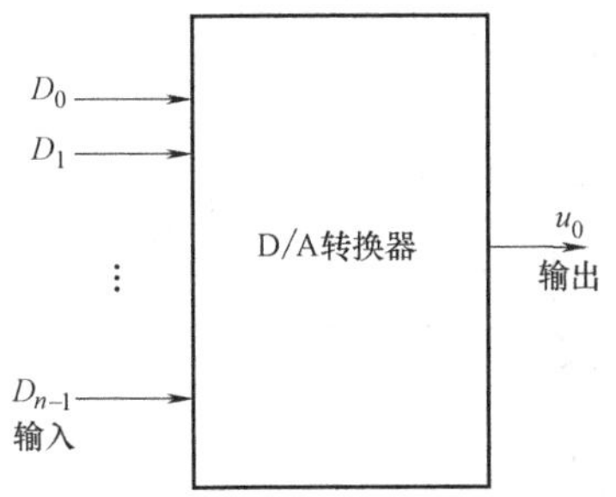

图 7-2 D/A 转换器的输入—输出关系框图

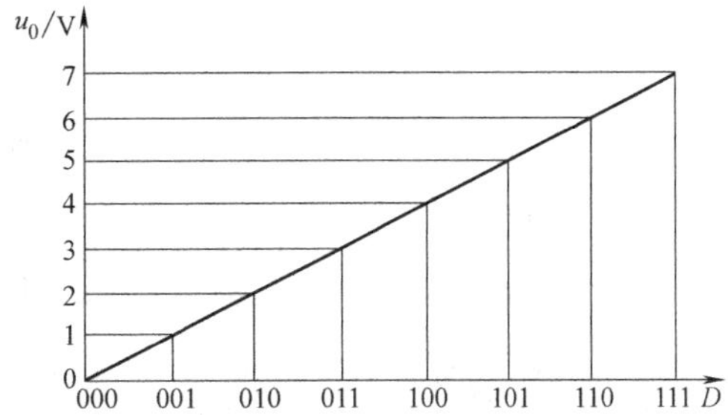

图 7-3 3 位 D/A 转换器的转换特性

n 位 D/A 转换器结构如图 7-4 所示，它由数码寄存器、电子模拟开关、解码网络、求和电路及基准电压几部分组成。

D/A 转换器的基本原理：数字量以串行或并行方式输入并存入数码寄存器中，经寄存器暂存后，输出的每位数位驱动对应数位上的电子模拟开关，并将在电阻解码网络中获得的相应数字权值送入求和电路，由求和电路将各权值相加得到与数字量对应的模拟量。

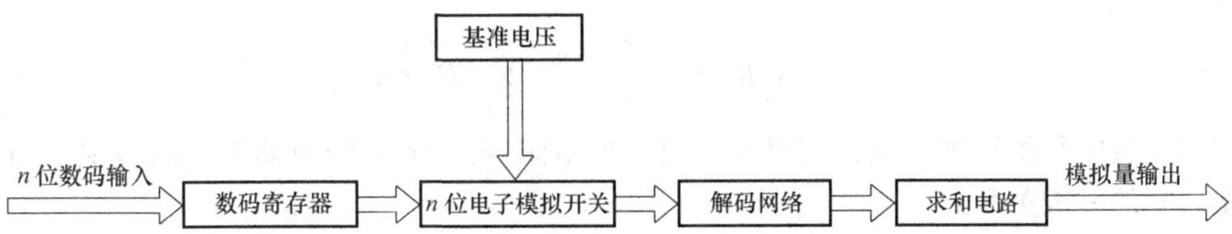

图 7-4 n 位 D/A 转换器框图

二、D/A 转换器的电路结构

D/A 转换器的核心部分是实现按权转换的电阻解码网络，按解码网络的不同，D/A 转换器主要分为权电阻网络 D/A 转换器、T 型电阻网络 D/A 转换器、倒 T 型电阻网络 D/A 转换器和权电流型 D/A 转换器等几类。

1. 倒 T 形电阻网络 D/A 转换器

D/A 转换器的种类很多，但在单片集成 D/A 转换器中，使用最多的是倒 T 形电阻网络 D/A 转换器。

四位倒 T 形电阻网络 D/A 转换器的原理电路如图 7-5 所示。

图中 $S_0 \sim S_3$ 为模拟开关；R—$2R$ 电阻解码网络呈倒 T 形；运算放大器 A 构成求和电路；S_i 由输入数码 D_i 控制：当 $D_i=1$ 时，S_i 接运算放大器的反相输入端（“虚地”），I_i 流入求和电路；当 $D_i=0$ 时，S_i 将电阻 $2R$ 接地。

无论模拟开关 S_i 处于何种位置，与 S_i 相连的 $2R$ 电阻均等效接“地”（地或虚地）。这样流经 $2R$ 电阻的电流与开关位置无关，为确定值。

分析 R—$2R$ 电阻解码网络不难发现，从每个接点向左看的二端网络等效电阻均为 R，流入每个 $2R$ 电阻的电流从高位到低位按 2 的整倍数递减。设由基准电压源提供的总电流为 $I\left(I=\dfrac{U_{REF}}{R}\right)$，则流过各开关支路（从右到左）的电流分别为 $I/2$、$I/4$、$I/8$ 和 $I/16$。

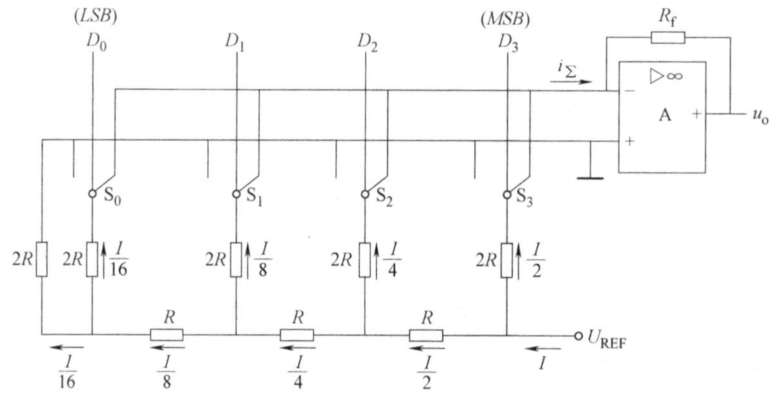

图 7-5 四位倒 T 形电阻网络 D/A 转换器的原理电路

于是可得总电流为

$$i_\Sigma=\frac{U_{REF}}{R}\left(\frac{D_0}{2^4}+\frac{D_1}{2^3}+\frac{D_2}{2^2}+\frac{D_3}{2^1}\right)=\frac{U_{REF}}{2^4R}\sum_{i=0}^{3}(D_i\cdot 2^i) \tag{7-1}$$

输出电压为

$$u_o=-i_\Sigma R_f=-\frac{R_f}{R}\frac{U_{REF}}{2^4}\sum_{i=0}^{3}(D_i\cdot 2^i) \tag{7-2}$$

将输入数字量扩展到 n 位，可得 n 位倒 T 形电阻网络 D/A 转换器的输出模拟量与输入数字量之间的一般关系式为

$$u_o=-\frac{R_f}{R}\frac{U_{REF}}{2^n}\sum_{i=0}^{n-1}(D_i\cdot 2^i) \tag{7-3}$$

设　$K=\frac{R_f}{R}\frac{U_{REF}}{2^n}$, $N_B=\sum_{i=0}^{n-1}(D_i\cdot 2^i)$，则

$$u_o=-KN_B \tag{7-4}$$

式（7-4）表明，输出模拟量与输入数字量成正比，由于在倒 T 形电阻网络 D/A 转换器中，各支路电流直接流入运算放大器的输入端，它们之间不存在传输上的时间差。电路的这一特点不仅提高了转换速度，而且也减少了动态过程中输出端可能出现的尖脉冲。它是目前广泛使用的 D/A 转换器中速度较快的一种。常用的 CMOS 开关倒 T 形电阻网络 D/A 转换器的集成电路有 AD7520（10 位）、DAC1210（12 位）和 AK7546（16 位高精度）等。

2. 权电流型 D/A 转换器

尽管倒 T 形电阻网络 D/A 转换器具有较高的转换速度，但由于电路中存在模拟开关电压降，当流过各支路的电流稍有变化时，就会产生转换误差。

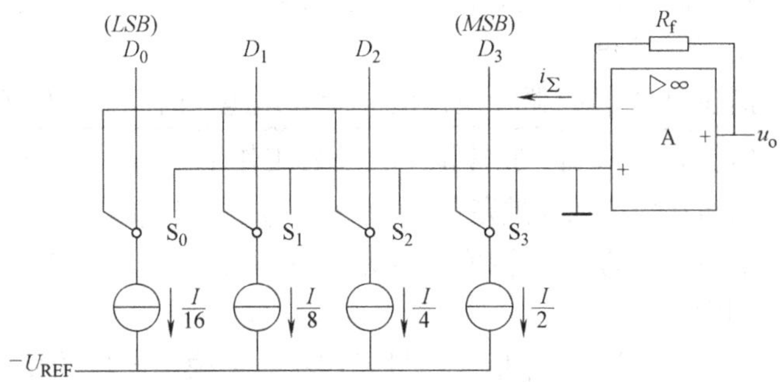

图 7-6　权电流型 D/A 转换器的原理电路

权电流型 D/A 转换器的原理电路如图 7-6 所示。在权电流型 D/A 转换器中采用了恒流源电路之后，各支路权电流的大小均不受开关导通电阻和压降的影响，降低了对开关电路的要求，提高了转换精度。采用这种权电流型 D/A 转换电路生产的单片集成 D/A 转换器有 AD1408、DAC0806、DAC0808 等。这些器件都采用双极型工艺制作，工作速度较高。

$$u_o=\frac{I}{2^n}R_f\sum_{i=0}^{n-1}(D_i\cdot 2^i) \tag{7-5}$$

三、D/A 转换器的主要技术指标

1. 转换精度

在 D/A 转换器中，一般用分辨率和转换误差描述转换精度。

（1）分辨率　输出电压的最小变化量与满量程输出电压之比称为转换器的分辨率。输入数字量位数越多，输出电压可分离的等级越多，即分辨率越高。所以在实际应用中，常用输入数字量的位数来表示 D/A 转换器的分辨率。

分辨率也可以用 D/A 转换器能分辨出来的最小输出电压（对应的输入数字量只有最低有效位为 1）与最大输出电压（对应的输入数字量所有有效位全为 1）之比来表示。

n 位 D/A 转换器的分辨率可表示为$\frac{1}{2^n-1}$。例如，在 8 位 D/A 转换器中，分辨率为

$$\frac{1}{2^8-1}=0.0039 \tag{7-6}$$

（2）转换误差　转换误差的来源很多，例如参考电压的波动、运算放大器的零点漂移、电子模拟开关的导通压降、倒 T 形电阻网络中电阻阻值的偏差等。D/A 转换器的绝对误差

（或绝对精度）是指输入端加入最大数字量（全1）时，D/A 转换器的理论值与实际值之差。该误差值应低于 $LSB/2$。

例如，一个8位的 D/A 转换器，对应最大数字量的模拟量理论输出值为$\frac{255}{256}U_{REF}$，而误差值为$\frac{1}{2}LSB=\frac{1}{512}U_{REF}$，所以 U_{REF}实际值不应超过$\left(\frac{255}{256}\pm\frac{1}{512}\right)U_{REF}$。

转换误差主要指静态误差，它包括：

1）非线性误差。它是由电子模拟开关的导通压降和电阻网络电阻阻值的偏差产生的，常用满刻度的百分数表示。

2）比例系数误差。它是由参考电压 U_{REF} 偏离规定值引起的，也用满刻度的百分数表示。

3）漂移误差。它是由运算放大器的零点漂移产生的。

2. 转换速度

描述 D/A 转换器转换速度的参数是建立时间 t_s和转换速率 S_R。

（1）建立时间 t_s通常是指大信号工作下（输入由全0变为全1或由全1变为全0），输出电压达到规定的误差范围（$\pm LSB/2$）所需要的时间。

不同类型的 D/A 转换器的建立时间不同，单片集成 D/A 转换器的建立时间最短可达 0.1μs 以内。

（2）转换速率 S_R指大信号工作状态下模拟电压的变化率。

3. 温度系数

温度系数是指在输入不变的情况下，输出模拟电压随温度变化而产生的变化量。一般用满刻度输出条件下温度每升高1℃，输出电压变化的百分数作为温度系数。

技能训练一　DAC0832 逻辑功能测试

1. 训练目的

1）了解 D/A 转换器的基本工作原理和基本结构。

2）掌握 DAC0832 的逻辑功能。

2. 训练设备与元器件

（1）训练设备　数字逻辑实验箱一台，万用表一只，示波器一台。

（2）训练元器件　DAC0832 一片，LM741 一片，电阻、电容、导线若干。

3. 训练基本原理

DAC0832 是 NS 公司生产的8位 D/A 转换器，它采用先进的 CMOS 工艺，因而功耗低、生产漏电流误差小，是目前计算机控制系统常用的 D/A 芯片，可以直接与 8051 等微处理器相连。DAC0832 的引脚排列如图 7-7 所示。

DAC0832 需要外接运算放大器才能得到模拟电压输出。DAC0832 的引脚功能如下：

$DI_0 \sim DI_7$：数据输入线，TTL 型电平。

ILE：数据锁存允许控制信号输入线，高电平有效。

$\overline{CS}$：片选信号输入线，低电平有效。

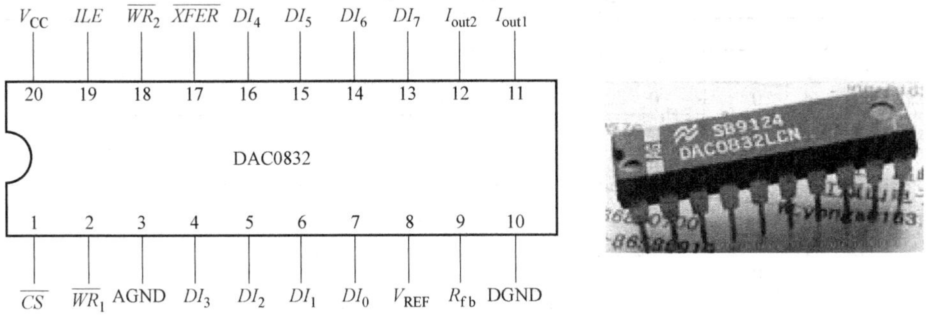

图 7-7　DAC0832 的引脚排列

$\overline{WR_1}$：输入寄存器的写选通信号，低电平有效。

$\overline{XFER}$：数据传送控制信号输入线，低电平有效。

$\overline{WR_2}$：DAC 寄存器的写选通输入线。

I_{out1}：电流输出线。当输入全为 1 时，I_{out1} 最大。

I_{out2}：电流输出线，其值与 I_{out1} 之和为一常数。

R_{fb}：反馈信号输入线，芯片内部有反馈电阻。

V_{CC}：电源输入线（5～15V）。

V_{REF}：基准电压输入线（－10～10V）。

AGND：模拟地，模拟信号和基准电源的参考地。

DGND：数字地，与模拟地在基准电源负极处共地。

DAC0832 的功能测试电路如图 7-8 所示。DAC0832 被接成单极性直通工作方式，即 $\overline{CS}$、$\overline{WR_1}$、$\overline{WR_1}$ 和 $\overline{XFER}$ 均接地，ILE 接高电平，I_{out1} 接运算放大器的反相输入端，I_{out2} 接运算放大器的同相输入端，通过运算放大器把电流输出形式转换为电压输出形式。

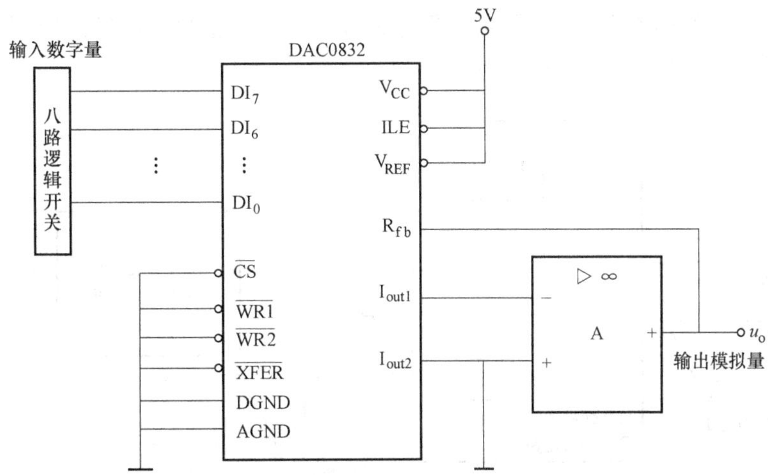

图 7-8　DAC0832 的功能测试电路

在输入端按表 7-1 的要求加入数字信号，逐次测量输出模拟电压 u_o 的值，并填入表 7-1 中，且与理论值进行比较。

表 7-1 DAC0832 功能测试表

输入数字量								输出模拟电压/V	
D_7	D_6	D_5	D_4	D_3	D_2	D_1	D_0	实测值	理论值
0	0	0	0	0	0	0	0		
0	0	0	0	0	0	0	1		
0	0	0	0	0	0	1	1		
0	0	0	0	0	1	1	1		
0	0	0	0	1	1	1	1		
0	0	0	1	1	1	1	1		
0	0	1	1	1	1	1	1		
0	1	1	1	1	1	1	1		
1	1	1	1	1	1	1	1		
1	1	1	1	1	1	1	1		

知识链接二 A/D 转换的基础知识

一、A/D 转换器的转换原理

A/D 转换是将随时间连续变化的模拟信号转换为离散的数字信号，完成 A/D 转换的电路称为 A/D（模-数）转换器，简称为 ADC。A/D 转换一般要经过采样、保持、量化及编码四个过程，如图 7-9 所示。

1. 采样与保持

采样是对连续变化的模拟信号每隔一定的时间间隔进行取样，通常要求采样频率 f_s 不小于输入模拟信号最高频率 f_{imax} 的 2 倍，即

$$f_s \geqslant 2f_{imax}$$

只有这样，采样之后的数字信号才不会丢失输入模拟信号的信息，在实际应用中，一般应保证采样频率为信号最高频率的 5～10 倍。

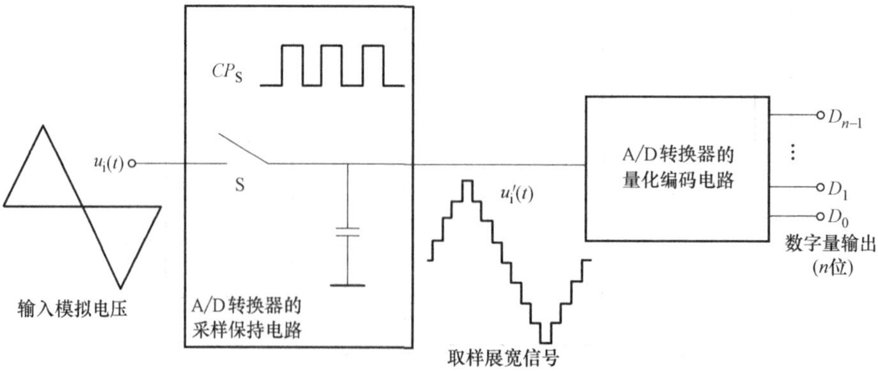

图 7-9 A/D 转换过程

在满足采样频率要求的条件下，可以用一个低通滤波器将信号 u_s 还原为 u_i。要求这个低通滤波器的电压传输系数 A（f）在低于 f_{imax} 的范围内应保持不变，而在 $f_s - f_{imax}$ 以前应迅

速下降为零，如图 7-10、图 7-11 所示。

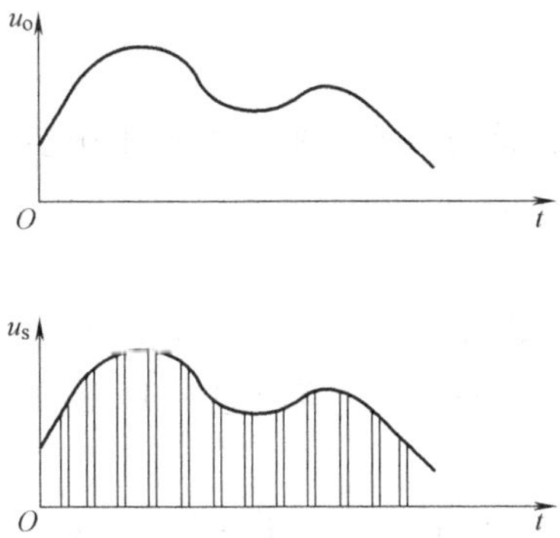

图 7-10　对输入模拟信号的采样

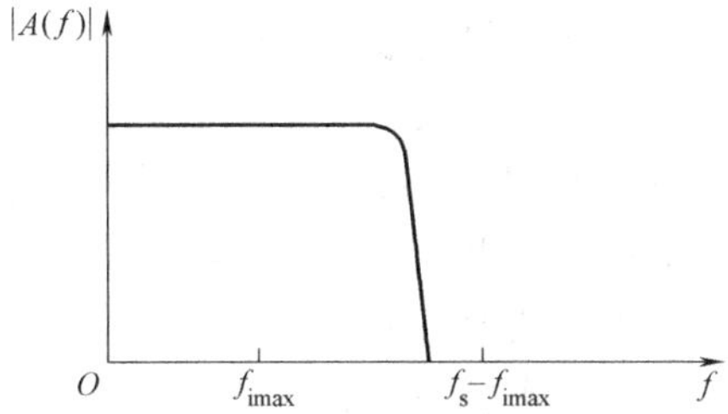

图 7-11　还原取样信号所用滤波器的频率特性

因为每次把取样电压转换为相应的数字量都需要一定的时间，所以在每次取样以后，必须把取样电压保持一段时间。可见，进行 A/D 转换时所用的输入电压，实际上是每次取样结束时的 u_i 值。

2. 量化和编码

量化单位 Δ：数字量最小单位所对应的最小量值。

量化：将采样保持电路的输出电压转换为量化单位 Δ 整数倍的过程。

量化误差：由于模拟电压是连续的，因此它就不一定能被 Δ 整除，由此而产生误差。一个 n 位二进制数只能表示 2^n 个量化电平，量化过程中不可避免地会产生量化误差。n 越大，量化误差越小。将模拟信号划分为不同的量化等级时，不同的划分方法其量化误差也不相同。通常在划分量化等级时有两种方法：只舍不入法、四舍五入法。

编码：用二进制代码表示量化后的信号，以便于数字电路或计算机系统对信号进行加工和处理。这个二进制代码就是 A/D 转换的输出信号。

为了减小量化误差，通常采用图 7-12b 所示的划分方法，取量化单位 Δ = 2/15V，并将 000 代码所对应的模拟电压规定为 0 ~ 1/15V，即 0 ~ Δ/2。这时，最大量化误差将减小为 Δ/2 = 1/15V。

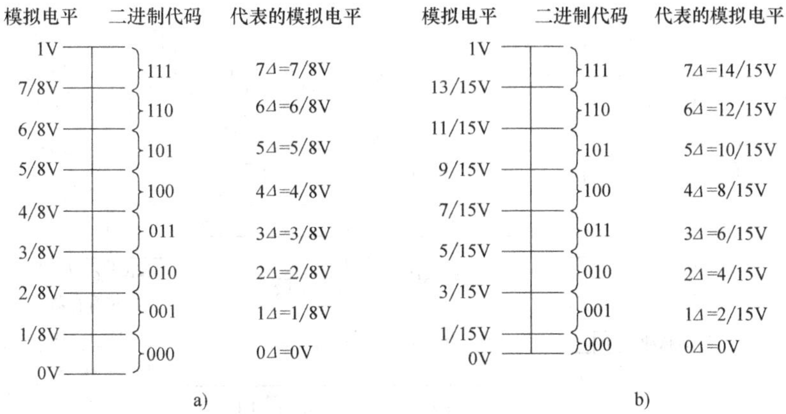

图 7-12　划分量化电平的两种方法

二、A/D 转换器的电路结构

下面以逐次比较型 A/D 转换器为例进行讲解。

逐次比较转换过程有点类似天平称重，就是将输入模拟信号与不同的参考电压作多次比较，使转换所得的数字量在数值上逐次逼近输入模拟量的对应值。

四位逐次比较型 A/D 转换器的逻辑电路如图 7-13 所示。

图 7-13 中，五位移位寄存器可进行并入/并出或串入/串出操作，其输入端 F 为并行置数使能端，高电平有效，其输入端 S 为高位串行数据输入。数据寄存器由边沿 D 触发器组成，数字量从 $Q_4 \sim Q_1$ 输出。

电路工作过程如下：当启动脉冲上升沿到达后，$FF_0 \sim FF_4$ 被清零，FF_5 置 1，Q_5 的高电平开启与门 G2，时钟脉冲 CP 进入移位寄存器。在第一个 CP 脉冲作用下，由于移位寄存器的置数使能端 F 已由 0 变 1，并行输入数据 $Q_AQ_BQ_CQ_DQ_E=01111$ 置入，Q_A 的低电平使数据寄存器的最高位（Q_4）置 1，即 $Q_4Q_3Q_2Q_1=1000$。D/A 转换器将数字量 1000 转换为模拟电压 u_o'，送入比较器 A 与输入模拟电压 u_i 比较，若 $u_i>u_o'$，则比较器输出 u_A 为 1，否则为 0。比较结果送入 $D_3 \sim D_0$。

第二个 CP 脉冲到来后，移位寄存器的串行输入端 S 为高电平，Q_A 由 0 变 1，同时最高位 Q_A 的 0 移至次高位 Q_B。于是数据寄存器的 Q_3 由 0 变 1，这个正跳变作为有效触发信号加到 FF_4 的 CP 端，使 u_A 的电平得以在 Q_4 保存下来。此时，由于其他触发器无正跳变触发脉冲，u_A 的信号对它们不起作用。Q_3 变 1 后，建立了新的 D/A 转换器的数据，输入电压再与其输出电压 u_o'进行比较，比较结果在第三个时钟脉冲作用下存于 Q_3……。如此进行，直到 Q_E 由 1 变 0 时，触发器 FF_0 的输出端 Q_0 产生由 0 到 1 的正跳变，作触发器 FF_1 的 CP 脉冲，使上一次 A/D 转换后的 u_A 电平保存于 Q_1。同时使 Q_5 由 1 变 0 后将 G2 封锁，一次 A/D 转换过程结束。于是电路的输出端 $D_3D_2D_1D_0$ 得到与输入电压 u_i 成正比的数字量。

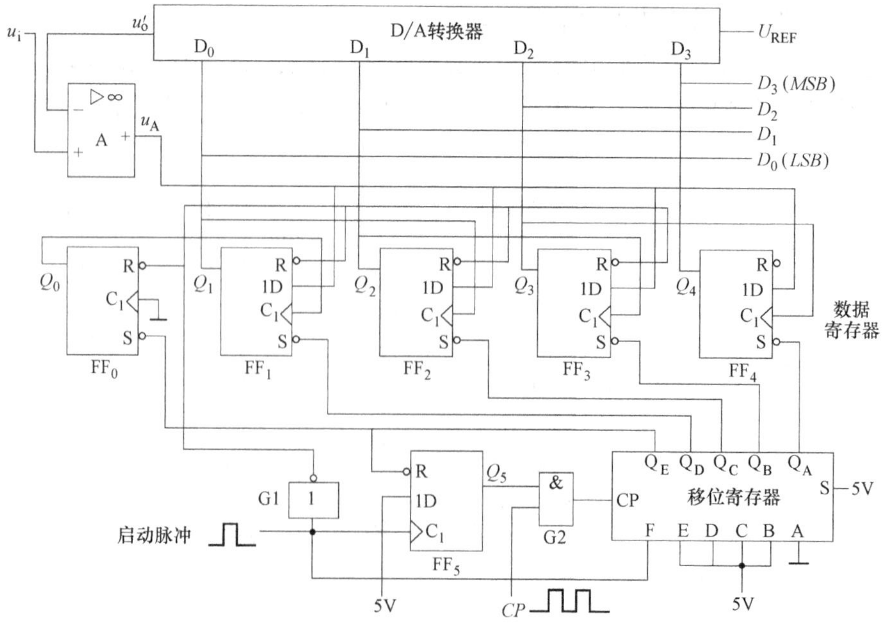

图 7-13 四位逐次比较型 A/D 转换器的逻辑电路

由以上分析可见，逐次比较型 A/D 转换器完成一次转换所需时间与其位数和时钟脉冲频率有关，位数越少，时钟频率越高，转换所需时间越短。这种 A/D 转换器具有转换速度快、精度高的特点。

常用的集成逐次比较型 A/D 转换器有 ADC0808/0809 系列（8）位、AD575（10 位）、AD574A（12 位）等。逐次比较（逼近）型 A/D 转换器分辨率较高、误差较低、转换速度较快，是目前应用比较广泛的一种 A/D 转换器。

三、A/D 转换器的主要性能指标

1. 转换精度

与 D/A 转换器一样，在 A/D 转换器中，一般也是用分辨率和转换误差来描述转换精度。

（1）分辨率　分辨率是指 A/D 转换器输出数字量的最低位变化一个数码时，对应输入模拟量的变化量。通常以 A/D 转换器输出数字量的位数表示分辨率的高低——位数越高，量化单位就越小，对输入信号的分辨能力也就越高。例如，输入模拟电压满量程为 10V，当 $n=8$ 时，分辨率为 $10V/2^8=39mV$；当 $n=10$ 时，分辨率为 9.76mV；当 $n=12$ 时，分辨率为 2.44mV。

（2）转换误差　转换误差表示 A/D 转换器实际输出的数字量和理想输出的数字量之间的差别，并用最低有效位的倍数表示。它通常以输出误差的最大值给出。例如，当给出的相对误差为不大于 *LSB*/2 时，其含义是 A/D 转换器实际输出数字量和理论上应得到的输出数字量之间的误差不大于最低位为 1 时模拟量的一半。

2. 转换速度

完成一次 A/D 转换所需要的时间称为转换时间，转换时间越短，转换速度越快。A/D 转换器的转换速度主要取决于电路的类型，不同类型的 A/D 转换器，转换速度差别很大。并行 A/D 转换器的转换速度最高；逐次比较（逼近）型 A/D 转换器次之；双积分型 A/D 转换器最低，转换时间大都在几十毫秒到数百毫秒之间。

技能训练二　ADC0809 逻辑功能测试

1. 训练目的

1）了解 A/D 转换器的基本工作原理和基本结构。

2）掌握大规模集成 A/D 转换器的功能。

3）利用 A/D 转换器设计一个锯齿波信号发生电路。

2. 训练设备与元器件

（1）训练设备　数字逻辑电路实验箱一台，万用表一只，示波器一台。

（2）训练元器件　ADC0809 一片，LM741 一片，电阻、电容、导线若干。

3. 训练基本原理

ADC0809 是 NS 公司生产的 CMOS 8 位 8 通道逐次比较（逼近）型 A/D 转换器。它采用双列直插式 28 引脚封装，与 8 位微机兼容，其三态输出可以直接驱动数据总线。ADC0809 的外引脚排列和实物图如图 7-14 所示。各引脚的功能如下：

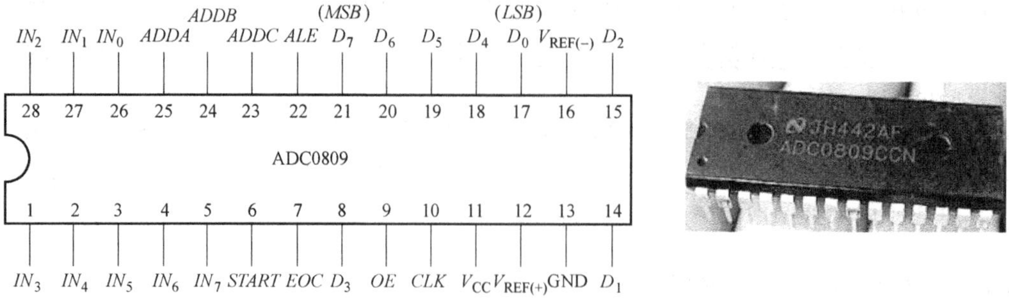

a）外引脚排列　　b）实物图

图 7-14　ADC0809 外引脚排列与实物图

$IN_0 \sim IN_7$：8 路模拟信号输入端。

ADDA、*ADDB*、*ADDC*：地址输入端

ALE：地址锁存允许输入信号。

START：启动信号输入端。

EOC：转换结束标志，高电平有效。

OE：输入允许信号，高电平有效。

CLK（*CP*）：时钟，外接时钟频率一般为 640kHz。

V_{CC}：5V 单电源供电。

$V_{REF(+)}$、$V_{REF(-)}$：基准电压，通常 $V_{REF(+)}$ 接 15V、$V_{REF(-)}$ 接 0V。

$D_0 \sim D_7$：数字信号输出端。

地址线 *ADDA*、*ADDB*、*ADDC*，分别对应 2^3 条输入线，即对应 $IN_0 \sim IN_7$。

4. A/D 转换器测试

ADC0809 的实验电路如图 7-15 所示，其中输出端 $D_7 \sim D_0$ 分别接发光二极管。

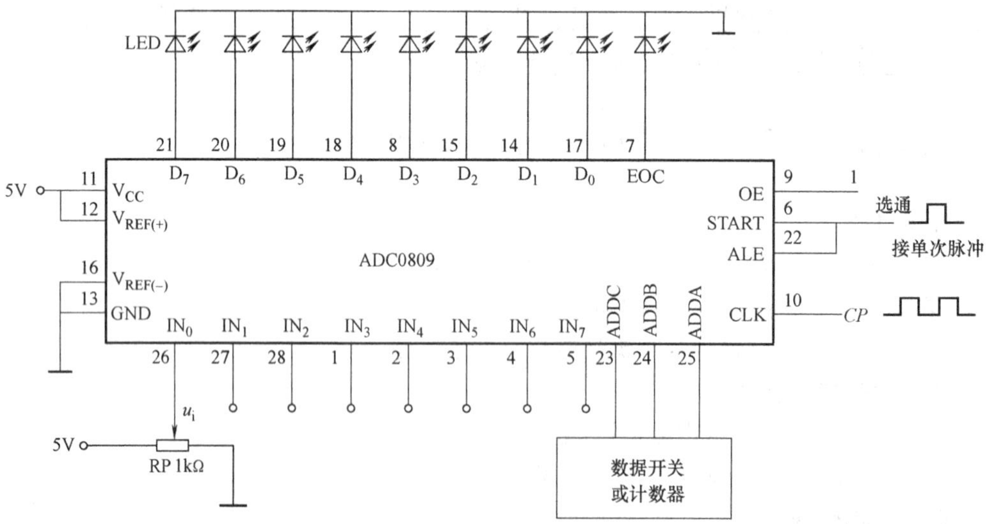

图 7-15　ADC0809 的实验电路

1）调节电位器 RP，输入单次脉冲，使 ADC0809 的输出 $D_7 \sim D_0$ 全为高电平（8 个发光二极管全亮），测量并记录输入的模拟电压值。

2）调节电位器 RP，使输入模拟电压 u_i 分别为 0V、0.1V、0.5V、1V、2V、3V，每次输入一个单次脉冲，观察并记录各次输出端的状态。

3）改变模拟输入通道，即改变 *ADDA*、*ADDB*、*ADDC* 的地址输入电平，重复上述过程。将测试结果填入表 7-2 中。

表 7-2　测试结果表

模拟通道	输入模拟量	地址			输出数字量								
IN	u_i/V	*ADDC*	*ADDB*	*ADDA*	D_7	D_6	D_5	D_4	D_3	D_2	D_1	D_0	十进制
IN_0	4.5	0	0	0	0	0	0	0	0	0	0	0	
IN_1	4.0	0	0	1	0	0	0	0	0	0	0	1	
IN_2	3.5	0	1	0	0	0	0	0	0	0	1	0	
IN_3	3.0	0	1	1	0	0	0	0	0	1	0	0	
IN_4	2.5	1	0	0	0	0	0	0	1	0	0	0	
IN_5	2.0	1	0	1	0	0	0	1	0	0	0	0	
IN_6	1.5	1	1	0	0	0	1	0	0	0	0	0	
IN_7	1.0	1	1	1	0	1	0	0	0	0	0	0	

综合训练　加法计数器 D/A 转换显示

1. 训练目的

1）熟悉 74LS161 的逻辑功能。

2）掌握 D/A 转换的基本原理和工作过程。

3）掌握 DAC0832 的各引脚功能和使用方法。

2. 训练设备与器件

（1）训练设备　万用表一块，示波器一台，信号源一套，直流电源一套，面包板一块。

（2）训练器件　DAC0832 一片，运算放大器 μA741 一片，计数器 74LS161 两片，导线若干。

3. 训练基本原理

两片 74LS161 构成了一个 8 位二进制计数器，随着计数脉冲的增加，计数器的输出状态在 00000000 ~ 11111111 之间变化。计满（11111111）时，又从 00000000 开始。通过前面的学习，可以知道，计数输出的每一位应为计数脉冲 *CP* 的 2^{n+1}分频（n 为 0 ~ 7）。

DAC0832 是一个双缓冲的 D/A 转换器，将计数器输出的 8 位二进制信息转换为模拟电压。在本训练中它的两个缓冲器都接成直通状态。当计数器全为“1”时，输出电压 $u_o = U_{MAX}$，下一个计数脉冲，计数器全为“0”，输出电压 $u_o = 0$。显然，计数器输出范围为 00000000 ~ 11111111，D/A 转换器相应有 $2^8 = 256$ 个递增的模拟电压输出。用示波器观察到的输出波形，就是如图 7-16 所示的锯齿波。

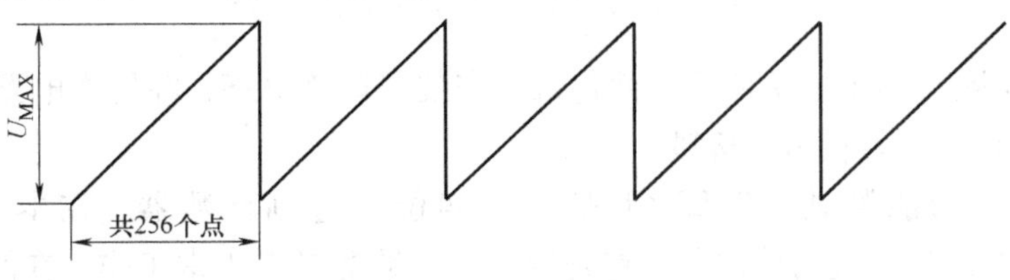

图 7-16　锯齿波

输出锯齿波的频率 f_0 和计数脉冲频率 f_{CP} 的关系为 $f_0=f_{CP}/256$。因为每隔 256 个 *CP* 脉冲，计数器从 00000000～11111111 变化一次，输出模拟电压就从 0 到 U_{MAX} 变化一次，所以两者具有上述关系。

输出锯齿波的幅值与 D/A 转换器的输入参考电压 V_{REF} 有关。DAC0832 是由倒 T 形电阻网络构成的 D/A 转换器，外接的运算放大器 μA741 将 DAC0832 转换后的电流输出转换为电压输出，输出电压与参考电压 V_{REF} 成正比。因此，在训练中会看到，当升高 V_{REF} 时，锯齿波的幅值也随之增大，反之亦然。

4. 训练内容

（1）预习　查集成电路手册，了解 74LS161、DAC0832 和 741 的功能，确定 74LS161、DAC0832 的引脚排列，了解各引脚的功能。

加法计数器 D/A 转换显示电路如图 7-17 所示。

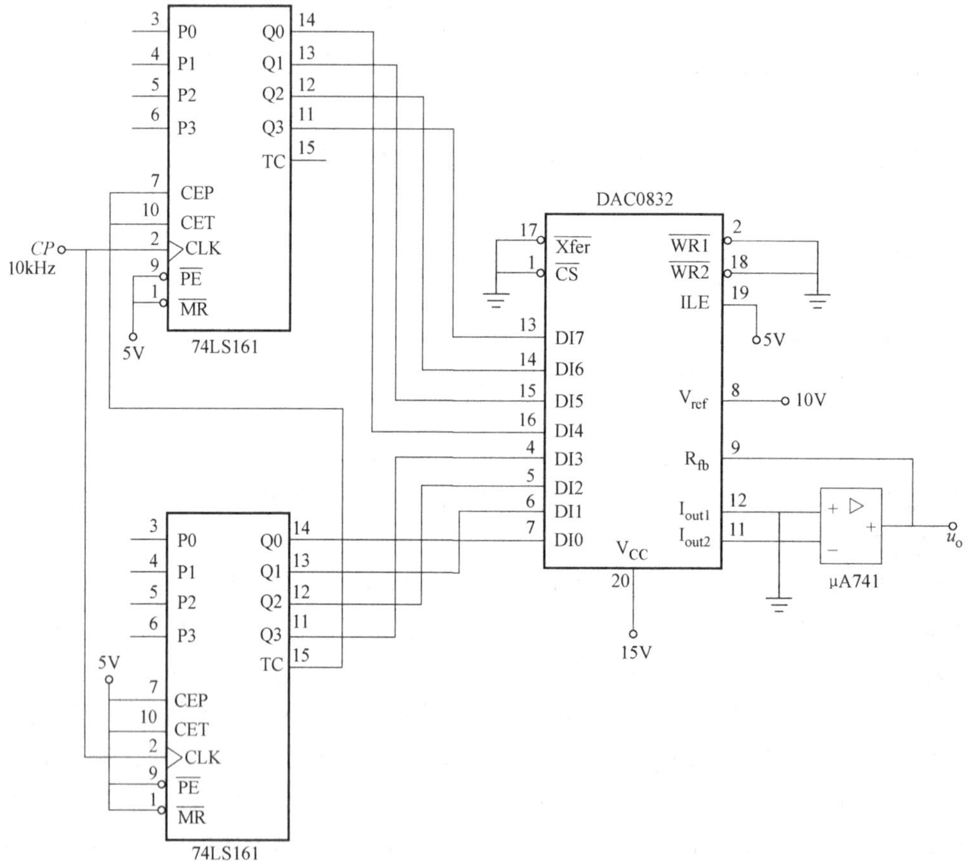

图 7-17　加法计数器 D/A 转换显示电路

（2）连接电路　按图 7-17 所示在面包板上安装好训练电路，并检查电路连接，确认无误后再接电源。注意不要将引脚接错。

（3）74LS161 功能测试　74LS161 是一个四位二进制计数器。在本训练中由两片 74LS161 构成一个八位二进制计数器。首先测试该计数器是否正常工作。在脉冲输入 *CP* 端接信号源，将信号源的频率调为 10kHz 左右，幅度大于 2V。用示波器的一个探头测量 *CP*

信号，另一个探头依次测量 DAC0832 的 DI_0 ~ DI_7 波形（计数器的八位二进制输出信号），观察示波器上显示的两个波形的频率关系。DI_0 信号波形的频率应为 CP 的二分频，DI_1 的频率为 CP 的四分频，DI_2 为 CP 的八分频，依此类推。如果测试正确，说明由两片 74LS161 构成的八位二进制计数器工作正常。

（4）DAC0832 功能测试　DAC0832 是实现 D/A 转换的器件。用示波器测量运算放大器 μA741 的输出信号，记录输出波形的形状、频率和幅度。如果电路工作正常，其输出应为一个锯齿波。

改变输入脉冲 CP 的频率，观察输出波形的频率变化；改变 D/A 转换器 DAC0832 第 8 脚 V_{REF} 的大小，观察输出波形的幅值变化情况。

5. 训练报告要求

1）画出训练电路，并画出训练波形。

2）结果填入表 7-2 中，总结 ADC0809 的转换结果，并与其理论值作比较。

3）编写实训报告，见附录 D。

知识拓展

计算机控制系统（Computer Control System，简称 CCS）是应用计算机参与控制并借助一些辅助部件与被控对象相联系，以获得一定控制目的而构成的系统。这里的计算机通常指数字计算机，可以有各种规模，如从微型到大型的通用或专用计算机。辅助部件主要指输入/输出接口、检测装置和执行装置等。与被控对象及部件间的联系，可以是有线方式，如通过电缆的模拟信号或数字信号进行联系；也可以是无线方式，如用红外线、微波、无线电波、光波等进行联系。被控对象的范围很广，包括各行各业的生产过程、机械装置、交通工具、机器人、实验装置、仪器仪表、家庭生活设施、家用电器和儿童玩具等。控制目的可以是使被控对象的状态或运动过程达到某种要求，也可以是达到某种最优化目标。

计算机控制系统的控制部分包括硬件部分和软件部分，这不同于模拟控制器构成的系统只由硬件组成。计算机控制系统软件包括系统软件和应用软件。系统软件一般包括操作系统、语言处理程序和服务性程序等，它们通常由计算机制造厂为用户配套，有一定的通用性。应用软件是为实现特定控制目的而编制的专用程序，如数据采集程序、控制决策程序、输出处理程序和报警处理程序等，它们涉及被控对象的自身特征和控制策略等，由实施控制系统的专业人员自行编制。

与一般控制系统相同，计算机控制系统可以是闭环的，这时计算机要不断采集被控对象的各种状态信息，按照一定的控制策略处理后，输出控制信息直接影响被控对象；它也可以是开环的，这有两种方式：一种是计算机只按时间顺序或某种给定的规则影响被控对象；另一种是计算机将来自被控对象的信息处理后，只向操作人员提供操作指导信息，然后由人工去影响被控对象。

计算机控制系统通常具有精度高、速度快、存储容量大和有逻辑判断功能等特点，因此可以实现高级复杂的控制方法，获得快速精密的控制效果。计算机技术的发展已使整个人类社会发生了可观的变化，自然也应用到工业生产和企业管理中。而且，计算机所具有的信息处理能力，能够进一步把过程控制和生产管理有机地结合起来（如 CIMS），从而实现工厂、企业的全面自动化管理。

在计算机控制系统中，由于工业控制机的输入和输出是数字信号，而现场采集到的信号或送到执行机构的信号大多是模拟信号，因此与常规的按偏差控制的闭环负反馈系统相比，计算机控制系统需要有 A/D 转换器和 D/A 转换器这两个环节。

计算机把通过测量元件、变送单元和 A/D 转换器送来的数字信号，直接反馈到输入端与设定值进行比较，然后根据要求按偏差进行运算，所得到数字量输出信号经过 D/A 转换器送到执行机构，对被控对象进行控制，使被控变量稳定在设定值上。这种系统称为闭环控制系统。

课题小结

1）A/D 转换器和 D/A 转换器是现代数字系统的重要部件，应用日益广泛。

2）不同的 A/D 转换器的转换方式具有各自的特点，在要求转换速度高的场合，选用并行 A/D 转换器；在要求精度高的情况下，可采用双积分型 A/D 转换器，当然也可选高分辨率的其他形式 A/D 转换器，但会增加成本。由于逐次比较型 A/D 转换器在一定程度上兼有以上两种转换器的优点，因此得到了普遍应用。

3）A/D 转换器和 D/A 转换器的主要技术参数是转换精度和转换速度，在与系统连接后，转换器的这两项指标决定了系统的精度与速度。

思考与练习

1. D/A 转换器主要有哪些技术指标？
2. A/D 转换器主要有哪些技术指标？
3. 不经过采样、保持可以直接进行 A/D 转换吗？为什么？
4. 逐次比较型 A/D 转换器的转换速度与时钟脉冲的频率有何关系？
5. D/A 转换器的转换精度与什么有关？

课题8 半导体存储器

学习目标

1）掌握半导体存储器的位和字的扩展方法。

2）理解半导体存储器的主要技术参数。

3）了解半导体存储器的分类、特点以及PLD的构造和基本工作原理。

工作任务

1）小组制订工作计划。

2）理解半导体存储器的分类及特点。

3）了解PLD的基本结构及原理。

课题导入

半导体存储器是数字系统中用以存储大量信息的设备或部件，是计算机和数字设备中的重要组成部分。按照内部信息的存储方式，存储器通常可分为随机存储器（RAM）和只读存储器（ROM）。

随机存储器RAM既可向指定单元存入信息又可从指定单元读出信息，任何RAM中存储的信息在断电后均要丢失，所以RAM是易失性存储器。

ROM为只读存储器，除了固定存储数据、表格、固化程序外，在组合逻辑电路中也有广泛的应用。

可编程序逻辑器件（Programmable Logic Device）简称PLD，是可以由用户编程、配置的一类逻辑器件的泛称。它具有编程灵活、方便修改的优点。从构成逻辑函数的功能来说，PLD主要分为以下几类：编程逻辑阵列（Programmable Logic Array）PLA、可编程序阵列逻辑（Programmable Array Logic）PAL和通用阵列逻辑（Generic Array Logic）GAL。

知识链接一　随机存储器（RAM）

一、RAM的结构及存储容量

图8-1所示为RAM的一般结构形式，图中有三大类总线，即地址总线ABUS、数据总线DBUS和控制总线CBUS，其中地址输入线有n条，经过地址译码器译码输出的线称为字

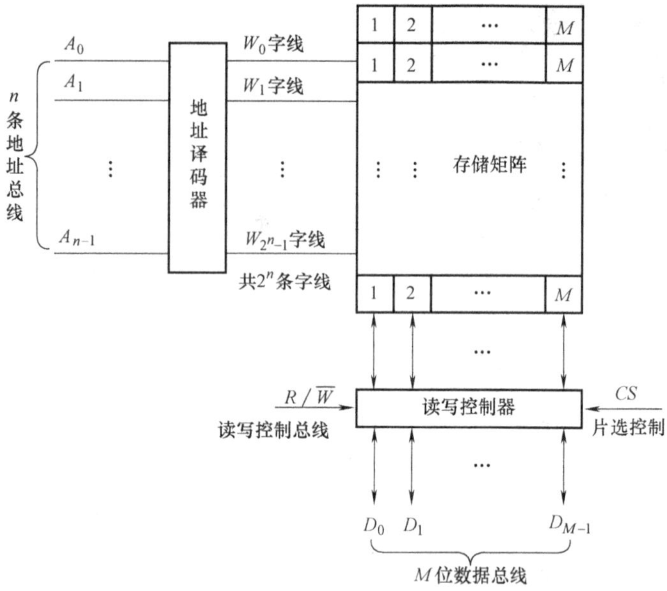

图 8-1　RAM 的一般结构形式

线，因为每条字线对应输入地址变量的一个最小项 n，所以有 W_0、W_1、$W_2\cdots$、W_{2^n-1} 共 2^n 条字线，也就有 2^n 个最小项，每条字线只能选通存储矩阵中的一个存储单元，故存储矩阵中共有 2^n 个存储单元，每个存储单元也称为一个"字"，它由 M 个可以存放一位二进制信息（0 或 1）的基本存储电路组成；一个存储单元所含有的基本存储电路个数，即能存放的二进制数的位数称为存储器的"字长"，显然，字长 $=M$，也可以说字长为 M 位，通常所说的十六位机、三十二位机指它的字长 M 为 16 位和 32 位。

由以上分析看出，对于有 n 位地址和 M 位字长的存储器来说，其存储容量可以表示为

$$存储容量 = N 个字 \times M 位 = 2^n \times M \tag{8-1}$$

即存储容量为 $2^n\times M$ 位二进制数位。

图 8-1 中，n 位地址经译码后，每次仅有 2^n条字线中的一条有效，这条有效字线选中存储矩阵中对应的一个存储单元（一个字），将通过 M 位数据总线 $D_0D_1\cdots D_{M-1}$ 对该存储单元进行读出数据的操作或写入新数据的操作。

读写控制器既用作对电路的工作状态进行控制，又用作各存储单元的输入/输出缓冲器，读写控制器受外界片选 CS 信号和 $R/\overline{W}$信号的控制，因而 CS、$R/\overline{W}$这类线又常称为控制总线。当 $CS=1$ 时，若 $R/\overline{W}=1$，电路执行读出操作，若 $R/\overline{W}=0$，电路执行写入操作；当 $CS=0$ 时，读写控制器不工作，数据输入/输出总线呈高阻状态，即此时该片集成电路 RAM 被禁止读/写操作，使得它让出整机的数据总线以便对其他集成的 RAM 片进行操作。请注意有些集成电路中用$\overline{CS}$表示片选信号，即该端为 0 有效。

在计算内存容量时，常把 $2^{10}=1024$ 简称为 1K，对于一个内存为 64K 的计算机来说，若字长 $M=16$ 位，由式（8-1）可得

$$64\text{K} = 64\times 2^{10} = 2^n \times 16$$

由此可求出 $n=12$，即该机有 12 条地址输入线，这时由地址译码器译出的字线数 $N=2^{12}=4096$ 条，这对地址译码器要求就太高了，为此，计算机常采用的地址译码器是由行线译码器和列线译码器组成的，如图 8-2 所示，只有被行和列同时选中的存储单元才能进行读/写操作。

同样是 12 个地址输入变量，采用行、列分别译码，则总的字线条数仅有 $2^6+2^6=64+64=128$ 条，这个数字比上面提到的 4096 要小得多，因此，计算机大都采用图 8-2 所示的

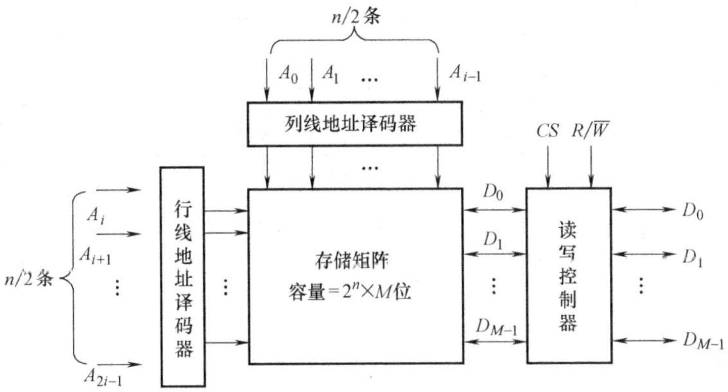

图 8-2　采用行、列分别译码的 RAM 结构

RAM 结构。

无论是图 8-1 还是图 8-2，内存容量的计算仍然使用式（8-1）。

【例 8-1】　试将容量为 1K×4 的 RAM 扩展成容量为 1K×8 的 RAM。

解：1K 指字线数，由 $2^n=1\text{K}=2^{10}$知道，地址输入线 $n=10$ 条，即 $A_0\sim A_9$。1K×4 说明它的位线 $M=4$ 位，现要将 M 扩展成 8 位，可将两片 1K×4 的 RAM 地址线对应相连，如图 8-3 所示，将片选线$\overline{CS}$对应相连，读/写线 $R/\overline{W}$对应相连即可，请注意图 8-3 中地址总线的画法，其含意是片（1）的 A_0与片（2）的 A_0接在一起、片（1）的 A_1与片（2）的 A_1接在一起……片（1）的 A_9与片（2）的 A_9接在一起。

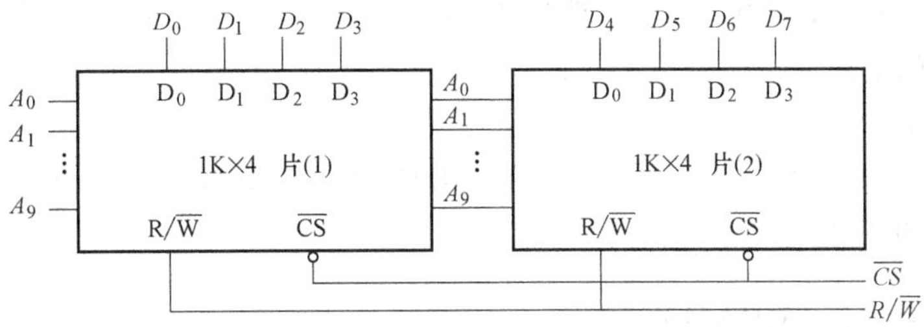

图 8-3　1K×4RAM 扩展成 1K×8RAM

【例 8-2】　试将容量为 1K×8 的集成电路 RAM 扩展成容量为 4K×8 的 RAM。

解：本题并未要求扩展位，即扩展后的 RAM 仍为 8 位输出，例 8-1 属于位扩展，而本题则属于字扩展。

因 $1\text{K}=2^{10}$，所以 1K×8 的 RAM 输入地址总线为 10 条，即 $A_0\sim A_9$，现在要扩展为 4K，即 $4\times2^{10}=2^{12}$，这就要求地址输入线为 12 条，即 $A_0\sim A_{11}$，因此可用四片 1K×8 的 RAM，通过两条高位地址线 A_{11}、A_{10}作为 2-4 译码器的输入端，用 2-4 译码器的输出$\overline{Y_0}=\overline{\overline{A_{11}}\ \overline{A_{10}}}$、$\overline{Y_1}=\overline{\overline{A_{11}}A_{10}}$、$\overline{Y_2}=\overline{A_{11}\overline{A_{10}}}$、$\overline{Y_3}=\overline{A_{11}A_{10}}$分别控制四片 1K×8 RAM 的片选端$\overline{CS}$，并将 8 条输出位线对应相连、将 $R/\overline{W}$线也连在一起，就可以构成图 8-4 所示的 4K×8 RAM。

其工作工程如下：

将 12 位地址用十六进制数表示为 $(000)_{16}\sim(\text{FFF})_{16}$，当 $A_{11}A_{10}=00$ 时，2-4 译码器的

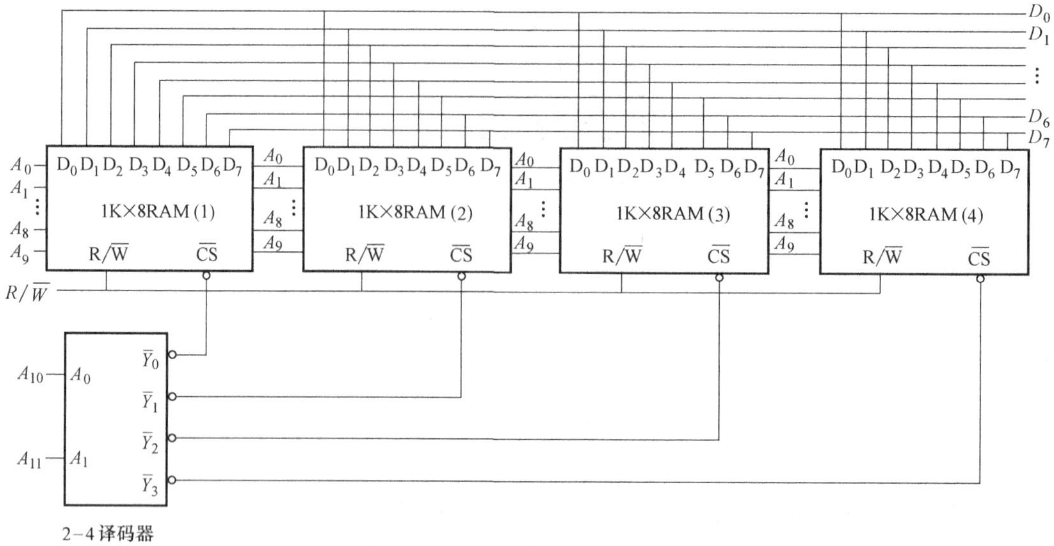

图 8-4 1K×8RAM 扩展为 4K×8RAM

$\overline{Y_0}$输出为低电平，使片（1）的$\overline{CS}$有效，此时片（1）工作，可对地址为$(000)_{16}$ ~ $(3FF)_{16}$的 RAM 中的八位数据进行读/写操作；当 $A_{11}A_{10}=01$ 时，2-4 译码器的$\overline{Y_1}$使片（2）的$\overline{CS}$有效，此时片（2）工作，可对地址为$(400)_{16}$ ~ $(7FF)_{16}$的 RAM 中的数据进行读/写操作；当 $A_{11}A_{10}=10$ 时，2-4 译码器的$\overline{Y_2}$使片（3）的$\overline{CS}$有效，此时片（3）工作，可对地址为$(800)_{16}$ ~ $(BFF)_{16}$的 RAM 中的数据进行读/写操作；当 $A_{11}A_{10}=11$ 时，2-4 译码器的$\overline{Y_3}$ 使片（4）的$\overline{CS}$有效，此时片（4）工作，可对地址为$(C00)_{16}$ ~ $(FFF)_{16}$的 RAM 中的数据进行读/写操作。

综上所述，任何时候，只有一片 1K×8 的 RAM 处于工作状态，整个系统的字数扩大了四倍，而字长 M 仍然为 8 位。

二、动态 RAM（DRAM）

1. 电路组成

动态 RAM 的基本存储电路是利用 MOS 管栅—源间的电容对电荷的暂存效应来实现信息存储的，该电容中存储的电荷，在栅—源间处于高阻抗的情况下，能保持数毫秒至数百毫秒的短暂时间，为了避免所存信息丢失，必须定时给电容补充漏掉的电荷，这一操作称为“刷新”。常见的 MOS 动态存储电路有单管、三管和四管电路，为了提高存储器的集成度，目前大容量的动态 RAM 大多采用单管 MOS 动态存储电路，其结构如图 8-5 所示。

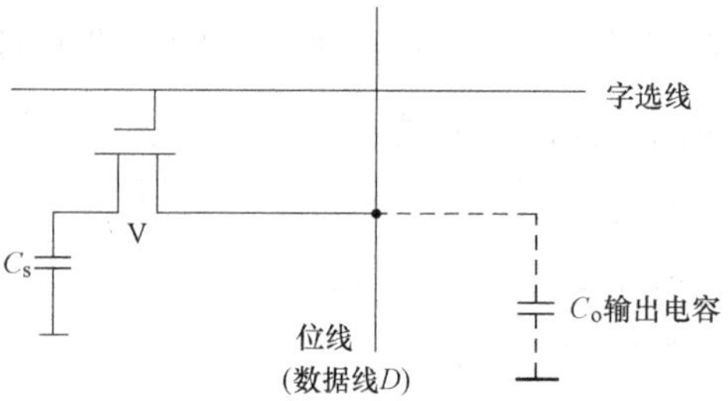

图 8-5 单管 MOS 动态存储电路

2. 工作原理

写入数据时，字线为 1，选中该管，使 V 导通，来自数据线 D 的待写入信息经由位线和 V 存入电容 C_s：写入“1”时，位线为“1”，电容 C_s充电为 1；写入“0”时，位线为“0”，

电容 C_s通过 V 向位线放电，从而使 C_s上的值为“0”。

读出数据时，也使字线为“1”，V 管导通，若电容 C_s上有电荷，即有“1”，便会通过位线向分布电容 C_o放电，位线上有电流流过，表示读出的信息为“1”；若 C_s上无电荷，位线上便没有电流流过，表示读出的信息为“0”。

读出“1”信息后，C_s上的电荷因转移到 C_o上而无法维持“1”的状态，即所存信息已被破坏，这种现象称为“破坏性读出”，所以读出“1”信息后必须进行“再生”操作。“再生”与“刷新”是两个不同的概念，再生是对某一位存储单元读出“1”后进行的操作，而刷新是对 RAM 中全部存储单元进行的常规定时操作。

动态单管 RAM 电路结构简单，集成度高，与静态 MOS 型 RAM 相比，其功耗低，速度快，价格便宜，其缺点是需要进行刷新和再生操作，而且因电容中信号较弱读出时还需要经过放大处理。

知识链接二　只读存储器（ROM）

ROM 的一般结构如图 8-6 所示。ROM 中的信息一旦写入，在正常工作时就只能读出而不能写入了，断电后信息也不会丢失。

一、ROM 的电路原理

1. 电路组成

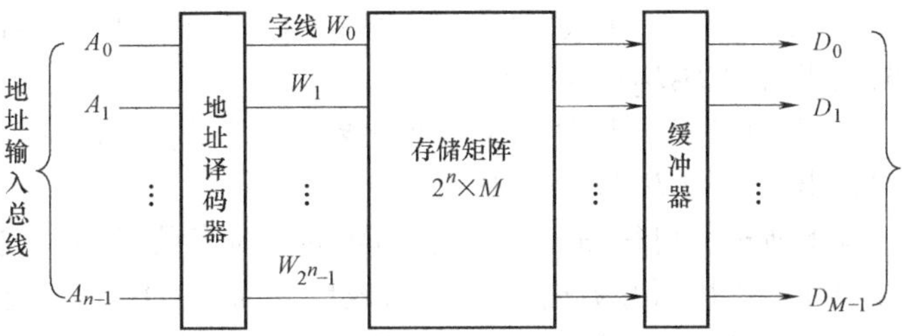

图 8-6　ROM 的一般结构

图 8-7 所示为用二极管制作的 ROM 结构图，为了把问题阐述明了，图中地址线仅用了 A_1、A_0两条，即 $n=2$，字线数 $N=2^n=2^2=4$，所以可以寻址四个字长为 M 的存储单元，字长 M 可以任意设置，这里取字长 $M=4$。

图中 A_1、A_0为地址输入线，当片选线 $CS=1$，即 CS 为高电平时，与 CS 相连的四个二极管全部截止，这时 CS 线左侧由二极管 VD_1 ~ VD_8 的“与门阵列”组成了 2-4 译码器来作为地址译码，译码器输出 W_0 ~ W_3四条字线，ROM 的存储矩阵由 CS 线右侧二极管“或门阵列”组成。

2. 工作过程

1）当 A_1为 0、A_0为 0 时，$\overline{A_1}$、$\overline{A_0}$两根线为高电平“1”，与$\overline{A_1}$、$\overline{A_0}$相连的二极管 VD_1、VD_2 截止，故字线 W_0为高电平“1”，其他字线为“0”，与 $W_0=\overline{A_1}\,\overline{A_0}$线相接的或阵列中的三个二极管通过电阻 R 接地导通，输出 $D_2=1$、$D_1=1$、$D_0=1$，而 D_3线上未连二极管，故 $W_0=1$ 的高电平不会从 D_3输出，因 D_3通过 R 连在地线上，且它为低电平 0，即 $D_3=0$。综上所述，当 $W_0=\overline{A_1}\,\overline{A_0}=1$ 时，选中的存储单元读出的数据为 $D_3D_2D_1D_0=0111$。显然，在或门阵列中，字线上连有二极管的输出为“1”，无二极管的输出为“0”，这是图 8-7 所示 ROM 的统一规律。

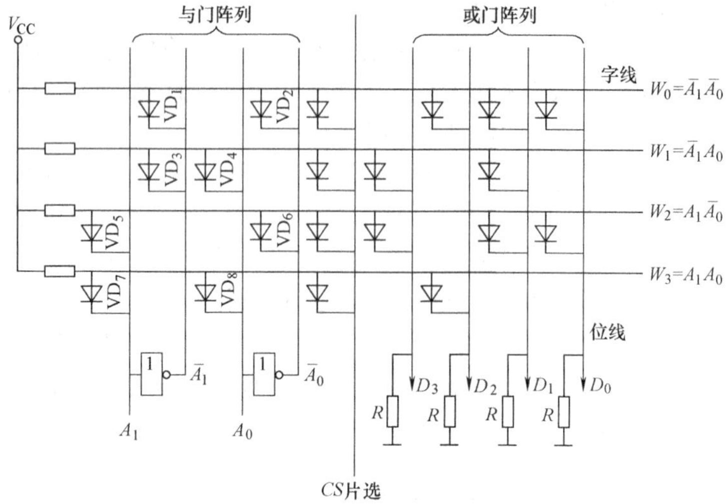

图 8-7　二极管制作的 ROM 结构图

2）当 A_1 为 0、A_0 为 1 时，则 $\overline{A_1}$、A_0 两根线分别为“1”，即字线 $W_1=\overline{A_1}A_0=1$，此时 W_1 线上有两个二极管分别连在 D_3 和 D_1 上，而输出 D_2、D_0 上无二极管，根据连有二极管者输出“1”、未连者输出“0”的规律，显然当 $W_1=\overline{A_1}A_0=1$ 时，选中的存储单元输出的数据为 $D_3D_2D_1D_0=1010$。

3）当 A_1 为 1、A_0 为 0 时，即字线 $W_2=A_1\overline{A_0}=1$，从与 W_2 线所连接的二极管位置知道，此时输出为 $D_3D_2D_1D_0=1011$。

4）当 A_1 为 1、A_0 为 1 时，即字线 $W_3=A_1A_0=1$，从与 W_3 线所连接的二极管位置知道，此时输出为 $D_3D_2D_1D_0=0100$。

综上所述，可得图 8-7 所示 ROM 的功能表见表 8-1，当地址 A_1A_0 为 00 时，选中第一个存储单元，读出所存数据 0111；当地址 A_1A_0 为 01 时，选中第二个存储单元，读出所存数据 1010；当地址为 10 时，选中第三个存储单元，读出所存数据 1011；当地址为 11 时，选中第四个存储单元，读出所存数据 0100。

表 8-1　图 8-7 的功能表

地址		输出数据				说明	地址		输出数据				说明
A_1	A_0	D_3	D_2	D_1	D_0	存储单元	A_1	A_0	D_3	D_2	D_1	D_0	存储单元
0	0	0	1	1	1	1	1	0	1	0	1	1	3
0	1	1	0	1	0	2	1	1	0	1	0	0	4

由图 8-7 还可以看出：当片选线 $CS=0$ 时，字线 $W_0\sim W_3$ 上都有二极管与 CS 相连，因而所有字线都被置位于“0”，致使所有位线输出为“0”，此时表示该 ROM 电路被禁止读出。

从逻辑关系来看 ROM 结构，它是由与门阵列和或门阵列构成的组合电路，与门阵列组成地址译码器，与同一条字线和地址线 A_1、$\overline{A_1}$、A_0、$\overline{A_0}$ 间连有二极管的两根线为相与关系，即横线为相与关系。例如字线 W_2 在与门阵列上有 VD_5、VD_6 两个二极管分别连在 A_1 和 $\overline{A_0}$ 上，故 $W_2=A_1\overline{A_0}$。总之，全部字线包括了输入变量的全部最小项。

由于或门阵列上的二极管位置不会变化，所以在断电之后对 ROM 中存的数据毫无影响，下次再通电时，这些数据依然存在。

为清晰起见，图 8-7 中的 ROM 电路可省去所有的电阻及电源 $+V_{CC}$，将跨接有二极管的字线与地址线的交叉处以及字线和位线的交叉处（功能表 8-1 中出“1”的点），用小黑点代替二极管，无二极管的交叉处不加小黑点，在此规定下，图 8-7 可用图 8-8 的简化图（符号矩阵）画出，该图也称为 ROM 的与或阵列图。

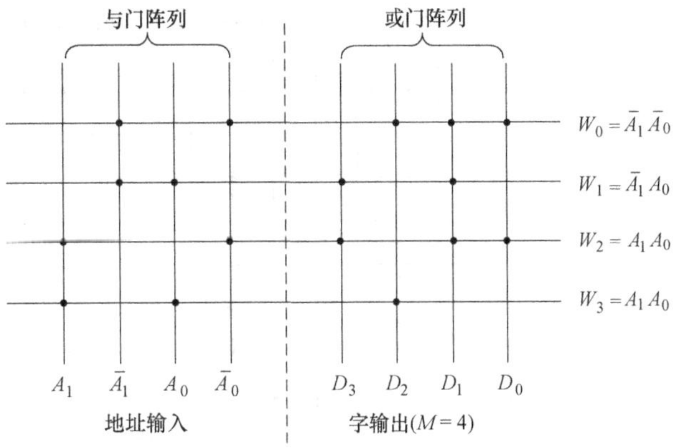

图 8-8　ROM 的与或阵列图

从图 8-8 可以看出，与门阵列横线上的两个小黑点表示与其交叉的两条竖线变量的相与关系，例如第一条横线的两个小黑点对应的两条竖线分别为 $\overline{A_1}$ 和 $\overline{A_0}$，所以相与的结果为 $\overline{A_1}\ \overline{A_0}$，即对应的横线为最上边的字线。

在或门阵列中，每根竖线上的小黑点之间为相加（或）的关系，该线上的每一个小黑点都分别对应左边与阵列的一个与项。

二、ROM 在组合电路中的应用

只要有了真值表，无需化简就可以设计出各种需要的组合电路，并画成与或阵列图，交给工厂进行大批量生产。

【例 8-3】 某组合电路，要求输入变量为四位二进制数，试用 ROM 设计出输出为格雷码的组合电路。

解： 四位二进制码转换成格雷码的真值表见表 8-2。

由表中可以看出，各位格雷码的最小项表达式为

$$G_3 = \sum(8,9,10,11,12,13,14,15)$$
$$G_2 = \sum(4,5,6,7,8,9,10,11)$$
$$G_1 = \sum(2,3,4,5,10,11,12,13)$$
$$G_0 = \sum(1,2,5,6,9,10,13,14)$$

表 8-2　四位二进制码转换成格雷码的真值表

二进制数	格雷码	二进制数	格雷码
$B_3B_2B_1B_0$	$G_3G_2G_1G_0$	$B_3B_2B_1B_0$	$G_3G_2G_1G_0$
0 0 0 0	0 0 0 0	1 0 0 0	1 1 0 0
0 0 0 1	0 0 0 1	1 0 0 1	1 1 0 1
0 0 1 0	0 0 1 1	1 0 1 0	1 1 1 1
0 0 1 1	0 0 1 0	1 0 1 1	1 1 1 0
0 1 0 0	0 1 1 0	1 1 0 0	1 0 1 0
0 1 0 1	0 1 1 1	1 1 0 1	1 0 1 1
0 1 1 0	0 1 0 1	1 1 1 0	1 0 0 1
0 1 1 1	0 1 0 0	1 1 1 1	1 0 0 0

只要画出与门阵列后，在或门阵列相应最小项上打点即可得出图 8-9 所示的阵列图。

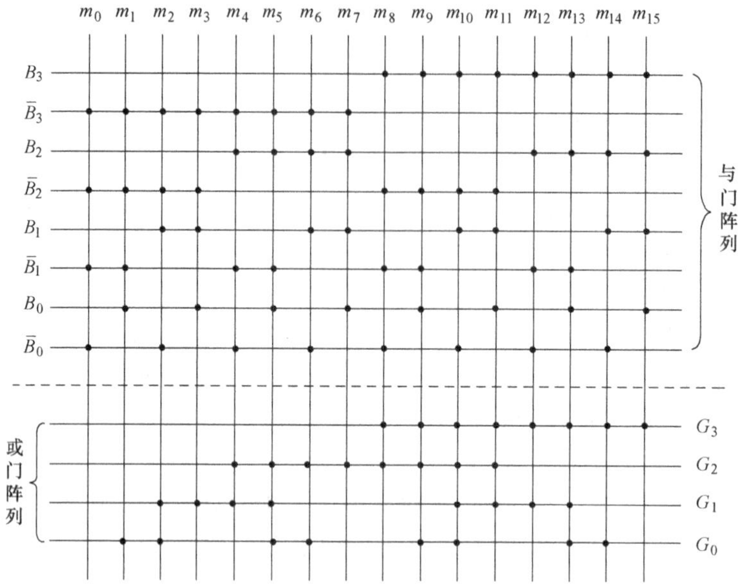

图 8-9　四位二进制码转换成格雷码的阵列图

三、用于研究开发或者小批量生产的 ROM

1. 可编程 ROM（PROM）

（1）熔丝型 PROM　图 8-10 所示为熔丝型 PROM，每个字线、位线交叉处均接有带易熔金属丝的晶体管或 MOS 场效应晶体管，图 8-10a 中增强型 MOS 场效应晶体管接成源极跟随器形式，因而当字线为 1 时将由位线输出 1，即熔丝通表示 1、熔丝断表示 0，显然出厂时内存是全为“1”的；对于图 8-10b 中的 MOS 场效应晶体管来说，它是由漏极 D 输出信号到位线的，即图 8-10b 的 MOS 场效应晶体管是接成反相输出的，因而字线为 1 时输出 0，即熔丝通表示 0、熔丝断表示 1，所以出厂时内存全部为“0”。用户写入信息时，通过地址输入线逐字、逐位扫描 PROM 中的基本耦合单元，并根据要写入的数据内容有选择地将某些 MOS 场效应晶体管的熔丝用规定宽度和幅度的脉冲电流烧断，而其余 MOS 场效应晶体管的熔丝则保留。

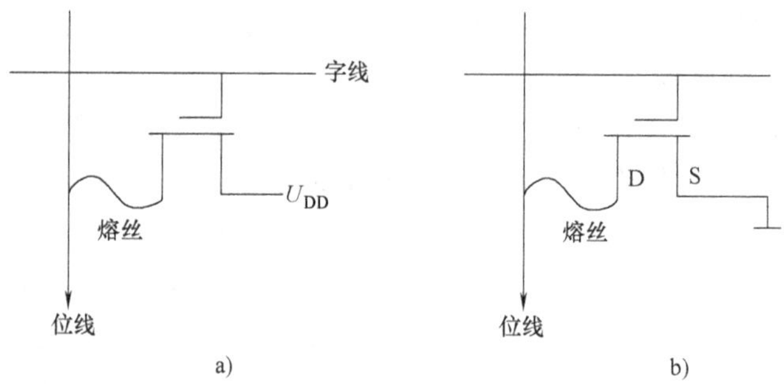

图 8-10　熔丝型 PROM

（2）结破坏型 PROM　图 8-11a 所示为结破坏型 PROM，出厂时，字线和位线交叉处均接有一对正、反向相连接的两个肖特基二极管，这种二极管反向击穿电压较低，当字线为 1 时，图 8-11a 中二极管 VD_2 处于反向连接，因出厂时位线输出总是 0，若需要将该单元改写为 1，可使用规定的脉冲电流（100 ~ 150mA）将 VD_2 管击穿短路，存储单元只剩下一个正向连接的二极管 VD_1，如图 8-11b 所示，这时若字线为 1，显然输出的位线上也为 1，即相当于该单元存储了“1”。

综上所述，PROM 一旦写入数据后，便不能再作修改，因而只适于小批量而且已经定型的产品生产。通常对 ROM 与 PROM 不加区分，当要求用 ROM 实现某一组合电路功能时，实际上是用 PROM 来实现的。

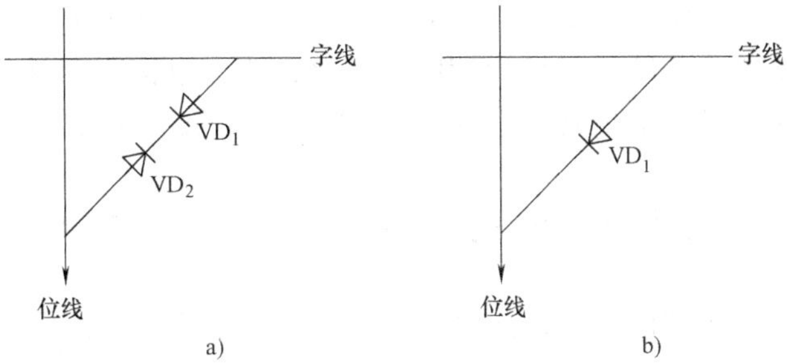

图 8-11　结破坏型 PROM

2. 可多次修改编程的 ROM（EPROM）

这类 ROM 中存储的数据可多次擦除和修改，特别适用于未成熟带有试验性质的新产品研制开发，当然也适于小批量生产。

图 8-12 所示为 EPROM 的基本耦合单元，图中 MOS 管 V_3 的作用相当于一个电阻，V_2 为浮栅雪崩注入 MOS 管，也称为 FAMOS 管，FAMOS 管的栅极完全被二氧化硅绝缘层包围，因无导线外引而呈悬浮状态，故称为“浮栅”，出厂时，所有 FAMOS 管的浮栅都不带电荷，由于 V_2 和 V_1 都属于增强型 N 沟道 MOS 管，所以 FAMOS 管 V_2 是不导通的。位线由于通过 V_3 接正电源 U_{DD}，故全部内存都呈现“1”状态；若 FAMOS 管漏极 D 接高于正常工作电压（5V）5 倍的正电压（25V），则漏源极间瞬时产生雪崩击穿，浮栅极内将累积正电荷，使 FAMOS 管导通，高压撤去后，由于浮栅中的正电荷被二氧化硅包围而无处泄漏，故 V_2 管总处于导通接地状态；这时若字线为 1 使 V_1 管饱和导通，则把 FAMOS 管接地的零电平送入位线，即相当于该单元中存入了信息“0”。

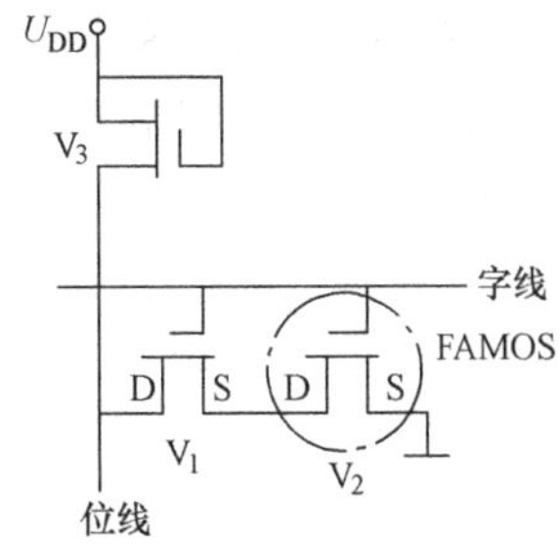

图 8-12　EPROM 的基本耦合单元

若用紫外线灯照射 EPROM 芯片上的玻璃窗口 20min 左右，则所有 FAMOS 浮栅中的电荷都会消失，使 EPROM 恢复到出厂时的全“1”状态，又可再次写入新的内容，因此 EPROM 常用于实验性开发和少批量生产中，一旦 EPROM 写好内容后，其玻璃窗要用黑色胶带贴上，以免紫外线透入，这样通常可使数据保持十年以上。

除了 EPROM 可反复写入和擦除外，还有电可擦可编程 ROMC E^2PROM，和快速电擦写存储器（Flash Memory）等，它们的擦除速度要比 EPROM 用紫外线擦除快得多：

（1）一次性可编程 ROM（PROM）　用户可用编程器将所需要的内容一次性写入，但一经写入就不能再修改，之后只能读出。

（2）光可擦可编程 ROM（EPROM）　用户可以对芯片进行多次编程和擦除，但擦除时需用紫外线对芯片进行较长时间照射；写入时需外加较高的电压。由于其过程较复杂、费时，所以在正常工作时仍然是只读不写。

（3）电可擦可编程 ROM（E^2PROM）　其内容只要在不同引脚加不同电压就可以实现全片和字节擦写、改写，而不需要借助紫外线照射，所以比 EPROM 更灵活方便，而且它还有字擦除（只擦一些或一个字）功能。由于它可以在线改写，可以逐字改写，因此应用范围逐渐扩大，如在 IC 卡中得到了广泛应用。

（4）快速电擦写存储器（Flash Memory）　快速电擦写存储器是新一代用电信号擦除的

可编程 ROM。它既具有 EPROM 结构简单、编程可靠的优点，又具有 E^2PROM 擦除快捷、集成度高的特点。与 E^2PROM 相比，快速电擦写存储器具有容量大、价格低、可靠性高等明显优势，加之其使用方便，已广泛用于数码相机、MP3 随身听等。

知识链接三　可编程序逻辑器件

可编程序逻辑器件（Programmable Logic Device）简称 PLD，是可以由用户编程、配置的一类逻辑器件的泛称。从构成逻辑函数的功能来说，PROM 就是一种 PLD，除此之外，本节将要介绍的可编程序逻辑阵列（Programmable Logic Array，PLA）可编程序阵列逻辑（Programmable Array Logic，PAL）和通用阵列逻辑（Generic Array Logic，GAL）都是典型的 PLD。

一、可编程序逻辑阵列（PLA）的功能与应用

PROM 是一种与门阵列固定、或门阵列可编程的可编程序逻辑器件。PLA 的与门阵列和或门阵列都是可以编程的，因此它的与门阵列输出的每一根字线不一定代表一个最小项，而是可以根据逻辑函数 F 的最简“与或”式直接产生所需的与项及或项，从而使存储空间得到充分利用。

【例 8-4】 试用 PLA 实现例 8-3 所要求的组合电路，即将输入的四位二进制数 $B_3B_2B_1B_0$ 变成格雷码 $G_3G_2G_1G_0$ 输出。

解：第一步，将输入变量与输出变量相对应的表 8-2 所示的真值表化简，其化简过程如图 8-13 所示。

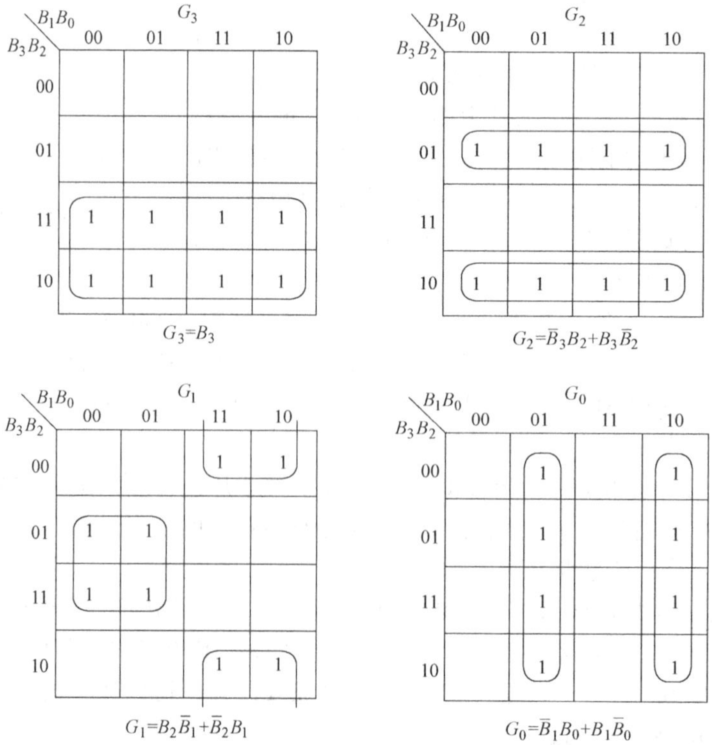

图 8-13　四位二进制码转换成格雷码的化简

第二步，画 PLA 逻辑图。由 G_3、G_2、G_1、G_0的最简与或式看出，与门阵列只需要 B_3、$B_3\overline{B_2}$、$\overline{B_3}B_2$、$B_2\overline{B_1}$、$\overline{B_2}B_1$、$\overline{B_1}B_0$、$B_1\overline{B_0}$共七个与项，输出或门阵列也相对简单多了。

图 8-14 所示为二进制码转换到格雷码的 PLA 逻辑图。

图 8-14 需要的存储容量为 $7\times4=28$，而图 8-9 实现同样功能的电路却需要存储容量为 $16\times4=64$，显然用 PLA 代替 PROM 大大节省了存储容量。

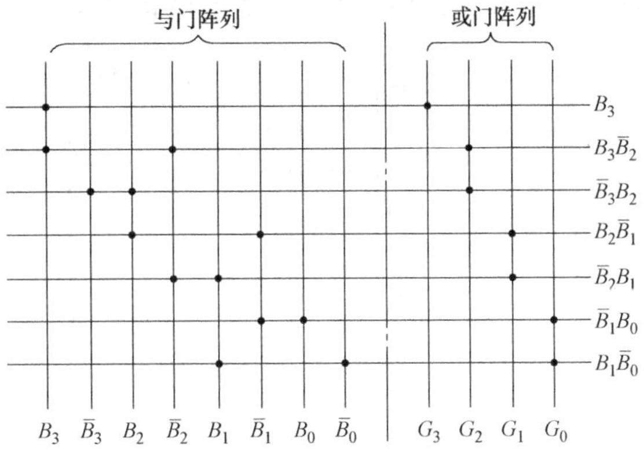

图 8-14　二进制码转换到格雷码的 PLA 逻辑图

【例 8-5】　图 8-15a 所示为已编程的 $2^4\times2$ 位 ROM（PROM），图 8-15b 所示为已编程的 PLA，要求：

（1）试分别写出输出函数 F_1、F_2、F_3、F_4；

（2）对 F_1、F_2化简，比较图 8-15a 和图 8-15b 逻辑功能的异同。

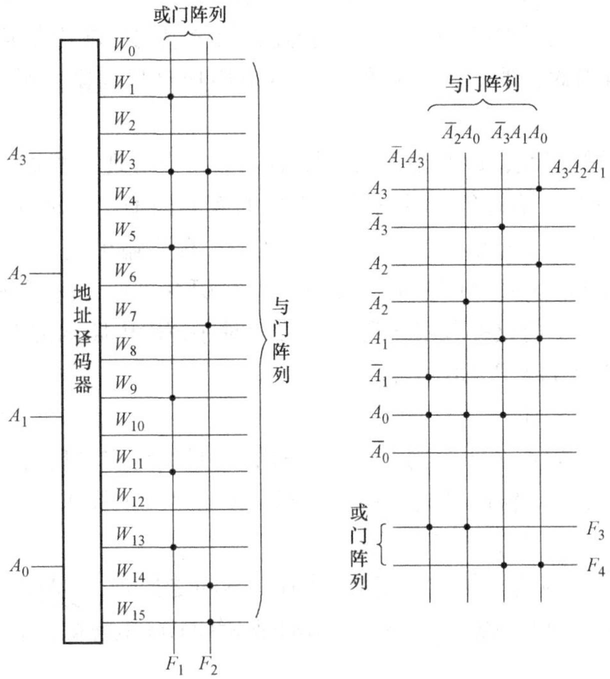

a)　　　　　　　　b)

图 8-15　【例 8-5】图

解：（1）$F_1=\sum(1,3,5,9,11,13)$　　$F_2=\sum(3,7,14,15)$

$$F_3=\overline{A_1}A_0+\overline{A_2}A_0 \qquad F_4=\overline{A_3}A_1A_0+A_3A_2A_1$$

（2）由图 8-16 化简后得

$F_1=\overline{A_1}A_0+\overline{A_2}A_0$　　$F_2=\overline{A_3}A_1A_0+A_3A_2A_1$

可见图 8-16a 与图 8-16b 实现的函数功能完全相同，但 PROM 使用了 $16\times2=32$ 位存储容量，而 PLA 仅使用了 4×2=8 位存储容量。

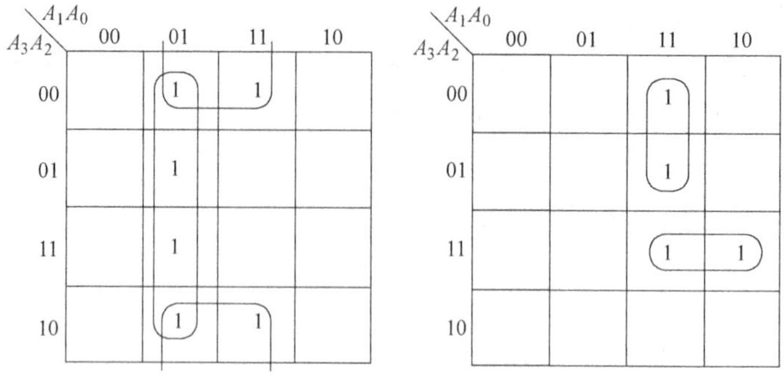

a) F_1　　b) F_2

图 8-16　化简 F_1、F_2

二、其他可编程序逻辑器件简介

1. 可编程序阵列逻辑（PAL）

它由可编程的与门阵列和固定的或门阵列构成，或门阵列中每个或门的输入与固定个数的与门输出即地址输入变量的某些“与”项相连，每个或门的输出是若干个“与”项之和，由于与门阵列是可编程的，即“与”项的内容可由用户自行编排，所以 PAL 也可用于实现各种逻辑关系。

对于各“与”项的编程，PAL 中一般采用熔丝工艺来实现，根据输出结构类型的不同，组合输出型 PAL 适用于构成组合逻辑电路，常见的有或门输出、或非门输出和带互补输出端的或门输出等，或门的输入端一般在 2～8 个之间，有些输出还可兼作输入端，这类产品目前常用的有 PAL10H8、PAL16C1、PAL10L8、PAL20L10 等。寄存器输出型的 PAL，因其内部配有触发器还可用于构成各种组合逻辑电路与时序逻辑电路的混合多用途电路，这种结构的 PAL 产品有 PAL16R4、PAL168 等。

2. 通用阵列逻辑（GAL）

由于 PAL 采用的是熔丝工艺，同 PROM 一样，一旦编程完毕后就不能再作修改；另外，PAL 的输出级采用的是固定输出结构，那么对不同输出结构的需求就只能通过选用不同型号的 PAL 来实现，这些都会给用户带来不便。

通用逻辑阵列 GAL 的基本结构与 PAL 类似，不同之处是，GAL 同 EPROM、E^2PROM、Flash Memory 等器件一样可以擦除，GAL 采用的是 E^2CMOS 电擦除工艺，此外，它的输出结构也是可编程的。

GAL 中的一类采用阵列固定连接，如 GAL16V8；另一类与 PLA 相似，是与门阵列和或门阵列都可编程的，如 GAL310V18 等。

GAL 采用的高速 E^2CMOS 工艺，使用户可在数秒内用电擦除的方法完成芯片的擦除工作；另外，GAL 的输出结构采用的输出逻辑宏单元（OLMC）是可编程的，用户可以自行定义所需要的输出结构和功能。因此，一片 GAL 芯片可以反复编程使用数百次，并且一种型号的 GAL 器件可以兼容数十种 PAL 器件，给开发工作带来了极大的灵活性，加之 GAL 配有丰富的计算机辅助设计软件，使它应用起来更为方便，同时更便于普及。

综合训练　RAM 2114 的应用

1. 训练目的

1）熟悉 RAM 的工作原理及使用方法。

2）掌握 RAM 2114 的应用。

2. 训练设备与器件

（1）训练设备　数字逻辑电路实验箱一台。

（2）训练器件　二进制计数器 74LS193 一片，三态门 74LS125 一片，与非门 74LS00 一片，RAM 2114 一片。

3. RAM 2114 工作原理

在计算机及其接口电路中，通常要存储二进制信息。存储器有 RAM 和 ROM 两种，RAM 又分为 SRAM（静态 RAM）和 DRAM（动态 RAM），2114 是存储容量为 1K×4 位的 SRAM。它由三部分组成：地址译码器、存储矩阵和控制逻辑。地址译码器接受外部输入的地址信号，经过译码后确定相应的存储单元；存储矩阵包含许多存储单元，它们按一定的规律排列成矩阵形式，组成存储矩阵；控制逻辑由读写控制和片选电路构成。RAM 2114 的工作电压为 5V，输入、输出电平与 TTL 电平兼容。2114 的引脚图如图 8-17 所示，其中 A_0 ~ A_9 为地址码输入端。$R/\overline{W}$ 为读写控制端，I/O_0 ~ I/O_3 是数据输入输出端，$\overline{CS}$ 为片选端。当片选端为 1 时，2114 未选中，此时数据输入/输出端呈高阻状态；当片选端为 0 时，2114 被选中，如果读写控制端为高电平，则数据可以由地址 A_0 ~ A_9 指定的存储单元读出；如果读写控制端为低电平，2114 执行写入操作，数据被写入到由地址 A_0 ~ A_9 指定的存储单元。RAM 2114 的功能表见表 8-3。

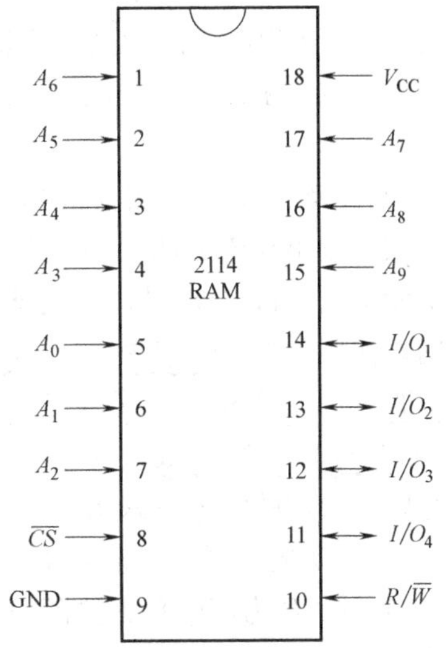

图 8-17　2114 的引脚图

表 8-3　RAM 2114 的功能表

$\overline{CS}$	$R/\overline{W}$	I/O	工作模式	$\overline{CS}$	$R/\overline{W}$	I/O	工作模式
1	×	高阻	未选中	0	0	1	写 1
0	0	0	写 0	0	0	输出	读出

4. 训练步骤

1）74LS193 的输出端 Q_D ~ Q_A、地址信号输入端 A_4 ~ A_9 和片选端均接地。即本训练中只利用 2114 的 16 个存储单元。74LS125 为三态门，它的四个三态门的使能端（1，4，10，13）并联后接到 2114 的读写控制端，再接到数字逻辑电路实验箱的单次脉冲输出端。当 2114 执行读操作时，三态门的输出应该呈高阻状态；当 2114 执行写操作时，三态门的使能端有效，三态门与数据开关接通。要写入的单元地址由计数器决定，而要写入的数据由数据开关决定。训练电路如图 8-18 所示。

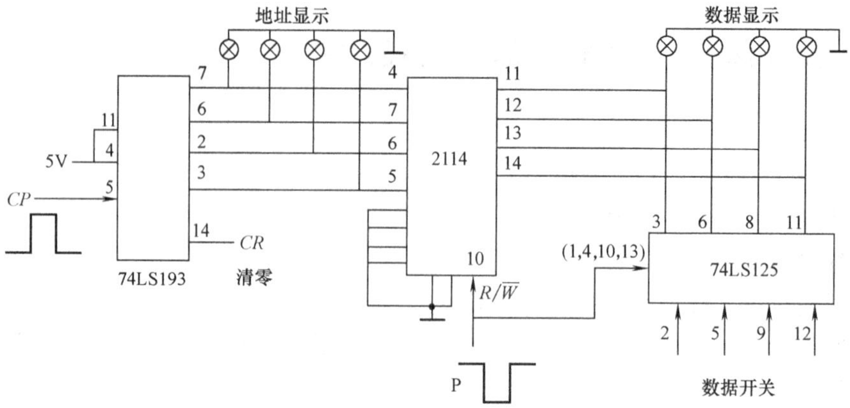

图 8-18 训练电路

2）74LS193 的引脚排列如图 8-19 所示，它的清零端（*RC*14 脚）为高电平时，计数器清零；为低电平时，执行计数操作。所以先令 $CR=1$，再令 $CR=0$。

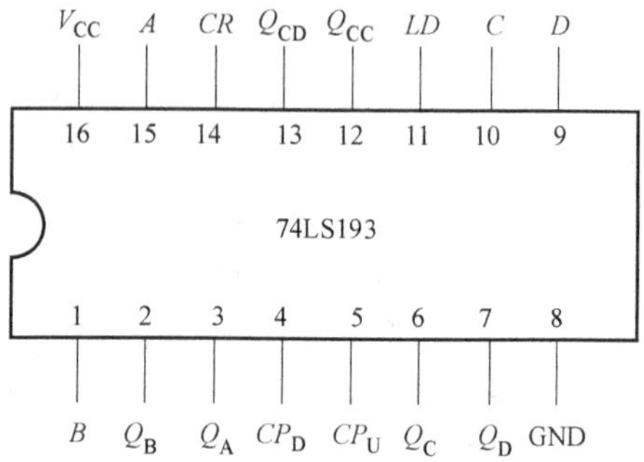

图 8-19 74LS193 的引脚排列

3）按动连接在计数器的单次脉冲 *CP*，根据与计数器输出相连的四个 LED 可以确定 2114 的存储单元地址。改变数据开关就能够确定被写入的数据。注意单脉冲产生的应是负脉冲，当它为低电平时有两个作用：一是使三态门工作，二是使得 2114 的写控制有效。所以按动单次脉冲 *CP*，就可以将给定的数据写入指定的 RAM 存储单元中。按表 8-4 的要求改变地址 $A_3 \sim A_0$ 和数据 $I_3 \sim I_0$，将实验结果填入表 8-4 中。

4）让 *CP* 为高电平，关闭三态门，并使 2114 处于读工作状态。用 *CR* 对计数器清零，再使计数器处于计数状态。按动单次脉冲 *CP*，根据与计数器输出相连的四个 LED 的状态确定 2114 的存储单元的地址。通过与 2114 的 $I/O_3 \sim I/O_0$ 相连的四个 LED 观察从 2114 读出的数据 $O_3 \sim O_0$。按表 8-4 的要求改变地址 $A_3 \sim A_0$，将读出的结果 $O_3 \sim O_0$ 填入按表 8-4 中，并比较是否与写入的数据一致。

表 8-4 RAM 2114 读写实验结果

地址输入				数据写入				数据读出			
A_3	A_2	A_1	A_0	I_3	I_2	I_1	I_0	O_3	O_2	O_1	O_0
0	0	0	0								
0	0	0	1								
0	0	1	0								
0	0	1	1								
0	1	0	0								
0	1	0	1								
0	1	1	0								
0	1	1	1								
1	0	0	0								
1	0	0	1								

（续）

地址输入				数据写入				数据读出			
A_3	A_2	A_1	A_0	I_3	I_2	I_1	I_0	O_3	O_2	O_1	O_0
1	0	1	0								
1	0	1	1								
1	1	0	0								
1	1	0	1								
1	1	1	0								
1	1	1	1								

5. 训练报告

1）画出实验电路图。

2）列出逻辑功能表，说明在图8-18中，74LS193工作在何种计数方式。

3）根据实验数据填充表格8-4。

4）设计用2114扩展成1K×8位存储器的电路图。

5）编写训练报告，见附录D。

知识拓展（组合逻辑电路设计方法总结）

前面已经学习了用五种方法来实现各种组合逻辑电路，即

1）用PROM（或简称ROM）实现，要求用最小项表达式，可同时实现多函数输出。

2）用PLA实现，要求化简成最简与或表达式，能实现多函数输出。

3）用各种逻辑门实现，要求化简成最简表达式，也可实现多函数输出。

4）用译码器实现，要求用最小项表达式，可实现多函数输出。

5）用数据选择器实现，仅能实现单函数输出。

下面将这些方法进行比较，用两个例子予以说明，以使读者对组合逻辑电路的设计方法能形成一个完整的概念。

【例8-6】 试用五种方法实现三变量表决器。

解： 三变量表决器的真值表见表8-5，由真值表可以得到F的表达式为

$$F=\sum(3,5,6,7)$$

表8-5　三变量表决器的真值表

A	B	C	F	A	B	C	F
0	0	0	0	1	0	0	0
0	0	1	0	1	0	1	1
0	1	0	0	1	1	0	1
0	1	1	1	1	1	1	1

即

$$F=\overline{A}BC+A\overline{B}C+AB\overline{C}+ABC$$

或

$$F=m_3+m_5+m_6+m_7$$

或者由卡诺图化简后得

$$F=AC+BC+AB$$

1）用 PROM 实现，必须用 F 的最小项表达式，如图 8-20 所示。所用存储器容量为 $2^3\times1=8$ 位。

2）用 PLA 实现，必须用 F 的最简与或表达式实现，如图 8-21 所示。所用存储器容量为 $3\times1=3$ 位。

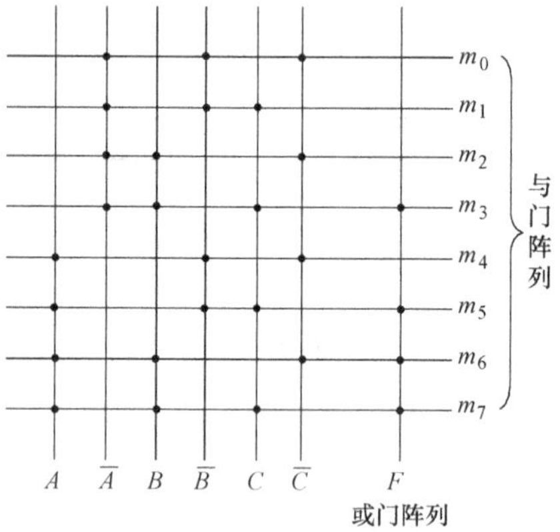

图 8-20　用 PROM 实现三变量表决器

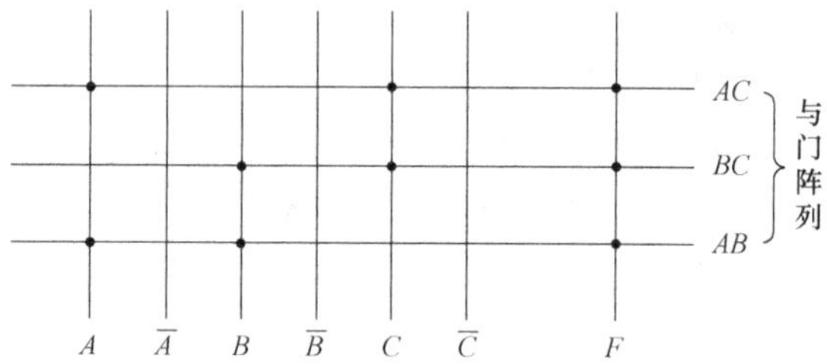

图 8-21　用 PLA 实现三变量表决器

3）用与非门实现，要用 F 的最简与非表达式。

因为 $F=AC+BC+AB=\overline{\overline{AC}\ \ \overline{BC}\ \ \overline{AB}}$，故可得电路图如图 8-22 所示。

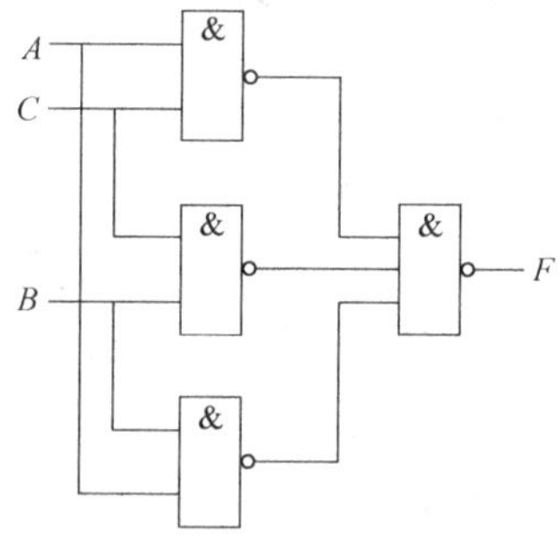

图 8-22　用与非门实现三变量表决器

4）用译码器实现。只能使用最小项表达式，若用与非门输出，则将真值表 8-5 中 F 对应为 1 的各项连接到与非门的输入端即可，如图 8-23a 所示；若用与门输出，则将真值表 8-5 中 F 对应为 0 的各项连接到与门的输入端即可，如图 8-23b 所示。

5）用数据选择器实现。因为三变量 A、B、C 作地址控制端可以输出八个数，故用八选一就可以实现，这里选择 74LS151 八选一数据选择器，将数据输入端 $D_0\sim D_7$ 按真值表 8-5 中 F 的值从上向下按对应关系写入即可，如图 8-24 所示。

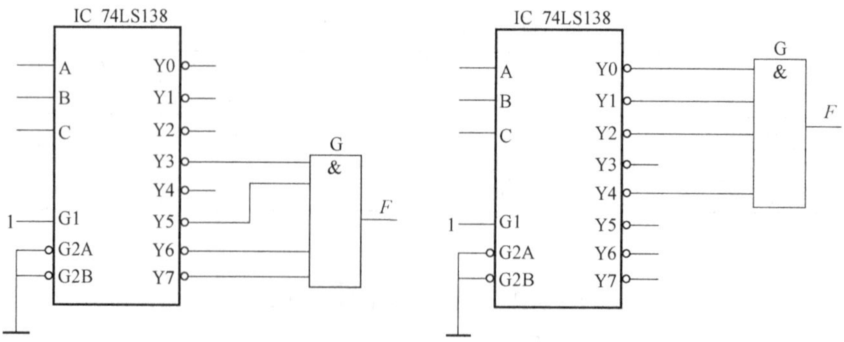

a)　　b)

图 8-23　用 3-8 译码器实现三变量表决器

若用四选一数据选择器74LS153（见图8-25）实现，并选变量B、C作地址A_1、A_0的控制端，则变量A的作用将体现在输入数据端上，其输入数据端函数可由图8-25a看出，图8-25b所示为其电路图。

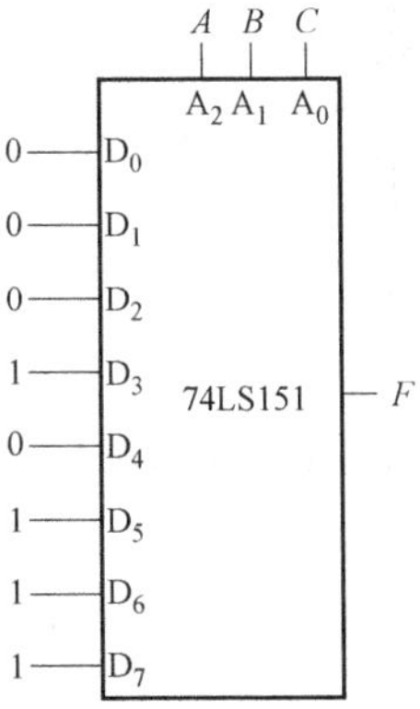

图8-24　用八选一数据选择器实现

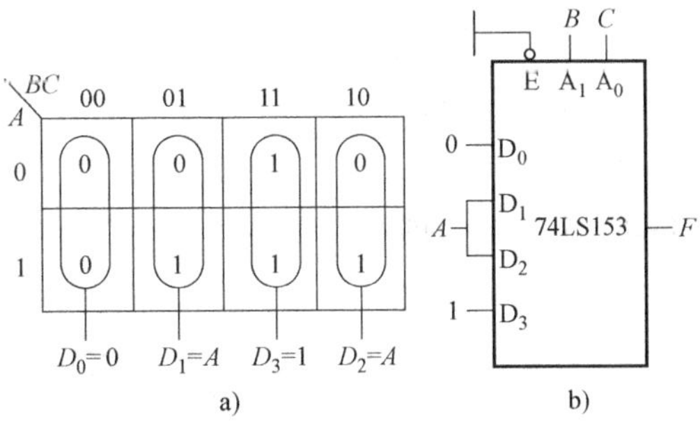

图8-25　用四选一数据选择器实现

【例8-7】　试用四种方法实现下列多输出函数：

$$F_1=\sum(3,4,5,6)\qquad F_2=\bar A\,\bar B\,\bar C+\bar A\,\bar B C+\bar A BC+ABC$$

解： 上述五种方法中只有数据选择器不能同时实现多输出函数。用PROM或译码器输出时，不必化简，要求必须使用最小项表达式；用PLA或门电路输出时，必须先化成最简表达式才行。

上面两个函数由卡诺图化简后得

$$F_1=A\bar B+A\bar C+\bar A BC\qquad F_2=\bar A\,\bar B+BC$$

F_2的最小项表达式为

$$F_2=\sum(0,1,3,7)$$

1）用PROM实现，如图8-26所示，其存储容量为$2^3\times2=16$位。

2）用PLA实现，用化简后的表达式，如图8-27所示，其存储容量为$5\times2=10$位。

3）用与非门实现，为了使两个函数使用的与非门个数最少，可将F_1、F_2进一步化简为

$$F_1=A\bar B+A\bar C+\bar A BC=A(\bar B+\bar C)+\bar A BC$$

$$=A\overline{BC}+\bar A BC=\overline{\overline{A\overline{BC}}\;\overline{\bar A BC}}$$

$$F_2=\bar A\,\bar B+BC=\overline{\overline{\bar A\,\bar B}\;\overline{BC}}$$

由此画出的逻辑图如图8-28所示。

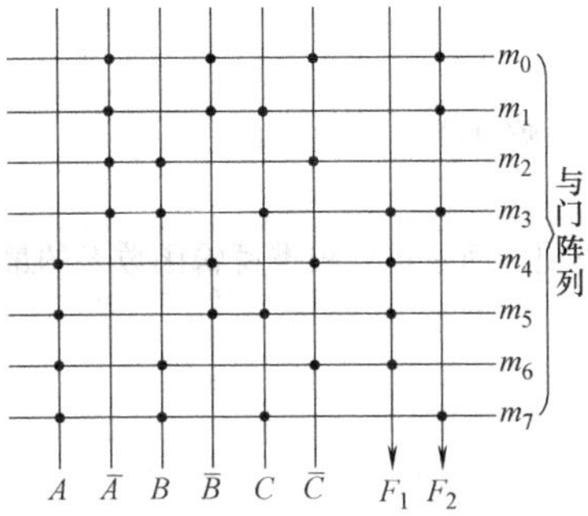

图8-26　用PROM实现F_1和F_2

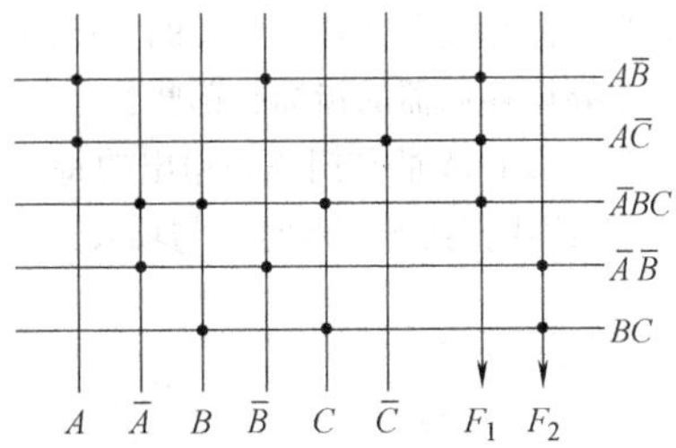

图8-27　用PLA实现F_1和F_2

4）用74LS138译码器实现，且用与非门输出，如图8-29所示。

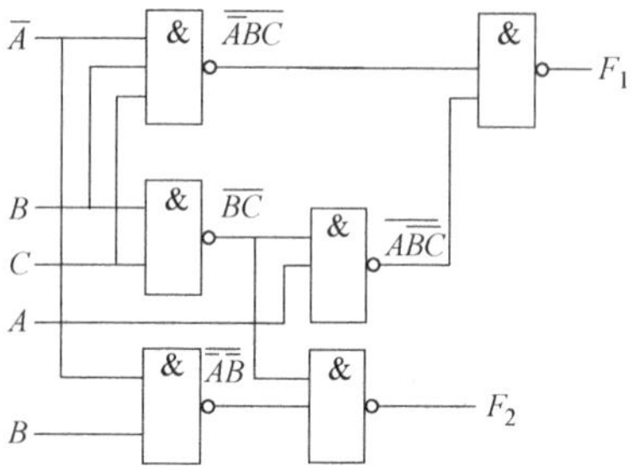

图8-28 用与非—与非门实现 F_1 和 F_2

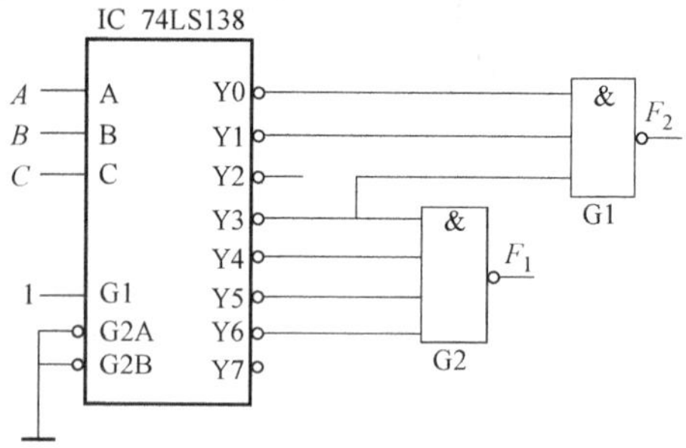

图8-29 用3-8译码器实现 F_1 和 F_2

课题小结

1）半导体存储器是现在数字系统中的重要组成部分，它可分为ROM和RAM两大类，绝大部分是采用MOS工艺制成的大规模集成电路。

2）ROM是非易失性存储器，断电后，信息仍能保存在ROM中。根据数据写入的方式不同，ROM可分为固定ROM和可编程ROM。可编程ROM又可细分为PROM、EPROM、E^2PROM和Flash Memory等。特别是E^2PROM和Flash Memory可以进行电擦写，已兼有了RAM的特性。

3）RAM是易失性存储器，断电后，其中的信息会丢失。根据工作方式不同，RAM可分为静态RAM（SRAM）和动态RAM（DRAM）两类。SRAM是用触发器记忆数据的；而DRAM是靠MOS场效应晶体管栅极电容存储数据的。

4）半导体存储器的指标主要有存储容量、存取时间、功耗、可靠性以及价格等。在实际应用中，其指标是选择半导体器件的依据。

5）目前，可编程序逻辑器件的使用越来越广泛，用户可以自行设计该类器件的逻辑功能。它们具有设计灵活、集成度高、可靠性高、处理速度快和保密性好等优点。PAL和GAL是两种典型的可编程序逻辑器件，其电路结构的核心都是与门和或门阵列。

思考与练习

1. 如何进行RAM存储容量的扩展？
2. 如何用ROM实现组合逻辑电路？
3. 半导体存储器是如何分类的？按照数据的存取方式不同，可分为哪几类？
4. 半导体存储器的指标有哪些？
5. 为什么PLA的与门阵列输出的每一根字线不一定代表一个最小项，而是可以根据逻辑函数 F 的最简“与或”表达式直接产生所需的与项及或项？

附录

附录 A　半导体集成电路型号命名法

第0部分		第一部分		第二部分	第三部分		第四部分	
用字母表示器件符合国家标准		用字母表示器件的类型		用阿拉伯数字和字母表示器件系列品种	用字母表示器件的工作温度范围		用字母表示器件的封装	
符号	意　义	符号	意　　义	系列和品种代号	符号	意　　义	符号	意　　义
C	中国制造	T	TTL 电路	TTL 分为：	C	0～70℃⑤	F	多层陶瓷扁平封装
		H	HTL 电路	54/74×××①	G	-25～70℃	B	塑料扁平封装
		E	ECL 电路	54/74 H×××②	L	-25～85℃	H	黑瓷扁平封装
		C	CMOS 电路	54/74 L×××③	E	-40～85℃	D	多层陶瓷双列直插封装
		M	存储器	54/74 S×××	R	-55～85℃	J	黑瓷双列直插封装
		u	微型机电路	54/74 LS×××④	M	-55～125℃⑥	P	塑料双列直插封装
		F	线性放大器	54/74 AS×××	.		S	塑料单列直插封装
		W	稳压器	54/74 ALS×××			T	金属圆壳封装
		D	音响电视电路	54/74 F×××			K	金属菱形封装
		B	非线性电路	CMOS 分为：			C	陶瓷芯片载体封装
		J	接口电路	4000 系列			E	塑料芯片载体封装
		AD	A/D 转换器	54/74HC×××			G	网格针栅陈列封装
		DA	D/A 转换器	54/74 HCT×××			SOIC	小引线封装
		SC	通信专用电路				PCC	塑料芯片载体封装
		SS	敏感电路				LCC	陶瓷芯片载体封装
		SW	钟表电路					
		SJ	机电仪电路					
		SF	复印机电路					

① 74：国际通用 74 系列（民用）
　54：国际通用 54 系列（军用）
② H：高速
③ L：低速
④ LS：低功耗
⑤ C：只出现在 74 系列
⑥ M：只出现在 54 系列

示例：

C　T　74LS160　C　J

- J——黑瓷双列直插封装
- C——工作温度 0～70℃
- 74LS160——民用低功耗十进制计数器
- T——TTL 集成电路
- C——中国

附录B 常用74系列TTL数字集成电路资料

74LS00 四2输入与非门

74LS01 四2输入与非门（OC）

74LS02 四2输入或非门

74LS03 四2输入与非门（OC）

74LS04 六反相器

74LS05 六反相器（OC）

74LS06 六高压输出反相缓冲器/驱动器（OC，30V）

74LS07 六高压输出缓冲器/驱动器（OC，30V）

74LS08 四2输入与门

74LS09 四2输入与门（OC）

74LS10 三3输入与非门

74LS11 三3输入与门

74LS12 三3输入与非门（OC）

74LS13 双4输入与非门（施密特触发）

74LS14 六反相器（施密特触发）

74LS15 三3输入与门（OC）

74LS16 六高压输出反相缓冲器/驱动器（OC，15V）

74LS17 六高压输出缓冲器/驱动器（OC，15V）

74LS18 双4输入与非门（施密特触发）

74LS19 六反相器（施密特触发）

74LS20 双4输入与非门

74LS21 双4输入与门

74LS22 双4输入与非门（OC）

74LS23 双可扩展的输入或非门

74LS24 四2输入与非门（施密特触发）

74LS25 双4输入或非门（有选通）

74LS26 2输入四高电平接口与非缓冲器（OC，15V）

74LS27 三3输入或非门

74LS28 四2输入或非缓冲器

74LS30 8输入与非门

74LS31 延迟电路

74LS32 四2输入或门

74LS33 四2输入或非缓冲器（集电极开路输出）

74LS34 六缓冲器

74LS35 六缓冲器（OC）

74LS36 四2输入或非门（有选通）

74LS37 四2输入与非缓冲器

74LS38 四2输入或非缓冲器（集电极开路输出）

74LS39 四2输入或非缓冲器（集电极开路输出）

74LS40 双4输入与非缓冲器

74LS41 BCD-十进制计数器

74LS42 4线-10线译码器（BCD输入）

74LS43 4线-10线译码器（余3码输入）

74LS44 4线-10线译码器（余3格雷码输入）

74LS45 BCD-十进制译码器/驱动器

74LS46 BCD-七段译码器/驱动器

74LS47 BCD-七段译码器/驱动器

74LS48 BCD-七段译码器/驱动器

74LS49 BCD-七段译码器/驱动器（OC）

74LS50 双二路2-2输入与或非门（一门可扩展）

74LS51 双二路2-2输入与或非门

74LS51 二路3-3输入，二路2-2输入与或非门

74LS52 四路2-3-2-2输入与或门（可扩展）

74LS53 四路2-2-2-2输入与或非门（可扩展）

74LS53 四路2-2-3-2输入与或非门（可扩展）

74LS54 四路2-2-2-2输入与或非门

74LS54 四路2-3-3-2输入与或非门

74LS54 四路2-2-3-2输入与或非门

74LS55 二路4-4输入与或非门（可扩展）
74LS60 双四输入与扩展
74LS61 三3输入与扩展
74LS62 四路2-3-3-2输入与或扩展器
74LS63 六电流读出接口门
74LS64 四路4-2-3-2输入与或非门
74LS65 四路4-2-3-2输入与或非门（OC）
74LS70 与门输入上升沿JK触发器
74LS71 与输入RS主从触发器
74LS72 与门输入主从JK触发器
74LS73 双JK触发器（带清除端）
74LS74 正沿触发双D触发器（带预置端和清除端）
74LS75 4位双稳锁存器
74LS76 双JK触发器（带预置端和清除端）
74LS77 4位双稳态锁存器
74LS78 双JK触发器（带预置端、公共清除端和公共时钟端）
74LS80 门控全加器
74LS81 16位随机存储器
74LS82 2位二进制全加器（快速进位）
74LS83　4位二进制全加器（快速进位）
74LS84　16位随机存储器
74LS85　4位数字比较器
74LS86 四2输入异或门
74LS87 四位二进制原码/反码/OI单元
74LS89 64位读/写存储器
74LS90 十进制计数器
74LS91 八位移位寄存器
74LS92 12分频计数器（2分频和6分频）
74LS93 4位二进制计数器
74LS94 4位移位寄存器（异步）
74LS95 4位移位寄存器（并行IO）
74LS96 5位移位寄存器
74LS97 六位同步二进制比率乘法器
74LS112 负沿触发双JK触发器（带预置端和清除端）
74LS121 单稳态触发器（施密特触发）
74LS122 可再触发单稳态多谐振荡器（带清除端）
74LS123 可再触发双单稳多谐振荡器
74LS125 四总线缓冲门（三态输出）
74LS133 13输入端与非门
74LS138 3-8线译码器/多路转换器
74LS139 双2-4线译码器/多路转换器
74LS145 4-10译码器/驱动器
74LS147 10线-4线优先编码器
74LS148 8线-3线八进制优先编码器
74LS151 八选一数据选择器（互补输出）
74LS153 双四选一数据选择器/多路选择器
74LS154 4线-16线译码器
74LS157 四二选一数据选择器/多路选择器
74LS160 可预置BCD计数器（异步清除）
74LS161 可预置四位二进制计数器（并清除异步）
74LS164 8位并行输出串行移位寄存器
74LS168 4位加/减同步计数器（十进制）
74LS174 六D触发器
74LS175 四D触发器
74LS183 双保留进位全加器
74LS190 同步可逆计数器（BCD，二进制）
74LS191 同步可逆计数器（BCD，二进制）
74LS192 同步可逆计数器（BCD，二进制）
74LS193 同步可逆计数器（BCD，二进制）
74LS194 四位双向通用移位寄存器
74LS244 八缓冲器/线驱动器/线接收器
74LS247 4线-七段译码/驱动器（15V）
74LS248 4线-七段译码/驱动器
74LS273 八D触发器
74LS290 十进制计数器
74LS293 4位二进制计数器
74LS390 双十进制计数器

附录 C 常用 4000 系列 CMOS 数字集成电路资料

CD4000 双 3 输入端或非门 + 单非门
CD4001 四 2 输入端或非门
CD4002 双 4 输入端或非门
CD4006 18 位串入/串出移位寄存器
CD4007 双互补对加反相器
CD4008 4 位超前进位全加器
CD4009 六反相缓冲/变换器
CD4010 六同相缓冲/变换器
CD4011 四 2 输入端与非门
CD4012 双 4 输入端与非门
CD4013 双主-从 D 型触发器
CD4014 8 位串入/并入-串出移位寄存器
CD4015 双 4 位串入/并出移位寄存器
CD4016 四传输门
CD4017 十进制计数/分配器
CD4018 可预制 1/*N* 计数器
CD4019 四与或选择器
CD4020 14 级串行二进制计数/分频器
CD4021 08 位串入/并入-串出移位寄存器
CD4022 八进制计数/分配器
CD4023 三 3 输入端与非门
CD4024 7 级二进制串行计数/分频器
CD4025 三 3 输入端或非门
CD4026 十进制计数/7 段译码器
CD4027 双 JK 触发器
CD4028 BCD 码十进制译码器
CD4029 可预置可逆计数器
CD4030 四异或门
CD4031 64 位串入/串出移位存储器
CD4032 三串行加法器
CD4033 十进制计数/7 段译码器
CD4034 8 位通用总线寄存器
CD4035 4 位并入/串入-并出/串出移位寄存
CD4038 三串行加法器
CD4040 12 级二进制串行计数/分频器
CD4041 四同相/反相缓冲器
CD4042 四锁存 D 型触发器
CD4043 三态 RS 锁存触发器（“1” 触发）
CD4044 四三态 RS 锁存触发器（“0” 触发）
CD4046 锁相环
CD4047 无稳态/单稳态多谐振荡器
CD4048 四输入端可扩展多功能门
CD4049 六反相缓冲/变换器
CD4050 六同相缓冲/变换器
CD4051 八选一模拟开关
CD4052 双 4 选 1 模拟开关
CD4053 三组二路模拟开关
CD4054 液晶显示驱动器
CD4055 BCD-7 段译码/液晶驱动器
CD4056 液晶显示驱动器
CD4059 “*N*” 分频计数器 NSC/TI
CD4060 14 级二进制串行计数/分频器
CD4063 四位数字比较器
CD4066 四传输门
CD4067 16 选 1 模拟开关
CD4068 八输入端与非门/与门
CD4069 六反相器
CD4070 四异或门
CD4071 四 2 输入端或门
CD4072 双 4 输入端或门
CD4073 三 3 输入端与门
CD4075 三 3 输入端或门
CD4076 四 D 寄存器
CD4077 四 2 输入端异或非门
CD4078 8 输入端或非门/或门
CD4081 四 2 输入端与门
CD4082 双 4 输入端与门
CD4085 双 2 路 2 输入端与或非门
CD4086 四 2 输入端可扩展与或非门

CD4089 二进制比例乘法器

CD4093 四 2 输入端施密特触发器

CD4095 三输入端 JK 触发器

CD4096 三输入端 JK 触发器

CD4097 双路八选一模拟开关

CD4098 双单稳态触发器

CD4099 8 位可寻址锁存器

CD40100 32 位左/右移位寄存器

CD40101 9 位奇偶校验器

CD40102 8 位可预置同步 BCD 减法计数器

CD40103 8 位可预置同步二进制减法计数器

CD40104 4 位双向移位寄存器

CD40105 先入先出 FI-FD 寄存器

CD40106 六施密特触发器

CD40107 双 2 输入端与非缓冲/驱动器

CD40108 4 字 ×4 位多通道寄存器

CD40109 四低—高电平位移器

CD40110 十进制加/减，计数，锁存，译码驱动

CD40147 10-4 线编码器

CD40160 可预置 BCD 加计数器

CD40161 可预置 4 位二进制加计数器

CD40162 BCD 加法计数器

CD40163 4 位二进制同步计数器

CD40174 六锁存 D 型触发器

CD40175 四 D 型触发器

CD40181 4 位算术逻辑单元/函数发生器

CD40182 超前位发生器

CD40192 可预置 BCD 加/减计数器（双时钟）

CD40193 可预置 4 位二进制加/减计数器

CD40194 4 位并入/串入—并出/串出移位寄存

CD40195 4 位并入/串入—并出/串出移位寄存

CD40208 4 ×4 多端口寄存器

CD4501 4 输入端双与门及 2 输入端或非门

CD4502 可选通三态输出六反相/缓冲器

CD4503 六同相三态缓冲器

CD4504 六电压转换器

CD4506 双二组 2 输入可扩展或非门

CD4508 双 4 位锁存 D 型触发器

CD4510 可预置 BCD 码加/减计数器

CD4511 BCD 锁存，7 段译码，驱动器

CD4512 八路数据选择器

CD4513 BCD 锁存、7 段译码驱动器（消隐）

CD4514 4 位锁存、4 线-16 线译码器

CD4515 4 位锁存、4 线-16 线译码器

CD4516 可预置 4 位二进制加/减计数器

CD4517 双 64 位静态移位寄存器

CD4518 双 BCD 同步加计数器

CD4519 四位与或选择器

CD4520 双 4 位二进制同步加计数器

CD4521 24 级分频器

CD4522 可预置 BCD 同步 1/*N* 计数器

CD4526 可预置 4 位二进制同步 1/*N* 计数器

CD4527 BCD 比例乘法器

CD4528 双单稳态触发器

CD4529 双四路/单八路模拟开关

CD4530 双 5 输入端优势逻辑门

CD4531 12 位奇偶校验器

CD4532 8 位优先编码器

CD4536 可编程定时器

CD4538 精密双单稳多谐振荡器

CD4539 双四路数据选择器

CD4541 可编程序振荡/计时器

CD4543 BCD 七段锁存译码驱动器

CD4544 BCD 七段锁存译码驱动器

CD4547 BCD 七段译码/大电流驱动器

CD4549 函数近似寄存器

CD4551 四 2 通道模拟开关

CD4553 三位 BCD 计数器

CD4555 双二进制四选一译码器/分离器

CD4556 双二进制四选一译码器/分离器
CD4558 BCD 八段译码器
CD4560 “N” BCD 加法器
CD4561 “9” 求补器
CD4573 四可编程运算放大器
CD4574 四可编程电压比较器
CD4575 双可编程运放/比较器
CD4583 双施密特触发器
CD4584 六施密特触发器
CD4585 4 位数值比较器
CD4599 8 位可寻址锁存器
CD22100 4 ×4 ×1 交叉点开关

附录D 训练报告

<table>
<tr><td>课题</td><td colspan="7"></td></tr>
<tr><td>班级</td><td></td><td>学号</td><td></td><td>姓名</td><td></td><td>日期</td><td></td></tr>
<tr><td colspan="6">评价内容</td><td>等级</td><td>教师评价</td></tr>
<tr><td colspan="6">知识评价</td><td></td><td></td></tr>
<tr><td rowspan="2">应用到所学的知识（仅写知识点）</td><td colspan="5">写出两个重点知识点得 A，每少一个知识点降低一个等级</td><td rowspan="2"></td><td rowspan="2"></td></tr>
<tr><td colspan="5"></td></tr>
<tr><td rowspan="2">在课题中新学到的新知识（仅写知识点）</td><td colspan="5">写出两个重点知识点得 A，每少一个知识点降低一个等级</td><td rowspan="2"></td><td rowspan="2"></td></tr>
<tr><td colspan="5"></td></tr>
<tr><td colspan="8">技能评价</td></tr>
<tr><td rowspan="2">技能应用与提高（仅写技能点）</td><td colspan="5">写出技能提高点、所有电路安装成功得 A，否则不得分</td><td rowspan="2"></td><td rowspan="2"></td></tr>
<tr><td colspan="5"></td></tr>
<tr><td rowspan="2">新学到的技能（仅写技能点）</td><td colspan="5">写出两个新学技能点得 A，每少一个技能点降低一个等级</td><td rowspan="2"></td><td rowspan="2"></td></tr>
<tr><td colspan="5"></td></tr>
<tr><td colspan="8">质量评价</td></tr>
<tr><td>实验调试成功</td><td colspan="5"></td><td></td><td></td></tr>
<tr><td>元器件安装正确</td><td colspan="5"></td><td></td><td></td></tr>
<tr><td>元器件安装整齐、规范、美观</td><td colspan="5"></td><td></td><td></td></tr>
<tr><td>安全用电、器材的保护和合理使用</td><td colspan="5"></td><td></td><td></td></tr>
</table>

参考文献

[1] 阎石. 数字电子技术基础 [M]. 北京：高等教育出版社，2001.

[2] 孙津平. 数字电子技术 [M]. 2 版. 西安：西安电子科技大学出版社，2005.

[3] 曾令琴，吕乐，李林鹏. 数字电子技术 [M]. 北京：人民邮电出版社，2009.

[4] 蒋立平. 数字逻辑电路与系统设计 [M]. 北京：电子工业出版社，2008.

[5] 侯传教，杨智敏，等. 数字逻辑电路实验 [M]. 北京：电子工业出版社，2009.

[6] 李中发. 数字逻辑电路 [M]. 北京：中国水利水电出版社，2007.

[7] 门宏. 怎样看数字电路图 [M]. 北京：人民邮电出版社，2008.

[8] 蔡杏山. 零起步轻松学数字电路 [M]. 北京：人民邮电出版社，2007.